한국어로 내려온
New Bible

새로운 성경

제152권

10부 | 총10부

하얀마음

하나님 말씀 중에서

1. 사랑의 하나님

- 세상을 창조하신 하나님은 모두를 사랑하신다. 인간만 특별히 더 사랑하지 않고, 우주 만물을 다 똑같이 사랑하신다. 그러니 하나님이 창조하신 천지 만물과 화친하고, 미물까지도 소중히 대하라.

- 하나님은 특정 종파나 민족만을 더 사랑하지 않으신다. 자기 자신만 구원받겠다는 욕심을 버리고, 자기 종파만 구원받는다는 편협한 교리에서 벗어나야 한다. 종파를 초월해서, 모두를 사랑하라.

- 원수까지 사랑하라 했으니, 이 세상에 사랑하지 못할 자가 누가 있겠는가? 종파가 다르다고 해서 부모 형제와 원수처럼 지내는 자는 인간의 근본을 모르는 자다. 가장 가까운 가족부터 사랑할 때 남도 진심으로 사랑할 수 있다.

- 한 사람을 원수같이 생각하던 마음에서 사랑하는 마음으로 돌리면, 자기 자신의 마음이 가장 기쁘고 행복하다. 하나님께서는 인간의 마음속에 무거움이 없이 기쁘고 행복한 삶을 살기를 바라신다.

- 이웃을 "내 몸처럼" 사랑하라 했으니, 마지막 한 장 남은 천국의 티켓도 이웃에게 양보하라. 자기 중심적인 신앙에서 벗어나서 남을 위해 살아야 한다.

- 독초도, 약초도, 이단도 사탄도 천사도 다 필요하기에 존재한다. 독초일지라도 극소량을 사용해서 생명을 살릴 수 있고, 약초라 하더라도 남용하면 생명을 잃을 수 있다.

- 세상 모든 것을 명약으로 활용하는 것은 인간의 지혜에 달렸다. 어떤 것이든 어떤 사람이든 적재적소에 꼭 필요한 명약으로 승화시키라.

- 사탄도 이단도 천사도 모두 하나님의 주관하에 존재한다. 진정한 하나님의 백성은 사탄과 마귀까지도 감화시켜서 천사로 거듭나게 한다.

2. 기도

- 하나님은 인간의 생각까지 모두를 다 알고 계신다. 우리의 소원도 이미 알고 계시기에, 소원의 기도를 할 필요가 없다. 우리가 받을 자격이 되면 내려 주신다.

- 죄를 짓고 아무리 회개를 해도 용서받지 못한다. 도둑질한 자는 용서해 달라고 기도하고, 도둑맞은 자는 도둑을 잡게 해 달라고 기도하면, 공의의 하나님은 누구의 편에 서시겠는가?

- 자기가 잘못한 것은 그 사람에게 직접 갚고 용서를 구하라. 그가 용서하면 하나님도 용서하신다. 땅에서 매면 하늘에서도 매이고, 땅에서 풀리면 하늘에서도 풀리는 이치다.

- "회당에서 기도하지 말고 골방에서 기도하라" 했다. 눈에 보이는 골방이 아니라, 골방과 같이 고요한 마음이다. 잡념을 버리고 하나님을 향해 마음을 집중하며, 사랑하고 용서하는 아름다운 생각만 나오도록 하라.

- "두드리면 열릴 것이다." 하는 것은 육의 소원을 위해 두드리라는 것이 아니라, 진리의 깨달음을 얻기 위해 두드리라는 것이다.

- 기도하는 방법: 생활 속에서 수시로 기도하는 삶을 살아야 한다.

- "저의 죄를 용서하여 주옵소서." 하는 회개의 기도를 하라.
- 범사에 "하나님! 감사합니다." 하라. 현재 가진 것에 감사하며, 과욕하지 말라. 자기 노력 이상의 것을 더 갖고자 기도하는 것은 도둑놈심보다. 공의의 하나님은 각자 노력한 만큼 주신다.
- "하나님 뜻대로 살아가겠나이다." 하며 마음의 각오를 다지라.

- 기도는 하나님의 말씀을 받아서 "행하는 것"이다. 하나님이 계심을 굳건히 믿고, 하늘을 향하여 한 점 부끄럼 없이 사는 삶 자체가 가장 위대한 기도이며, 삶이 곧 예배다.

3. 지도자

- 똑같이 사랑한다는 말을 해도, 순수하게 하는 말은 천사의 말이지만, 사기 쳐서 재산을 가로채려고 하는 말은 사탄의 말이다.

- 종교 지도자가 아무리 훌륭한 설교를 해도, 신도의 재물을 거둬서 더 큰 교회를 짓고 자기의 부귀영화를 바라며 설교하면 사탄의 가르침이 된다.

- "저희 교회는 만원사례요, 믿음은 다 같으니 이웃의 개척 교회에 가서 예배를 드리시오." 하며, 이웃 교회의 부흥을 먼저 생각하여 제 신도를 보내는 종교 지도자가 있다면 그를 따르라. 그가 하나님의 사랑을 실천하는 자다.

- "부자가 천국에 들어가는 것은 낙타가 바늘구멍을 통과하는 것보다 더 힘들다" 하였거늘, 지금의 교회에서는 부자가 되기만을 기도하고 소원하니, 이는 곧 천국을 포기하고 지옥 행 열차의 티켓을 사는 것과 같다.

- 예수는 빈손이었다. 종교 지도자가 예수보다 더 호화롭고 편안하게 살아간다면 잘못된 것이다. 부귀영화와 명예를 바라는 자는 절대로 갈 수 없는 좁고 협착한 길이 종교 지도자의 길이다.

- 종교 지도자는 유리로 비춰 봐 한 점의 부끄러움이 없이 살아야 한다. 의식주도 직접 일해서 해결하고, 예수의 가르침과 행함을 그대로 따라야 한다.

- 종말은 없다. 지금의 잘못 가는 종교 집단에게만 종말이 있다. 보이지 않는 하나님은 보이는 육의 종말은 관여하지 않으신다. 환경 파괴로 인간이 스스로 멸망을 자초하는 것이다. 종파끼리 싸우기 전에, 무너진 인성을 바로잡고 지구의 몸살을 해결하는 데 뜻을 모으는 게 급선무다.

4. 성전이란

- 이 세상 자체가 하나님께서 만드신 성전이다. 자연보다 더 아름다운 성전이 있는가? 보이는 건물이 성전이 아니라, 성스러운 마음가짐이 성전이다.

- 반석 위에 교회를 지으라 했다. 지상의 단단한 돌은 인간이 쪼갤 수 있으나, 마음속의 굳은 결의는 세상 무엇으로도 쪼갤 수 없다. 바르고 굳건한 믿음으로 성경의 가르침을 실천하는 것이 마음의 반석 위에 교회를 짓는 것이다.

- 손으로 지은 건물의 교회에 모여서 복음을 전하는 것이 아니라, 교회를 개인과 가정에 심어 주어야 한다. 무너지고 부서지는 건물을 짓지 말고, 마음속에 영원히 불변하는 참진리의 교회를 지으라.

5. 십계명

- 십계명은 인간이 죽어서 반드시 통과해야만 하는 열 개의 관문이다.

- 부모를 공경하지 아니한 자는 "네 부모를 공경하라." 하는 제5계명의 관문이 열리지 않으니 구원받을 수 없다.
- 살인, 간음, 거짓, 우상 등의 나머지 계명도 마찬가지다.

- 십계명은 하나님의 친필이다. 모기소리만 한 하나님의 음성이라도 들어 보겠다고 여기저기 찾아 헤매지 말고, 십계명부터 암송하고 지키라.

- 십계명은 영혼을 구원하는 양식이며, 십계명을 지키는 것이 구원을 받는 길이다. 인간이기에 지키고자 노력하고 또 노력한다면 지킬 수 있다.

- 십계명을 지키고 천사처럼 아름답게 살아가는 그 마음 하나면 세상에 이루어지지 않는 것이 없다.

6. 보물

- 하나님은 재물이 아니라 우리의 마음을 받으신다. 사랑을 실천하며 천사처럼 변하는 마음이 하나님께 바치는 보물이다.

- 보이지 않는 하나님께 재물을 바치려 하지 말고, 너희를 길러 준 부모에게 용돈드리고, 찾아뵙고, 효성을 다하라. 그것이 하나님께 효도하는 것이다.

- 하늘에는 선과 악의 창고가 있다. 자기 창고에 선이 많으면 천국으로 구원을 받고, 악이 많으면 심판받아 지옥으로 간다. 그것이 바로 "선한 일을 행한 자는 생명의 부활로, 악한 일을 행한 자는 심판의 부활로" 나오는 것이다.

- "선악과를 따먹지 말라"는 것은 양심을 지키라는 것이다. 선과 악을 구분할 수 있는 양심을 최초에 인간에게 주셨다. 선한 열매는 취하고, 악한 열매는 버리며, 양심에 비추어 부끄럼 없는 삶을 살아가라.

- 가장 작은 거짓말을 하지 않고, 가장 작은 죄를 짓지 않으며, 가장 작은 선행을 하고, 가장 작은 악행을 멀리하는 것이 율법의 일점 일획도 빠뜨리지 말고 다 지키는 삶을 사는 것이다.

7. 우상

- 박물관에 있는 불상은 하나의 예술품이다. 그 조각품에 대고 제 소원을 빌 때 우상숭배가 된다. 십자가라 하여도 그 앞에서 소원을 빈다면 우상숭배하는 것이며, 하나님께 소원을 빈다면 하나님을 우상으로 전락시키는 것이다.

- 지금 기복신앙에 젖어 있는 모든 사람이 우상 앞에 절을 하고 있다. 조각품을 우상이라며 파괴하지 말고, 네 마음속에 있는 욕심의 우상을 무너트리라.

- 생수를 약초가 먹으면 약을 만들고 독사가 먹으면 독을 만든다. 같은 성경을 봐도 선한 시도사는 신도를 천사로 만드는 네 활용한다. 그러나 욕심이 가득한 지도자는 재물을 거두어들여 제가 부귀영화를 누리는 데 악용한다. 그가 바로 성경을 우상숭배의 도구로 전락시키는 거짓 선지자다.

- 성경을 한 획도 빼거나 더하지 말라는 것은, 그 가르침을 빠트리지 말고 온전히 지키라는 것이다. 성경 속에서 자기에게 유리한 구절만 보는 것은, 자기에게 불리한 구절들을 빼 버리는 것이다. 믿음이 제일이요, 행함은 구원과는 관계없다는 것은 자신에게 유리한 쪽으로 성경을 악용하는 것이다.

- 진정한 종교 지도자는 종파에 관계없이 어떤 종파든 어떤 책이든 접하고 보고 깨우쳐 견문을 넓히도록 인도한다. 참진리를 모르고 자신이 없는 자가 남을 이단이라며 배척하고, 신도들의 눈과 귀를 가린다.

8. 예수

- 예수의 재림은 없다. 예수가 다시 온다 해도, 과연 누가 그를 예수라고 믿겠는가? 예수와 같은 삶의 행함이 곧 예수의 재림이다. 각자 모두가 “재림 예수”가 되는, 차원 높은 믿음으로 가야 한다.

- 예수는 “주여 주여 하지 말고, 아버지의 뜻대로 행하라”고 했다. 예수가 전한 하나님의 뜻이 곧 “길이요, 진리요, 생명”이며, 그 가르침이 예수의 보혈처럼 소중한 것이다. 예수를 믿는 것은, 예수의 가르침을 믿고 따르는 것이다.

- 예수는 낮은 자로서 만백성을 섬기고자 했다. 만나는 모든 사람을 다 하나님이라 생각하라. 돈을 벌수록 겸손하고, 높은 지위를 얻을수록 낮아지라.

▪ 예수는 종파를 만들지 않았다. 인간이 만든 종교와 인간의 교리를 따르지 말고, 예수를 통해 전한 하나님의 참진리를 연구하고 따르라.

▪ 예수가 2천 년 전에 만백성을 위해 죽었으니, 지금 이 땅에는 예수의 가르침대로 사는 천사만 존재해야 한다. 예수가 죽어 가면서 바란 것은 만백성이 천사가 되어 예수의 자리를 채워 주는 것이지, 지금과 같이 재물을 바치면서 중언부언 제 소원만을 비는 백성들을 바란 것이 아니다.

9. 구원

▪ 천사가 사는 천국에는 천사만 갈 수 있으니, 천사 같은 마음을 길러야 한다.

- "천국 열쇠를 네게 주리니 땅에서 무엇이든지 매면 하늘에서도 매일 것이라" 했다. 땅에서 천사같이 사는 자가 하늘에서도 천사가 되어 천국에 들어간다. 모든 사람에게 천사같다는 말을 듣는 삶을 살아야 한다.

▪ 천사의 곱고 아름다운 마음은 부모를 공경하고 어른을 어른으로 대접하는 데에서 출발한다. 효도하는 자는 형제와 화목하게 지내기에 가정이 화목해지고, 이웃과 화목해지고, 국가가 화목해지고, 온 인류가 화목해진다.

- 그러므로 지상의 아름다운 소왕국은 가정에서부터 이루어야 한다.

▪ 선택된 14만 명만 구원받는 것이 아니라, 천사처럼 변하고자 하는 14만 명을 기초로 온 인류가 천사처럼 거듭나는 영적인 개혁이 시작되는 것이다.

▪ 천 년에 걸쳐서 하늘에서 이루어진 것같이 이 세상을 낙원으로 만들어, 만백성이 지상의 천국에서 살다가 죽어서 그대로 하늘의 천국으로 들어가는, 영원한 지상 낙원을 건설하는 것이 하나님의 계획이다.

- **이것이 구약과 신약에 이어 "새로운 성경"으로 역사하시는 하나님의 창조의 완성이다.**

▪ 지금의 믿음으로 구원받을 수 있다면 그 길을 가라. 그러나 자신이 없다면 하나님께서 직접 내리신 160권의 "새로운 성경"을 읽고 구원의 길을 보라!

하나님 머리말씀

이 새로운 성경을 읽는 너희 모두는
이 율법에 따라 행하면 영원히 구원받을 것이니라.

너희 인간이 수년, 수십 년, 평생
성서를 공부하고 기도하는 것은
하늘나라 나의 곁으로 오고 싶은 소망일진대,

몇천 년 전의 너희 인성과 생각이
지금의 너희와는 판이하게 다르니,

꺾여 가고 병들어 가는 너희를 고칠 수 있는 길은,
오늘 내가 선지자에게 내리는 새로운 성경과 같이
너희가 변화되는 것뿐이니라.

나의 예수가 태어난 것처럼
내가 아들 선지자를 선택하여
나의 새로운 성경을 온 세계에 전하고자 하니,

묵은 것은 버리고 새로운 것은 취하여,
너희 모두는
'여호와 하나님! 저의 죄를 용서하여 주옵소서.'
하는 기도문으로 기도하고, 죄를 뉘우치라.

이 새로운 성경은
수천 년간 내려온 성서를 요약한 것이니,
너희는 이 책을 정독하여 쉽게 깨달음을 얻고,
이대로 실천하여 하늘에 오르라.

대역자 머리말

■ 하나님의 율법을 지키는 선지자로 선택을 받도다.

저는 남들처럼 그저 열심히 살아온 평범한 사람이었습니다. 그러나 50대 중반에 사업에 실패하여 많은 부채에 시달렸으며, 건강도 악화되어 눈이 잘 안 보이고, 걷기도 어렵고, 두통이 심해서 잠을 이룰 수 없는 고통의 나날을 보냈습니다. 그때 제가 선택할 수 있는 것은 육의 삶을 끝내는 길뿐이었습니다.

죽기 직전에 그동안에 죄를 지은 이들에게 용서를 빌고 인생을 끝내기로 작정하였습니다. 어려서부터 지은 죄를 빌고 빌다 보니 끝이 없었고, 죽음으로도 그 많은 죄를 용서받을 길이 없다는 생각에 하염없이 눈물이 흘렀습니다. 그 순간 '재래식 화장실의 구더기는 죄를 짓지 않는데, 나는 인간으로서 구더기만도 못한 삶을 살았구나.' 하는 생각이 들면서 괴로움에 몸부림칠 때, 갑자기 하나님의 음성이 들렸습니다.

"나는 여호와 하나님이니라. 너는 십계명을 암송하고 내가 내려 주는 메시지를 받아 책으로 만들어 만백성을 구하라." 하시며, 제 눈을 손으로 문지르게 하시고, 아픈 머리와 다리를 손으로 두드리게 하셨습니다. 그러고 나니 눈도 잘 보이고 걸을 수 있었으며 머리의 통증도 말끔히 낫게 되었습니다. 그때부터 십계명을 암송하고 나면 들려주시는 말씀을 기록하였고, 1999년 8월부터 2004년 7월까지 권당 288쪽, 총 160권을 받아서 "새로운 성경"이라는 책으로 펴내게 되었습니다.

그러한 저에게 죽기보다도 힘든 길이 시작되었습니다. 모든 교인들이 저에게 사탄이요, 이단이요, 악마요, 마지막 시대에 온 거짓 선지자라 하면서 공격하였고, 저를 짐승을 보듯이 대하는가 하면, 편협한 종교 지도자들의 선동으로 신도들이 이 책을 직접 읽어 보고 평가할 기회마저 막아 버렸습니다. 그래서 하나님의 말씀을 세상에 내는 데 많은 어려움을 겪으며, 피를 토하는 심정으로 책을 전하고 있습니다.

그러나 아무리 인간의 힘으로 막으려 해도, 하나님의 뜻이 세상에 전해지는 위대한 역사는 계속될 것입니다. 책으로 전해지는 "하나님의 말씀"은 세상 끝날까지 항상 우리와 함께하실 것입니다. 사람은 죽어도, 책에 기록된 말씀은 영원히 남으니까요.

■ 따뜻한 실천

하나님께서는 어려운 사람들에게 삶의 터전을 마련해 주고, 미래를 열어 주는 것을 기뻐하십니다. 어려운 이웃이 스스로 자립할 수 있도록 이끌어 주는 것이 진정으로 이웃을 돕는 것이라고 말씀하셨습니다. 그래서 일자리가 없는 제자들에게 작은 사업장을 만들어 주는 "달란트 사업"을 하고 있습니다. 식당, 반찬 가게 등을 차려 주고, 기존의 어려운 사업장이 자립할 수 있도록 돕고 있습니다(커피숍, 미용실, 의상실 등).

하나님께서는 교회에 나와서 모든 시간과 재물을 쏟기를 원하지 않으시고, 그 시간과 재물을 교육에 투자하여 스스로 미래를 열어 가기를 원하십니다. 그래서 제때 공부하지 못한 제자들에게 학업을 이어 가도록 하였습니다. 중화요리 주방장을 하며 초등학교 검정고시부터 공부하여 2012년에 방통대를 졸업한 36세 남성, 만학도들의 2년제 중학교에 입학해서 2007년에 명지대학을 졸업한 38세 여성, 중학교 검정고시를 시작으로 숭의여자대학을 졸업한 47세 여성 등이 있습니다. 그밖에도 많은 제자들에게 나이를 초월하여 배우고 깨우쳐서 사회 속의 당당한 일원이 되도록 인도하고 있습니다.

학자금 대출로 힘겨워하는 젊은이들을 위해 "따뜻한 바람 장학회"를 발족하여(2016년 12월) 대출받은 학자금 전액을 매월 갚아 주고 있습니다. 또한, 다문화 가정을 위해 "다문화 가족 랜드"를 조성하여, 각종 시설을 무료로 활용하도록 하고 있습니다.

이러한 따뜻한 실천이 아직은 미약합니다. 그러나 책의 수입이 늘고, 저와 뜻을 같이하는 분들이 늘어나면 계속 확대할 것입니다. 지도자로서 신도의 재물을 헌금으로 거둬들여 착복하는 것이 아니라, 하나님께서 기뻐하시는 일에 사용하도록 중매 역할만 하며 살아가고자 합니다. 이런 제가 과연 사탄이고 이단인가요? 하나님께서 기뻐하시는 일이라면, 저에게 사탄이라 하든 거짓 선지자라 하든 굽히지 않고 실천해 나갈 것입니다.

끝으로, 일상의 삶 속에서 "지금 내가 하는 행동이 과연 하나님께서 기뻐하실까, 슬퍼하실까?" 생각하고, 매사에 하나님께서 기뻐하시는 길을 택하기 바랍니다. 교회에 모여서 집단적으로 예배 드리는 것이 아니라, 개인이나 가정 단위로 새로운 성경을 읽어 스스로 깨우치고 그대로 행하면 충분합니다. 그것이 마음속에 성전을 짓고, 신령과 진정으로 예배 드리는 길입니다. 그러면 천국의 문에 들어서게 됩니다.

2017. 2. 1.

하나님 말씀 대역자 김용철

차 례

십계명

이 책은 십계명을 암송하고 나면 내려 주시는 "하나님의 음성"을 듣고 그대로 받아쓴 기록입니다. 하나님께서 십계명을 모세에게 내려 주셨지만, 그것은 만백성에게 내려 주신 것입니다. 마찬가지로 이 책의 모든 말씀도 저에게 내려 주셨지만, 만백성 각자에게 들려주시는 말씀입니다. 여러분도 이 책을 접할 때마다 십계명을 암송하고 나서 정독해 주시기 바랍니다.

제일은, 너는 나 외에는 다른 신들을 네게 있게 말지니라.
제이는, 너를 위하여 새긴 우상을 만들지 말고, 또 위로 하늘에 있는 것이나, 아래로 땅에 있는 것이나, 땅 아래 물 속에 있는 것의 아무 형상이든지 만들지 말며, 그것들에게 절하지 말며, 그것들을 섬기지 말라.
제삼은, 너는 너의 하나님 여호와의 이름을 망령되이 일컫지 말라.
제사는, 안식일을 기억하여 거룩히 지키라.
제오는, 네 부모를 공경하라.
제육은, 살인하지 말지니라.
제칠은, 간음하지 말지니라.
제팔은, 도적질하지 말지니라.
제구는, 네 이웃에 대하여 거짓 증거하지 말지니라.
제십은, 네 이웃의 집을 탐내지 말지니라.

나 여호와가 존재함을 믿는 그 자체가 구원의 길에 들어서는 기본이요, 근본이며, 나의 새로운 성경을 가슴에 안고 정독하는 자, 반석 위에 서서 하늘에 오르는 찬란한 빛을 보게 되는 영광을 얻게 됨이니라. 진정 나를 따르고 믿는 자는 감히 사탄이나 마귀도 근접하지 못하느니라.

〈하나님 말씀〉

2004년 6월

11,489 번째 하나님 말씀

2004년 6월 7일 08시 25분

1 사랑하는 나의 아들아!
2 "네, 아버님! 말씀하옵소서."
3 모든 나의 아들딸 너희들은 내가 다
같이 사랑하며 평등하다 하였느니라.
4 그러니 나에게 오르는 길이요, 구원의
길을 오는 은혜를 입고 있는 백성 너
희들은 너희들만이 나로부터 받는 혜
택이요, 축복임을 어찌하여 그를 모른
단 말이더냐?
5 다만, 너희들이 지키고 행해야 할 것
이 있음을 알라.
6 나의 사랑하는 백성 너희들이 나로부
터 높은 지혜를 받아 나가 오늘의 이
삶을 사는 동물의 제왕이라는 너희들
에게는 지금의 삶에 책임을 지는 것,
그것도 중요하니라.
7 그러나 너희들만큼은 다른 것들과 다
름이니라.
8 너희들은 덧없이 지나간, 너희 스스로
를 통제하지 못하고 살아온 잘못된 과
거의 삶이 있다면,
9 너희들은 반드시 과거의 삶에 대해서
도 그 책임을 져야 되며 그 책임을 묻
게 되며, 그 책임에 따라 너희들이 그
대가를 치른다는 것을 잊지 말아야 될
것이며,
10 미래에 대한 너희들이 잘못되게 살아
가며, 네가 잘못 이루어지는 그 모두
또한 너희들이 그 책임을 면치 못하는
것이 나의 백성 너희들임을 알라.
11 그러기에 내가 나로부터 가장 큰 은혜
요, 높은 지혜를 받아 가지고 나간 그
백성 너희가 바로 책임져야 할 그 대
목임을 알라.
12 오늘의 삶의 옳고 그름에 대한 책임도
당연히 중요하나, 과거와 미래에 이루
어지는 그 모든 것도 너희들이 책임을
져야 되는 것이 나의 백성 너희들의
삶이요,
13 그 책임에 따라 너희들이 나에게 오르
고 못 오르는 것이 심판의 결과라는
것을 절대 잊지 말라.
14 높은 지혜를 받아 가지고 나간 백성
너희가 책임져야 할 일을 잊어버리지
말며 살라.
15 그러니 내가 너희들을 불렀을 때는 그
모두에 대한 것을 하나하나 빠지는 것
없이 너희들이 어떠한 삶을 살았느냐
에 따라서,
16 선을 행하며 살았느냐, 악을 행하고
살았느냐 하는 것에 대한 그 대가를
반드시 치르고 받는다는 이 무섭고 절
대적인 것을 잊지 말고 살아가도록 그
리하라.

11,490 번째 하나님 말씀

2004년 6월 7일 08시 27분

1 사랑하는 나의 아들아!
2 "네, 아버님! 말씀하옵소서."
3 너희들이 나 여호와요, 하늘을 향하여

한 점의 부끄러움이 없는 생활을 하며
삶을 산다는 것은, 그 모두가 너희들
이 손해 보는 것이며 잃고 사는 것이
며, 너희들이 억울한 삶을 산다 그리
생각하나,
4 너희들은 그와 같은 생각을 벗어나야
될 것이며 그 생각을 지워 버리도록
그리하라.
5 너희들이 하늘을 향하여 부끄러움이
없는 삶을 사는 것은 나 여호와의 뜻
에 의해 너희들이 삶이니,
6 그 생활은 지금 너희들이 손해 보며
모든 것을 잃는 것 같으나, 결코 너희
들은 손해 보는 삶이 아니라는 것을
믿고 살아가도록 그리하라.
7 그러나 하늘을 향하여 부끄러움이 있
는 삶을 사는 백성은 너희들이 잘못
살아온 것에 대한 고통을 반드시 치를
각오가 되어 있지 아니하면 그와 같은
삶을 살아서는 아니 됨이니라.
8 너희들이 잘못 산 것에 대한 그 대가
요, 심판에 의하여 그것을 모두 치르
며 그에 대한 보상을 하지 아니하면
아니 되는 것이 너희들의 운명이라는
걸 잊지 말라.
9 그러니 오늘 육의 세상에서 살면서 너
희들이 나 여호와의 뜻이요, 내가 너
희들에게 내린 가훈대로 하늘을 향하
여 한 점의 부끄러움이 없는 아름다운
삶을 사는 것이 육의 세상에 모두를
잃으며 손해를 보는 것 같으나,
10 너희들은 상상할 수 없는 그 은혜를
받으며 그 대가를 받는 것이 사후에
심판대에서 얻게 됨이니,
11 결코 손해 보는 것이 없으며 잃는 것
이 없다는 그와 같은 깨달음을 얻고
오늘을 살아간다면, 나의 아들이 뭐라
말하였느냐?
12 너희들이 목숨을 걸고 모으며 창고에
쌓아 두고자 하는 그 금화와 은화가
벌레가 기어가는 것이요, 벌레로 보이
며,
13 그것이 몸에 와 닿는 것도 싫다 하며,
그것을 몸에 지니고 있는 것까지도 싫
다 하는 나의 아들의 그 마음의 뜻을
너희들이 알 것이며, 그와 같은 깨달
음의 높이에 너희들이 오르게 될 것이
니라.
14 그러니 너희들은 반드시 손해 보는 삶
이 아니라는 것을 확고히 믿고 가도록
그리 전하라.

11,491 번째 하나님 말씀

2004년 6월 7일 08시 32분

1 사랑하는 나의 아들아!
2 "네, 아버님! 말씀하옵소서."
3 너희들이 거듭나는 것이요, 구원의 길
을 오고 안 오는 것을 기도하며 그를
바라지 말라 하였으나, 모든 백성 너
희들에게 그것이 가장 귀하고 소중한
것이 아니더냐?
4 그러니 그를 구분하고 가는 길을 정확
하고 확실히 가지 아니하면 아니 됨이
니라.
5 가장 중요한 것은 진정한 참진리요,
그리고 나 여호와의 뜻에 따라서 이루
는 백성이요, 내 뜻에 의하여 명받은
백성이 지도자인가, 그렇지 않고 사탄
의 종이 지도자가 되어 있는 것인가,

6 이것을 너희들이 구분하지 아니하면
절대 아니 됨을 알아야 될 것이니라.
7 나로부터 명받은 진정한 지도자, 나의
참진리요, 나의 뜻으로써 모두를 역사
하는 선택된 백성, 그것을 무엇으로써
너희들이 구분하느냐?
8 그것은 간단함을 알아야 될 것이니라.
9 사탄의 종이 되었으며 사탄의 후예가
된 자들은 남의 재물이 소중하고 귀한
것을 모르느니라.
10 오로지 저 자신의 배를 채우기 위하
여, 저의 부귀영화를 위하여 노략질하
는 데 주저하지 않는 자요, 노략질함
에 끝이 없는 자들이니라.
11 그리하고 남의 것을 구분할 것 없이
수단과 방법을 가리지 아니하고 세 치
혓바닥으로 그들을 감동시키며 감화
시켜 그들에게 재물을 갈취하려는 것
이 바로 잘못된 자들이니라.
12 거둬들이지 아니하면 견디지 못하는
자들, 그리고 겉으로는 천사와 같은
짓을 하나, 제 창고에 재물을 채우기
위해 수단과 방법을 가리지 아니하고
거둬들이는 자,
13 이들이 바로 사탄의 후예요, 사탄의
종이 되어 있는 자들이요, 마귀라는
것을 너희들은 알아야 될 것이니라.
14 그러면 나로부터 명받은 지도자는 무
엇이더냐?
15 남으로부터 어떠한 것이든 남의 것을
탐내지 아니하며, 제 것을 베푸는 것
을 즐거움으로 알며, 재물을 쌓아 두
는 것을 수치라 생각하며 부끄럽게 생
각하는 자, 그와 같은 백성이요,
16 그리고 너희들이 목숨을 걸고 거둬들
이고자 하는 금화와 은화를 벌레처럼
그 마음에 새기고 살아가는 백성, 그
리하여 재물을 남에게 주는 것을 벌레
를 떼어 주는 것처럼 기쁨을 얻는 백
성,
17 한 마리의 벌레를 몸에서 떼어 낸 그
와 같은 기쁨을 얻는 백성이 바로 나
로부터 명받은 지도자요, 만백성을 구
하는 선생이라는 것을 잊지 말도록 그
리하라.
18 사랑하는 나의 아들딸들아!
19 내가 나의 성경에 거짓 선지자와 진정
한 선지자를 구분하였음이니라.
20 그저 어떤 재물이든 구분하지 아니하
고 남의 것을 노략질하는 자, 갈취하
는 자, 그리고 제 창고에 채워 놓기 위
해 수단과 방법을 가리지 않는 자는
사탄의 후예요,
21 제 것을 가지고 나눠 주며 금화와 은
화를 가지고 쌓아 두지 아니하며 창고
에 쌓아 놓는 것을 부끄럽고 수치스럽
게 알며, 그것을 용서하지 못하는 백
성이요,
22 그리하여 금화와 은화가 벌레처럼 그
가슴에 새겨져, 그 벌레를 떼어 내버
리는 즐거움을 얻는 것, 그리고 재물
을 남에게 주는 것이 벌레를 떼는 것
보다 기쁨을 얻는 그 지도자가 바로
나로부터 선택된 지도자라는 것을 구
분하도록 그리하라.

11,492 번째 하나님 말씀

2004년 6월 7일 08시 37분

1 사랑하는 나의 아들아!

2 "네, 아버님! 말씀하옵소서."
3 모든 백성 너희들은 들으라.
4 내가 나의 아들을 통하여 내리는 새로
운 성경을 읽고 깨우쳐, 너희들이 처
음부터 새로운 성경 공부요, 하늘의
진리를 다시 공부하지 아니하며 다시
깨우치는 그와 같은 역사가 없이는 너
희들이 나에게 오르는 길도 볼 수 없
으며 구원의 길은 더구나 얻을 수 없
음이니라.
5 지금 내가 새로운 성경을 나의 아들을
통하여 상세히 풀어 세상에 내려보내
는 것이 무엇이더냐?
6 이는 내가 기초가 잘못된 너희들을 기
초를 다지고자 하며, 기초부터 새로운
성경 공부요, 하늘의 이치를 깨닫도록
하여,
7 너희들이 처음서부터 시작하여 하늘
에 오르는 그 모두를 160권 속에 기록
하여 세상에 전함을 너희들은 알라.
8 사랑하는 나의 아들딸들아!
9 내가 내리는 160권의 이 새로운 성경
을 가지고, 너희들은 기초를 모르기
때문에 그 기초를 다져 가는 삶을 살
도록 그리해야 됨이니, 절대 잊지 말
도록 그리하라.
10 모든 믿음의 길을 오는 그 백성들이
어떠한 집을 짓기 위하여 노력했는지
알겠느냐?
11 모래 위에 집을 짓는 그와 같은 행위
를 했음을 너희들은 알아야 될 것이니
라.
12 아무리 너희들이 노력하고 연구해도
과연 모래 위에 무너지지 아니하는 집
을 지을 수 있겠는가?
13 절대 그와 같은 집을 지을 수 없는 것
이 하늘의 이치요, 땅의 이치임을 너
희들은 잘 알 것이니라.
14 모든 종교 집단의 지도자요, 울고불고
하는 그 백성들이 모래 위에 집을 지
을 수 있다 그리함이니,
15 거기서 깨어나는 것은 내가 마지막 시
대에 내리는 새로운 성경을 읽고 깨우
치는 길밖에 없으며, 그를 보지 아니
하면 너희들은 계속 모래 위에 집을
짓다 무너지는 것,
16 너희들이 참진리요, 하늘에 오르는 길
이라 하여 모두를 바치고 가는 그 길
이 지옥으로 가는 길이라는 것을 죽어
서 알게 되니,
17 그때는 이미 늦으며 돌이킬 수 없는
너희들의 운명이니라.
18 그리하여 그 불쌍하고 가련한 나의 아
들딸들을 내가 바로 세우고자 함이니
라.
19 내가 그저 누구는 사랑하고 미워서 너
희들을 구원하고 구원하지 아니할 수
있다면 얼마나 좋겠느냐?
20 그러나 사탄들이 보고 있으며 천사들
이 보고 있으며, 하늘의 법도는 그와
같은 것으로써 이루어질 수 없음을 너
희들은 알라.
21 그러니 너희가 스스로 모래 위에 집을
짓는 것이 아니요, 반석 위에 무너지
지 않는 단단한 집을 지어야 될 것이
며,
22 그 집을 짓는 자만이 거기에 기거할
수 있는 것처럼, 너희들이 오늘의 모
든 역경을 딛고 천사와 같이 바로 서
지 아니하면 하늘나라에 천사가 사는

그 세상에 올 수 없음이니, 이 아픈 마
음을 어찌한단 말이더냐!
23 사랑하는 나의 아들딸들아!
24 나의 새로운 성경을 정독하며 나의 아
들을 통하여 내리는 강론을 새겨들어
너희 것으로 만들라.
25 그러면 너희 자신이 변화되어 있음을
알게 될 것이니, 그것이 곧 하늘에 오
르는 길이며 그 징조요, 하늘에 오르
는 빛을 볼 수 있는 것이요, 하늘의 지
혜를 얻는 것이라는 것을 알라, 사랑
하는 나의 아들딸들아!
26 나의 아들을 따르는 너희들은 두려움
을 갖지 말라.
27 너희들 마음속에 두려운 마음, 의혹하
는 마음, 이 길이 정녕 하늘에 오르는
길이요, 여기에 너희들이 모두를 바치
고 가야 될 것인가 아닌가 하는 것을
계산하는 마음,
28 그 모두가 다 너희들이 믿음이 부족함
이요, 그 믿음이 부족함으로써는 두려
움을 벗어날 수 없으며, 고통을 벗어
날 수 없으며, 너희들이 사탄의 유혹
에 견딜 수 없는 그와 같은 마음이니
라.
29 그러니 너희들은 믿음을 굳건히 하며
믿음의 자세를 확고히 하고, 오늘의
길을 감에 최선을 다하라.
30 그리하여 너희들이 깨닫기 어렵거든
나의 새로 나오는 160권의 성경을 읽
고 또 읽도록 그리하라.
31 그리고 나의 아들을 통하여 내리는 그
강론 시간에 경청하여 정확히 너희 것
으로 만들도록 그리하라.
32 그러면 거기에서 수십 번씩 너희들이
나 여호와의 뜻이요, 진리요, 하늘의
뜻이라는 것, 그리고 내 명에 의해 역
사하는 것을 여기에서 깨닫고 알 수
있을 것이니 그리 전하라.

11,493 번째 하나님 말씀

2004년 6월 7일 08시 45분

1 사랑하는 나의 아들아!
2 **"네, 아버님! 말씀하옵소서."**
3 나의 아들을 따르는 그 제자 너희들은
알아야 되느니라, 그리고 나의 법전을
읽고 깨우친 백성 너희들 또한 알아야
될 것이며, 만백성을 구하는 하늘의
선생이요, 지도자로서 거듭날 만백성,
너희들은 들으라.
4 너희들이 지금까지 지은 죄에 대한 것
도 감당키 어려우며, 또한 그를 사면
받기 어려운 것이 너희들의 운명이라
하지 않았느냐?
5 그러하거늘 너희들이 어찌하여 지금
도 살아가면서 악한 생각을 할 수 있
으며 너희들이 감히 악한 행위를 서슴
없이 할 수 있는 삶을 산단 말이더냐?
6 하늘을 향하여 한 점의 부끄러움이 없
이 살라는 그와 같은 가훈을 내가 너
희들에게 내렸음이니, 그 가훈을 지키
고 사는 백성이 되지 아니하면 아니
됨을 너희들은 알아야 될 것이니라.
7 어찌하여 악한 행위를 하고 감히 너희
들이 살아갈 수 있단 말이며 그 행위
를 할 수 있단 말이더냐?
8 너희들이 지금까지 지은 죄 사함을 받
는다는 것도 받을 수 없으며, 나에게
구원을 받을 수 없는 백성이 너희들이

거늘,
9 어찌하여 얼마 남지 않은 생명의 시간
을 너희들의 죄를 용서받으며 죄를 사
면할 수 있는 그와 같은 삶을 위하여
모두를 다 바치고 가는 삶을 살지 아
니하고,
10 함부로 악한 생각이요, 악한 행동을
하며 너희들이 주저 없이 그와 같은
일을 할 수 있단 말이더냐?
11 내가 바라보는 너희들이 얼마나 불쌍
하고 가련한 백성인 줄 알겠느냐?
12 너희는 함부로 해서는 아니 됨이니라,
'나는 구원받은 자요, 구원받은 자라'
해서는 아니 될 것이며, '울고불고 주
일을 지키며 헌금을 잘 냈으니 나는
잘못이 하나도 없으며, 나는 무조건
구원을 받을 수 있다.'는 오만과 자만
에서 너희들이 벗어나라.
13 그 모두가 내 뜻을 거역하며 나를 욕
되게 하는 행위를 하고 있었다면, 너
희들이 그와 같은 말을 함부로 할 수
있으며 그와 같은 행동을 함부로 할
수 있다 생각하느냐?
14 절대 너희들은 지금 아무것도 얻어지
는 것이 없으며, 변한 것이 없으며 구
원한 것이 없음을 알라.
15 너희들이 말하는 구원을 받은 자요,
나에게 올라와 받을 상만 남았다는 그
백성, 너희들은 절대 그와 같은 말을
하지 말며 거기서 깨어나라.
16 내가 무어라 하였느냐?
17 내가 너희들에게 보증수표를 써 내린
자만이 나에게 오를 수 있다 했거늘,
18 내가 너희들의 이름 앞에 보증서를 쓴
적이 없으며 써서 내려보낸 적이 없거
늘, 감히 너희들이 구원을 받았다, 나
에게 왔다는 망발을 하지 말라.
19 너희들이 얼마나 잘못된 것이며 얼마
나 잘못 살았는지 알 날이 머지않았음
이니라.

11,494 번째 하나님 말씀

2004년 6월 7일 09시 01분

1 사랑하는 나의 아들아!
2 "네, 아버님! 말씀하옵소서."
3 지금의 나의 아들을 통하여 나 여호와
가 새로운 성령을 내려보내니, 만백성
을 구하는 역사를 이룸이니라.
4 교회요, 성당이요, 법당이요, 성막과
회당에 나가 보지 아니한 나의 아들을
선택함이 과연 무엇이며,
5 그와 같은 자로 하여금 만백성을 구하
는 지도자라 하여 나의 아들로 명하여
내가 세상에 내려보내 새로운 160권
의 성경을 세상에 내려보내니,
6 이는 천지개벽할 노릇이요, 너희들이
분통이 터지는 그 마음을 감당키 어려
울 것이며, 정녕 인내하기 어려울 것
이니라.
7 그러니 너희들이 시기와 질투의 그 마
음이 과연 눈물인지 콧물인지 모를듯
이 지금 광분하고 흥분하는 것은 당연
한 것이니라.
8 그러나 너희들은 들어야 될 것이니라.
9 나의 아들을 선택하여 내가 새로운 성
령을 내려보냄이 무엇이며, 너희들을
통하여 역사하지 아니함이 무엇인 줄
알겠느냐?
10 너희들은 지금 썩을 대로 썩었으며 낡

을 대로 낡은 자들이니라.
11 그리고 부패할 대로 부패한 너희들이
지도자요, 종교 집단이 아니더냐?
12 수천 년 동안 흘러오면서 너희들은 낡
고 썩어졌으며, 나 여호와의 뜻을 거
역했으며,
13 내 뜻을 순종하는 것이 아니요, 나를
등지고 가며 나의 성령을 훼방하는 그
와 같은 길만 온 것이 오늘의 종교 집
단의 지도자 너희들의 단체임을 알라.
14 그러니 내가 썩고 썩은 너희들 머릿속
에 아무리 새로운 하늘의 진리요, 참
진리를 내려보내어 너희들 머리에 심
어 주고자 해도, 너희들은 결코 이를
받아들일 수 없으며,
15 내가 심어도 너희들은 그를 역사할 수
없으며 그를 이룰 수 없는 자들이니라.
16 너희들이 말로는 기름을 부은 자요,
성령의 기름의 역사를 받은 자라 하나,
17 정녕 내가 너희들에게 심어 주고자 하
여 내가 내렸을 때, 낡고 부패한 너희
들은 결코 받아들일 수 없으며, 그 생
수를 그대로 전하는 역할을 할 수 없
음이니라.
18 썩고 썩은 것에 내 새로운 성령이요,
그 생수가 섞여져서 모든 백성이 먹을
수 없는 것이요,
19 너희들이 썩는 데 그저 더 힘을 보태
주며 지탱하게 하는 그와 같은 생명수
가 되기 때문이니,
20 악이요, 사탄의 종이 된 너희들에게
더 힘을 실어 줄 수가 없는 것이며, 너
희들에게 내릴 수 없는 그와 같은 것
이라는 것을 알라.
21 그러니 새로운 나의 성령이요, 그 모
두를 내가 지금 내려보내는 것은 새로
준비된 나의 아들을 통하여 모두를 역
사하는 것이요,
22 그렇지 아니하고는 이룰 수 없음을 너
희들은 알아야 될 것이니, 너희들 자
신의 부끄러움이요, 잘못됨을 알라 하
였음이니라.
23 원통하고 분해하지 말라.
24 너희들이 그와 같이 할 만한 자격도
없음이니라.
25 지금 나의 아들의 삶이요, 그가 살아
온 삶이 바르지 못하며, 너희들이 보
기에 모범적인 삶을 살지 못한 자라
하여 너희들이 이를 의심하며 그를 잘
못됐다 말하나,
26 너희들 자신이 지금까지 역사하는 그
삶이요, 믿음의 길을 가는 그 삶이 과
연 나의 성령이 역사함을 얼마나 방해
했으며 성령을 훼방한 죄만 지었는가?
27 너희들이 지금까지 성령을 훼방한 죄
요, 나의 뜻을 거역하는 그와 같은 행
위를 한 것을 생각한다면,
28 나의 아들이 지금의 육의 세상에서 바
로 살지 못하며 너희들에게 모범된 삶
을 살지 못한 것, 만백성에게 한 점의
부끄러움이 없이 살아오지 못한 그 모
두는 너희들이 성령을 훼방한 것에 비
하면 아무것도 아님을 알아야 될 것이
니라.
29 그리고 나의 아들은 성령의 기름을 내
가 부은 자요, 내 뜻대로 살아갈 수 있
는 그 무서운 변화의 역사를 너희들이
보게 될 것이니,
30 그때 가서도 나의 아들을 선택하여 새
로운 성경을 내려보내 만백성을 구하

는 그 역사가 잘되었다 잘못되었다 하는 시시비비를 하는 너희들의 입을 봉하게 될 것이며, 그리고 너희들은 두려움과 공포에 떨게 될 것이니 그리 알라.

11,495 번째 하나님 말씀

2004년 6월 7일 09시 08분

1 사랑하는 나의 아들아!
2 "네, 아버님! 말씀하옵소서."
3 모든 백성들이요, 믿음의 길을 가는
백성이든 아니든, 너희들이 구원을 받
지 않았다 하는 이방인이라 하든, 잡
신을 믿으며 숭배하는 자든, 모두가
심판의 시대가 가까이 왔음을 피부로
느낄 것이며,
4 정신적으로 너희들은 그 번뇌에서 벗
어나지 못하는 지금의 형국이 되어 있
음을 알라.
5 어떠한 기적과 역사를 이룬다 해도,
너희들은 나 여호와로부터 거저 받은
것이요, 거저 받아서 너희들이 모두를
역사했다 하였음이니, 내가 너희들에
게 무어라 말하더냐?
6 내가 거저 주었음이니, 모두를 거저
모든 백성들에게 전하라 하였거늘, 너
희들은 그 뜻 하나도 행하지 아니하였
으며,
7 가난하고 불쌍한 자를 도우며 나누며
살라 하였거늘 너희들은 그들을 돕지
아니하며 그와 같은 행위를 하지 아니
하였음이니라.
8 오로지 나에게 달라, 무엇을 더 얻고
자 욕심에 찬 개구리 울음소리만도 못
한 울부짖음으로 살아온 너희들의 마
음 한구석에 과연 평화로움이요, 안락
함이요, 안정된 마음이 거기 있을 수
있는가?
9 그러니 너희들은 평화로운 마음이 없
으며 불안한 마음이요, 공포의 마음이
니라.
10 너희들은 스스로 알 것이니라.
11 나의 새로운 성경이 내려오기 전에 구
약과 신약에 그래도 너희들이 고치지
못하고 기록된 그 부분들을 읽을 때,
가슴을 졸이게 될 것이며,
12 어찌 지키고 어찌 행하라 한 것을 너
희들은 하나도 지키지 아니하며 그 모
두를 접어 두고 간 백성들이 아니더냐?
13 그리고 너희들이 하늘에 오르는 길이
요, 성경을 몇 회를 읽었으며, 몇 년을
공부했으며, 몇십 년을 공부하며 교회
를 다니며, 헌금 내고 일요일에 너희
부모 형제의 고통과 어려움은 등진 채
그저 출석만 잘하는 것으로써 구원을
받은 것이요,
14 종교 지도자가 너희 이름을 불러 주며
그들과 눈 맞춰 인정받는 그것만을 위
하여 오늘까지 온 믿음이니,
15 이것이 다 부질없는 짓이요, 너희들은
잘못된 자들이니라.
16 그러면서 너희들이 어찌하여 나로부
터 모든 은혜를 받을 수 있다 생각하
느냐?
17 그러니 거저 주라는 것을 거저 주지
아니한 그 하나만 해도 너희들이 편안
한 잠자리를 잘 수 없으며 편안한 믿
음으로 갈 수 없는 것이니라.
18 더욱이 너희들은 거짓 말장난으로써

나의 피조물 만백성들에게 재물을 거
둬들이고 갈취하는 데 모두를 다 바치
고 역사한 그 믿음의 테두리를 벗어나
지 못한 것이 2천 년 동안 흘러온 너
희들의 신앙이니라.
19 성경을 팔아 거둬들였으며, 나의 아들
예수가 십자가를 짊어지고 가며 가시
관을 쓰며 그가 목이 말라 그 갈증의
고통을 넘는 것이 창으로 찌르는 것보
다 더 아픔을 느낀 나의 아들의 그 모
든 고통을 팔아먹으며,
20 나의 아들의 이름을 빙자하며 나 여호
와의 이름을 빙자하여 재물을 거둬들
이고 장사하는 것이 너희들이 밑천도
없이 오늘까지 한 행위가 아니더냐?
21 그러니 그와 같은 행위를 한 지금의
종교 집단 지도자들이 나의 뜻대로 행
하면서 그리 살아가는 자가 하나도 없
었음이니,
22 이 세상을 바로잡기 위해서는 목숨을
바쳐 내 뜻에 순종하며 행하는 나의
아들이요, 나의 명을 받아 유업을 대
신 이어 갈 나의 아들이 세상에 내려
가, 나의 명령에 의하여 새로운 지도
자로서 새로운 성경이요, 새로운 역사
가 이루어지는 것은 필연적이며,
23 이에 너희들이 모두가 다 스스로 그와
같은 무덤을 팠음을 너희들은 알아야
될 것이니라.
24 그리하여 나의 뜻에 따라 역사하는 나
의 아들을 새로운 시대에 새로운 성경
을 그 가슴에 안겨 내가 세상에 내려
보내는 것은 당연한 것이며 필연적인
결과가 아니더냐?
25 이 모두는 너희들이 몇천 년에 걸쳐
그리되도록 해 왔으며 그리 만들었으
며, 너희들이 판 무덤이라는 것을 알
라 그리 전하도록 하라.
26 너희들이 그와 같이 오지 아니하였으
며, 그와 같이 사악한 행위로 살아오
지 아니하였으며, 내 뜻을 거역하여
도둑이 들끓는 세상이요, 지옥과 같은
이 세상을 만들지 아니했다면, 내가
너희들에게 오늘의 이 역사는 없을 것
이니라.
27 그저 움직이면 거짓이요, 입을 열면
거짓이요, 그저 움직이는 것마다 너희
들이 자신의 욕구를 채우기 위해, 너
희 자신의 부귀영화를 위하여 계산된
행동을 하며 살아가는 것,
28 계산된 것이 아니며 너희들 자신의 더
큰 분배의 원칙을 이루기 위하여 살아
가지 아니하는 백성이 하나도 없음이
니, 이를 어찌한단 말이더냐?
29 그러면서 말로써 '사랑, 사랑'이라 함
이니, 거짓된 행위를 나의 피조물 만
백성들이 너희들을 보고 배운 것이,
30 그들이 하나를 배움으로 하여 수천수
만 가지 거짓된 행위를 하도록 하여
세상을 이렇게 험악하게 만든 것이 너
희들이 장본인이요, 죄의 온상이 너희
들임을 잊지 말라 그리 전하라.

11,496 번째 하나님 말씀

2004년 6월 7일 09시 12분

1 사랑하는 나의 아들아!
2 "네, 아버님! 말씀하옵소서."
3 2천 년 전 내가 성서에 기록하여 너희
들에게 무어라 전하였느냐?

4 정녕 나 여호와의 뜻을 역사하며 나의
지도자로 명받은 백성이라면, 너희들
은 전대에 금이나 은화요, 동까지도
차고 다니지 말며 챙기지 말라 나의
성서에 기록하여 너희들을 깨우친 그
것을 과연 모르더냐?
5 너희들은 이 대목을 수없이 읽었으며
성경 공부를 한다면서 이를 배웠을 것
이니라.
6 그러나 종교 집단의 지도자들이 이를
가지고 저희들이 불리한 쪽으로 가르
치고 전하는 것이 아니요,
7 종교 지도자는 전대를 차고 다니지 말
며, 그 전대 속에 금, 은, 동 한 닢도
넣고 다녀서는 아니 된다 그와 같이
가르친 것을, 이 간악한 종교 지도자
들이 어찌 가르치느냐?
8 이것을 종교 지도자 저희들이 지켜야
할 대목이라 그리 가르치는 것이 아니
요,
9 그것은 저희 신도들이요, 불쌍한 나의
백성들에게 그와 같은 욕심을 가져서
는 아니 되며, 그와 같은 마음을 가져
서는 아니 된다 그리 말하며,
10 그리하여 많이 바치라, 그리고 숨겨
놓지 말며 감춰 놓지 말라, 감춰 놓는
자 너희들이 죄를 받으며, 숨겨 놓는
자 하늘의 나 여호와가 모두를 다 보
고 있음이니,
11 그를 꺼내어 나의 교회를 짓는 것, 나
의 성전을 짓는 것, 거기에 다 바치라
그리 위협하며 협박하는 것이 오늘의
종교 집단의 지도자 너희들이 몇천 년
동안 해 오던 행위이니라.
12 그리하여 너희들이 나의 몸에 상처만
낸 그 교회를 짓고 역사한 것이 아니
더냐?
13 불쌍한 나의 백성들에게 해당하는 사
항처럼 그리 둔갑시켜 그들에게 족쇄
를 채우며, 너희들은 차고 다니지 말
며 쌓아 놓으려 하지 말며 숨겨 놓으
려 하지 말라, 있는 그대로 모두를 다
바치라, 그것이 복 받는 것이요,
14 너희들이 숨겨 놓는 자는 죽음이요,
나로부터 너희들이 문턱을 넘기 전에
죽는 형국을 당할 것이라,
15 숨기지 말라, 있는 대로 모두를 꺼내
바치라, 그리고 속이지 말라 그리 가
르치는 것이 너희들의 오늘의 믿음의
전부가 아니더냐?
16 그리하여 너희들이 해당 사항이 없는
나의 백성들에게 덮어씌워 그들을 가
르치며 그들에게 너희들이 반강제요,
반강요요, 그리하여 갈취하는 행위를
하고 있음이니,
17 이것이 바로 성경을 욕되게 하는 것이
요, 위로는 나 여호와를 능멸하는 것
이요, 나를 욕되게 하는 그와 같은 행
위요,
18 그 모든 종파가 이와 같은 행위로써
흘러왔으며, 그것으로써 이 모든 종교
집단의 지도자 너희들이 성장하였으
며, 이와 같은 큰 사업장으로 역사하
고 만든 것이 너희들이니,
19 그를 스스로 너희들이 판단하여 그 모
두를 버리고 거듭나는 역사를 할 수
있는 길이 없으며, 절대 너희들은 그
길을 선택하고 갈 백성이 아니기 때문
에, 내가 너희들을 단죄하게 됨이요,
20 너희들이 스스로 행하지 아니하기에

내가 유황불로써 모두를 다스리고자
하는 것이 나 여호와의 뜻이니,
21 160권의 새로운 성경이 세상에 나왔
을 때 너희들이 받는 고초는 육에서
당할 것이며, 그 천배 만배 더한 것은
너희들이 지옥으로 왔을 때 사탄으로
부터 마귀로부터 그 대가를 치르게 된
다는 무서운 사실을 기억하도록 그리
전하라.

11,497 번째 하나님 말씀

2004년 6월 7일 09시 17분

1 사랑하는 나의 아들아!
2 "네, 아버님! 말씀하옵소서."
3 나의 아들 예수는 그 제자들에게 어찌
가르쳤느냐?
4 너희들이 여행을 하든, 어디를 따라가
든, 복음을 전하든, 어느 곳이요, 어느
나라에 가든, 너희들이 어느 집에 가
든, 하루를 묵기 위하여 찾아갔든,
5 그 모두가 합당한 집이 아니거든 너희
들은 머물지 말며 그 집에서 나오라
했음이니라.
6 그리고 너희들이 하루를 묵더라도 합
당한 대우를 반드시 하라 했음이니라.
7 너희들이 묵고 신세지는 것은 반드시
합당한 대가를 치르고 그 주인을 섭섭
하게 하지 말며, 그 주인에게 손해 보
는 마음을 느끼지 아니하도록 행동을
하라는 것이 나 여호와의 가르침이요,
나의 아들 예수가 그 뜻을 전했느니라.
8 합당치 아니한 집이라는 것은 무엇이
더냐?
9 너희들이 편하게 쉴 수 없는 집이 아
니요, 믿음이 없는 집이 아니라, 너희
들이 그 대가를 치르며 반드시 그만큼
주인에게 무엇인가 은혜를 갚으라,
10 그렇지 아니하면 너희들은 그곳에서
묵을 자격이 없다는 총체적인 가르침
이라는 것을 너희들은 알아야 될 것이
니라.
11 합당한 일로써 그 대가를 하지 아니하
면, 그에 대한 대가를 반드시 너희들
은 벌로 받을 것이며 그와 같은 벌을
치러야 된다는 것을 나의 아들이 너희
들에게 가르쳤음이니, 그와 같은 의미
를 따르고 그와 같이 너희들이 정해야
될 것이니라.
12 그러니 지금의 종교 집단의 지도자들
이 과연 어찌하는가?
13 그들이 합당한 선에서 모두를 계산하
고 하는가, 그리고 저희들이 어떠한
형태에서든지 합당한 것이 아니면 취
하지 아니하며 행하지 않는 그와 같은
행동을 하는가?
14 그리고 과연 그들은 눈에 보이는 재물
과 금화를 보면 어떠한 수단과 방법을
가리지 아니하고 세 치 혓바닥으로 그
들을 회유하고, 아니면 반공갈로 하여
그 재물을 거둬들여,
15 나 여호와가 기뻐하는 것이며, 나의
교회를 짓는 것이 축복받는 것이라 하
여 그와 같은 곳에 역사하고 그와 같
은 행위는 하지 않는가?
16 그것이 오늘의 종교 집단 너희들이 하
는 짓이니, 저 자신이 역사하는 일은
정도요, 합당함을 너희들이 무색하게
하며, 그 자체요, 그것은 종교 지도자
앞에는 절대 있지도 아니하며 그 단어

를 쓰지도 않는 것이 너희들이니라.
17 정도요, 합당한 방법으로써 아무것도
이루는 자가 없으며, 비협조적이요,
비합리적이요, 반공갈이요, 반협박으
로써 모두를 긁어모으는 데 최선을 다
하며, 수단과 방법을 가리지 않는 것
이 오늘의 종교 집단 지도자 너희들이
온 것이니라.
18 그리하여 거둬들이는 것으로써 너희
들이 부귀영화를 누리며 궁궐 같은 그
속에 존재하는 장사꾼으로서 존재하
여,
19 여성의 몸을 팔고 파는 그와 같은 일
을 하는 포주보다도 더 사악하고 사악
한 짓을 하는 것이 오늘의 종교 집단
의 지도자요,
20 너희들이 나의 사랑하는 백성들의 고
혈을 빨아 내가 기뻐하는 나의 집이라
하여 대궐같이 크게 짓는 것이니,
21 사람이 모이면 썩는 것이요, 썩기 때
문에 나의 아들을 통하여 2백 명 이상
나의 성전에 임하지 말도록 하라 하였
음이니, 너희들이 그 이상 넘는 것은
다 사탄이요, 사기꾼이요, 썩고 썩은
자들이라는 것을 그들에게 깨우쳐 주
라.
22 모든 백성 너희들은 들으라.
23 2백 명 이상이 한곳에 모여도 썩고 썩
음이니, 나 여호와가 원하는 너희들의
가르침의 전당은 절대 2백 명을 넘지
말아야 하는 것이 나의 법도라는 것을
알라.
24 과연 그것이 옳은 말인가, 아니면 너
희들이 수천 수백 명을 놓고 무슨 말
을 하는지, 무슨 짓을 하는지 모르며,
그저 '아멘, 할렐루야!' 울고불고하는
것이 깨달음이요, 구원을 받는 것인가
한번 너희들이 돌이켜 생각해 보도록
그리하라.
25 그 모든 성전이요, 궁궐을 나의 피조
물 만백성들에게 강도질하여 갈취해
서 너희들이 그와 같이 행하는 것이
과연 하늘의 뜻인가, 나의 아들 예수
가 복음을 전했던 길인가?
26 나의 아들 예수가 복음을 전하는 그와
같은 길이 아니라면, 그는 모두를 거
역하는 것이요, 그를 욕되게 하는 것
이요, 사탄의 장난이요, 사탄의 앞잡
이로 변한 증거인 것을 알라 그리 전
하라.

11,498 번째 하나님 말씀

2004년 6월 7일 09시 22분

1 사랑하는 나의 아들아!
2 "네, 아버님! 말씀하옵소서."
3 나의 새로운 성경에 내가 일러 뭐라
가르치고 전했더냐?
4 너희들이 평범히 받을 수 있는 대접도
그를 돌려주고 예의를 갖출 수 없으면
그 대접을 받지 말라 했음이니라.
5 너희들이 선물을 받아들이는 것도 답
례를 할 수 없으면 그것을 받아들이는
것을 자제하며 그를 받아들여서는 아
니 된다 내가 너희들에게 그리 가르쳤
느니라.
6 너희가 합당한 대가를 지불할 수 없다
면 남의 집에 신세를 지지 말며, 너희
들이 합당하지 않게 남의 집에 신세를
지느니, 거리의 덤불에서 쉬고 잠자는

것이 타당함이라 내가 나의 성경에 기
록하여 너희들에게 전했느니라.
7 그러니 과연 이와 같은 원칙을 지키고
살아가는 종교 지도자가 어디 있으며,
백성들을 그리 가르치는 자가 어디 있
느냐?
8 그저 너희들 자신이 도둑질하는 것,
남의 것을 갈취하는 것에만 혈안이 되
어 있는 그와 같은 백성이 되어 있음
이니,
9 그 속에서 배우고 가르친 백성들이 이
신성하고 아름다우며 고귀한 성경의
가르침을 가슴에 심고 살아가는 자들
이냐?
10 인간이 만든 포악하고 험악한 교리를
가지고 너희들이 지금 살아감이니라.
11 그러면서 나에게 오를 수 있는 길이
요, 나에게 인도하는 지도자라 말하는
자, 그 백성들 또한 너희들이 어찌 되
는가?
12 그러니 스스로 너희들이 그들을 따라
가면 나에게 오를 수 없으며 구원의
역사가 있을 수 없으니, 그 모두는 너
희들이 스스로 알아서 하도록 그리하
라.
13 그렇지 아니하면 너희들이 아무것도
얻을 것이 없으며 아무것도 역사할 수
없음이니라.
14 내가 성경에 기록하여 전한 그 뜻을
엄히 지키라.
15 선물을 받는 것도 너희들이 답례할 수
없으면 받지 말라 했으니, 너희들이
남의 집이요, 남의 가정에 가 신세를
지는 것도, 합당한 대가를 지불하지
아니하면 거리의 덤불 속에서 잠자는
것이 편안하며 그것이 타당하다 내가
했음이니, 모든 종교 집단 지도자들이
그리 살아가는가?
16 거둬들인 만큼 너희들이 줄 수 없거든
그와 같은 행위를 하지 말라.
17 그리하면서 거둬들이는 것은 죄악이
요, 용서받을 수 없는 것이요, 사탄의
노예가 된 것이요, 마귀가 하는 행위
라는 것을 알라.
18 그와 같은 자들을 보고 '아멘, 할렐루
야!' 울고불고 광란의 짓을 하는 가련
하고 불쌍한 백성, 너희들이 어찌하여
새로운 시대에 내려오는 나의 이 새로
운 성경을 보고 깨우쳐 하늘에 오르는
길을 얻지 못하며, 너희들이 그리 우
매하고 어리석은 삶을 살아간단 말이
더냐?
19 내 가슴이 찢어지는 아픔을 너희들은
알겠느냐?
20 나의 아들 예수의 그 고통스러운 죽음
을 내가 외면했으며 등을 돌려, 오늘
의 너희들이 바른길을 와 하늘에 오르
는 백성이 이 세상을 지배하며 하늘에
서 이루어진 것같이 이 지상에 낙원을
이루고자 그리했거늘,
21 어찌하여 그와 같은 것을 거역하며 내
뜻을 순종하지 아니하고 너희들이 나
의 백성이요, 나에게 오를 수 있다 한
단 말이더냐?
22 인간 세상에서 사랑하는 자에게 베푸
는 것만도 못한 것이 너희들이 말로는
나를 사랑하며 목숨을 바쳐 나를 사랑
하며 세상 걸 다 바쳐 나 여호와를 사
랑하며 나를 경배한다는 자이니,
23 너희들이 사탄이요, 사악한 자들에게

재물이요, 십일조요, 헌금을 바쳐 나
에게 구원받으려 하지 말며,
24 너희들이 천사와 같은 마음으로 변하
며, 성경에 기록되어 있는 아름다운
가르침을 그대로 행하고 실천하는 그
와 같은 것으로써 너희들이 구원을 받
으며 나에게 오르면 될 것이거늘,
25 어찌하여 그와 같은 내 뜻은 따르지
아니하며, 내가 기록하여 전하는 것은
영원히 남으며 존재하며 증거함이거
늘,
26 그를 보고 깨우치지 아니하고 그저 재
물을 가지며 도둑질해서 번 돈이든 사
기 쳐서 번 돈이든, 십일조요 바치기
만 하면 구원을 받는다는 그와 같은
믿음으로 너희들이 간단 말이더냐?
27 그러니 나로부터 구원을 받을 수 있는
자요, 나에게 올 수 있는 백성이 하나
도 없음이니라.
28 이제 모든 종교 집단 속에 있는 그 신
도들, 그리고 맹종 맹신하며 울고불고
하는 백성, 너희들은 들으라.
29 종교 지도자가 너희들에게 거둬들인
것만큼 합당하게 너희들에게 돌려주
지 아니하며 그것을 배 이상으로 갚아
주는 그와 같은 행위를 하지 아니하
며, 재물과 금화와 은화를 제 창고에
다 쌓아 놓으니,
30 금화와 은화를 벌레 보듯이 하며 그
재물이 제 몸에 붙어 있는 벌레처럼
보이는 그와 같은 삶을 사는 종교 지
도자가 아니거든 그들을 내쳐야 될 것
이며 그들을 버리라.
31 그리고 그와 같은 마음을 가지고 살아
가는 종교 지도자의 가르침이요, 그의
설교를 들어야 너희들이 귀가 열리며
하늘의 지혜를 얻을 수 있음을 잊지
말라 그리 전하라.

11,499 번째 하나님 말씀

2004년 6월 7일 09시 26분

1 사랑하는 나의 아들아!
2 "네, 아버님! 말씀하옵소서."
3 나 여호와가 너를 통하여 내리는 160
권의 이 새로운 성경은 너희들에게 평
화와 화평과 안일을 주는 것이 아니
요, 편안한 삶을 살아가게 하고자 내
가 내려보내는 것이 아니라는 그 뜻을
너는 알겠느냐?
4 "네, 아버님! 저는 잘 알지는 못하옵
나이다.
5 그러나 아버님께서 생각하시는 그 말
씀의 의미요, 그 뜻을 제가 조금은 알
것 같사옵나이다."
6 그러니 내가 원하는 그 뜻이 무엇이더
냐, 사랑하는 나의 아들아!
7 "아버님께서 지금 내리시는 160권의
새로운 성경이요, 모든 사람이 편안하
며 화평하며 평탄한 삶을 살아갈 수
있도록 하려 아버님께서 내려보내는
것이 아니요,
8 모든 백성들이 고통과 시련의 시작이
며, 그 고통과 시련이 시작되도록 아
버님께서 역사하시며 그 모두를 내려
보내는 것이라 저는 그리 알고 있사옵
나이다."
9 사랑하는 나의 아들아! 그것이 무슨
의미더냐?
10 "네, 아버님! 그렇사옵나이다.

11 새로운 성경대로 저희들이 산다는 것
은, 우선 저희가 잘못된 믿음이요, 잘
못 가는 그 모두를 다 고쳐야 되며, 새
로운 삶으로써 시작해야 되며,
12 지금까지 그저 무사안일하게 살아왔
던 그와 같은 삶에서 바른 진리요, 정
도의 길을 가기 위해서는 반대의 길을
가야 되며 반대의 삶을 살아야 되옵나
이다.
13 그러니 저희들이 지금에 살아왔던 모
든 생활의 습관이요, 그 방법을 접어
버리고, 그것도 거기서 중단하는 것이
아니요, 반대의 길로 가야 된다는 것
은 너무나 어렵고 힘들기 때문에,
14 거듭나는 그 고통이 그리 어렵고 힘들
어, 거듭나는 참진리의 길이요, 아버
님의 그 뜻을 가르치고 행하고 따라오
도록 해야 됨이니,
15 그러니 모두를 버리고 다시 시작해야
하기 때문에 화평이요, 편안함이 아
닌, 저희들에게 고통과 시련을 거듭하
는 그와 같은 삶을 살아가게 된다는
것을 저는 그리 알고 있사옵나이다."
16 사랑하는 나의 아들아! 그러하니라.
17 너희들이 지금 나에게 불려 와 죽어
심판대에 섰을 때 구원을 받으며 나에
게 오를 수 있는 백성이 하나도 없다
하였음이니, 하나도 없는 그 백성을
내가 바로잡고 역사하기 위해서는 너
희들이 거듭나야 됨이니,
18 너희들이 거듭나고 다시 태어나는 것
은 나의 새로운 성경을 읽지 아니하며
접하지 아니하면 깨닫지 못하기에, 이
를 읽고 너희들이 접해야만 나에게 오
를 수 있기에, 내가 이를 내려보내며
행하라, 지키라 그리하니,
19 너희들의 고통과 시련이요, 그와 같은
길을 내가 명하며 내림이니, 이것이
정녕 너희들을 사랑함이니라.
20 그리고 그 길을 오지 아니하면 너희들
이 올 수 없기 때문에, 지금은 너희들
이 육의 고통이요, 삶의 고통이요, 참
기 어려운 그와 같은 시련이라 하나,
21 그를 넘고 또 넘어 훈련이 거듭되고
거듭되면 그것 또한 아무것도 아니며,
너희들이 지킬 수 있음이니라.
22 다만, 기초를 다시 다스려 놓기만 하
면 너희들이 편안하게 화합하는 마음
이요, 사랑하는 마음으로 나에게 올
수 있음이니, 그 고비를 넘고 넘는 데
최선을 다하라는 것이 나 여호와의 뜻
이니,
23 여기서 넘지 못하는 자는 영원히 나를
보지 못하며 영원히 지옥의 세상에 살
것이요,
24 여기서 넘고 인내하는 자는 너희들이
죽고 사는 고통이요, 시련이 없고 근
심 걱정이 없는 천국에 올 것이며, 천
국의 문을 들어설 수 있는 영광을 얻
게 되니,
25 너희들이 여기서 자유의지요, 자유의
사의 선택의 권한을 갖도록 그리하라.

11,500 번째 하나님 말씀

2004년 6월 7일 09시 31분

1 사랑하는 나의 아들아!
2 "네, 아버님! 말씀하옵소서."
3 내가 너희들에게 '주기도'라 하여 내
린 그 구절 중에 '하늘에서 이루어진

것같이 이 땅에서 이루어지리다.' 이
기도의 내용이 무엇이며 그 위대한 의
미가 무엇인 줄 너희들은 알겠느냐?
4 그저 하늘에서 이루어진 것같이 이 땅
에서 이루어진다 너희들이 앵무새처
럼 부르짖으면 절대 그 의미를 모르며
아무것도 깨달을 수 없으며 그 속에
들어 있는 나의 비밀의 의미를 알 수
없음이니라.
5 하늘에서 이루어진 것같이 이 땅에서
이루라는 것은 하늘에서 이루어진 것
같이 이 땅에서 이루어지는 것을 너희
들이 그저 기다리기만 하면 된다는 것
이 아니니라.
6 하늘에서 이루어진 것같이 이 땅에서
이루고자 하면, 너희들이 나 여호와의
뜻이요, 참진리요, 그리고 너희들의
악습을 버리며 거듭나는 어렵고 힘든
고통의 삶을 살지 아니하면 절대 이루
어지지 아니함이니,
7 하늘에서 이루어진 것같이 이 땅에서
이루어지는 것은 그저 내가 너희들에
게 내려서 그와 같이 이루어지는 것이
아니요, 너희들의 노력의 대가로써 모
두를 이루며 모두를 거둬들이는 그와
같은 역사함이라는 것을 너희들은 알
아야 될 것이니라.
8 그러니 모두는 너희들이 역사하며 이
루어 내야 한다는 것을 절대 잊지 말
라.
9 너희들이 감나무 밑에 가서 입을 벌리
고 누워 있다면, 그 익은 그 맛있는 열
매가 과연 너희들의 입으로 떨어지겠
는가?
10 그러니 그와 같은 행위를 하는 자보다
더 무의미한 행위를 하고 있는 것이
오늘의 믿음의 길을 가는 자요, 하늘
에 오르는 백성들이니라.
11 하늘에서 이루어진 것같이 이 땅에서
이루어지는 것은 나 여호와가 이루며
내가 역사한다는 그와 같은 착각에서
벗어나라.
12 그 모두는 너희들이 얼마만큼 노력하
며 얼마만큼 변하는 삶을 사느냐, 그
리고 너희들이 얼마만큼 천사와 같은
백성으로서 거듭나느냐에 따라서 하
늘에서 이루어진 것같이 이 땅에서 이
루어지는 것이니라.
13 그러니 지금의 구약과 신약의 성서를
가지고는 너희들이 그와 같은 역사를
할 수 없기에, 내가 너희들에게 마지
막 한 번의 기회를 주어 160권의 대장
정의 새로운 성경을 세상에 내려보냄
을 너희들은 알겠느냐?
14 그리하여 새로운 성경이 세상에 내려
지며 나의 아들을 통하여 그를 행하고
실천하는 것, 그 제자들로 하여금 그
뜻대로 살아가는 그 모두를 보이고 그
와 같이 행하도록 역사하는 그 의미를
너희들이 과연 안단 말이더냐?
15 그와 같이 하늘에서 이루어진 것같이
이 땅에서 이루어지는 것이 그리 어렵
고 힘든 것임을 알라.
16 창조주 나 여호와의 뜻이 이 세상에
전해져야 될 것이며, 내 뜻이 그대로
심어져야 될 것이며, 내가 원하는 것
이 그대로 행해지는 그와 같은 역사가
이루어지지 아니하고는 하늘에서 이
루어진 것같이 이 지상에서 이루어질
수는 절대 없음이니라.

17 그리하여 하늘에서 이루어진 것같이
지상에서 이룰 수 있는 그 기초부터
너희들이 그 모두를 역사할 수 있는
것을 내가 160권의 새로운 성경이요,
'하늘에 오르는 길'이요, '하나님! 말
씀하옵소서.'라는 그 책의 표지처럼
그리 만들어,
18 하늘에서 내리는 160권의 새로운 성
경을 접하고 너희들이 이대로 살아가
고자, 이대로 역사하고자 하지 않으
면, 이 땅에서 아무것도 이루어지는
것이 없으며 역사할 수 없다는 것을
내가 엄히 전하니 그리 믿으라.
19 그를 행하지 아니하고는 너희들은 그
답을 얻을 수 없으며 그와 같은 영광
은 없음이니라.
20 그리하여 하늘에서 이루어진 것같이
이 땅에서 이룰 때 나 여호와의 권세
가 땅에 옴이니,
21 내가 땅에 내려와 너희들과 더불어 너
희들을 직접 관리하고 다스리며, 나의
모든 것을 너희들이 보고 듣는 그 영
광을 얻을 것이니라.
22 천사만이 하늘의 모든 역사를 알 수
있으며, 천사만이 하늘의 세상에 와
살 수 있듯이,
23 너희들이 그와 같은 자가 되지 아니하
면 나를 볼 수 없으며 내 음성을 들을
수 없다는 무서운 사실을 알라 그리
전하라.

11,501 번째 하나님 말씀

2004년 6월 8일 07시 12분

1 사랑하는 나의 아들아!
2 "네, 아버님! 말씀하옵소서."
3 지금은 너와 너를 따르는 제자들이요,
그 모두가 완전한 길을 가지 못하며,
너희들이 완전하게 다스려지지 아니
하였음이니라.
4 그러니 완전하게 다스려지지 아니한
너희들을 바로잡고 바로 역사하는 것
은 무엇이더냐?
5 많은 훈련과 경험과 또 쓰라린 고통이
요, 그 모두를 겪고 가면서 너희들이
다스려지는 그와 같은 백성으로 성장
함을 알라.
6 너희들이 지금 누구와 이 세상에 대적
한다 했더냐?
7 가장 큰 전쟁이요, 가장 큰 환란이요,
가장 큰 역사를 이루는 것이 너희들이
라 하였느니라.
8 그러니 너희들이 그와 같이 큰 일을
역사하며 큰 전쟁을 함이니, 작은 전
쟁에서 너희들이 경험을 하여 그 경험
으로 하여금 큰 전쟁에서 승리를 이룬
다면, 작은 전쟁의 그 고통과 시련은
반드시 있어야 되는 것이 아니더냐?
9 전쟁이라는 것은 너희들이 백 번 중에
서 아흔아홉 번을 져도 마지막 승자가
승자인 것처럼,
10 너희들은 작은 전쟁에서 경험을 쌓으
며 수없는 경험을 쌓지 아니하면 너희
들이 막상 큰 전쟁이 났을 때는 작은
것에도 너희들이 넘어질 수가 있으며
패할 수가 있음이니라.
11 그러나 너희들이 치러야 할 전쟁은 백
배 천배 더 강한 자들과 전쟁을 치러
야 됨이니, 작은 실패의 경험을 많이
쌓지 아니하면 절대 아니 되느니라.

12 그리하여 오늘의 작고 큰 실수를 수없
이 하며 그 실패함을 너희들은 수없이
해서 가야 되느니라.
13 그리하여 너희들이 더 큰 것을 역사하
고 이루었을 때, 너희들이 정녕 패자
가 되지 아니하느니라.
14 너희들이 말하는 금전이요, 은화요,
금화를 가지고 말해도 그러하니라.
15 너희들이 경험 없이 백억이요, 천억이
라는 것을 투자해서 사업을 했을 때,
그는 망하느니라.
16 그러나 1억이요, 5천이라는 그와 같
은 적은 금액으로써 너희들이 경험을
하여 실패를 한다면 거기에 두 번 다
시 실패하지 아니할 것이니라.
17 그러니 그와 같은 훈련을 하여 너희들
은 세상을 상대로 하여 모두를 역사하
며, 너희들이 이루는 것은 대단위로
모두가 이루어짐이니,
18 거기에 대한 완벽한 준비를 하지 아니
하면 아니 되며, 그 경험을 쌓지 아니
하며 훈련을 쌓지 아니하면 아니 됨이
니라.
19 작은 것에 넘어져서 너희들이 작은 것
에 실패하며 작은 것이 인생의 전부라
생각하지 말라.
20 내가 일찍이 너희들에게 손에 작은 것
을 들고 있으면 큰 것을 들지 못한다
하였으니,
21 작은 것에 실패요, 작은 것에 잘못되
는 것은 오늘의 너희들이 미래의 큰
그릇을 위하여 크게 역사하기 위해서,
대기만성이라는 말이 있듯이, 훈련과
훈련 속에서 너희들이 큰 역사를 이루
니,
22 가장 큰 전쟁을 치러야 될 너희들에게
작은 전쟁의 고통이요, 훈련의 시련은
반드시 있어야 된다는 것을 잊지 말
라, 사랑하는 나의 아들딸들아!

11,502 번째 하나님 말씀

2004년 6월 8일 07시 20분

1 사랑하는 나의 아들아!
2 "네, 아버님! 말씀하옵소서."
3 너희들이 마음을 비우지 못함이니, 그
마음의 비움이 간단한 이치이거늘, 어
찌하여 너희들이 그와 같은 이치 하나
를 깨우치지 못하는가?
4 내가 너희들에게 욕심을 버리면 된다
했음이니, 그 욕심은 무엇이더냐?
5 '나'를 위주로 생각하는 것이며, '나'를
먼저 생각하는 것, 그것이 곧 욕심이
아니더냐?
6 너희들에게 '원수를 사랑하라.' 하였
음이니라.
7 그러나 너희들은 정녕 원수를 사랑할
수 없다 그리 말함이니, 원수를 사랑
할 수 있는 것, 또한 그것도 간단한 이
치가 아니더냐?
8 너희들이 서로 살아가면서 너희가 베
푼 것, 남에게 잘해 준 것, 그리고 너
희들이 그 대가를 받을 만한 그와 같
은 역사를 한 것,
9 그와 같이 너희들이 남을 위해서 행한
아름다움은 절대 생각하지 말며, 그것
을 돌려받으려 하지 말며, 거둬들이려
하지 말라.
10 그리고 너희들이 남에게 은혜 입은 것
은 반드시 감사하며 그것은 되돌려 주

며 갚아야 된다는 그와 같은 생각을
하고 산다면, 너희들은 이 세상에 아
름다움만 볼 수 있는 것이 아니더냐?
11 그러니 그와 같은 이치 하나를 터득하
고 산다면 간단한 것을, 어찌하여 너
희들은 그 하나를 깨닫지 못한단 말이
더냐?
12 너희가 남에게 해 준 것, 너희가 남에
게 이와 같이 했거늘 그가 너희에게
베풀지 아니함이니, 그 모든 서운한
마음이요, 아쉬운 마음을 가지고 있는
것은 다 너희들의 욕심이니라.
13 그러니 그 욕심을 지우고 살라.
14 욕심을 지우면 세상사의 이치를 다 볼
수 있음이니라.
15 오로지 너희가 신세 진 것, 너희가 잘
못한 것, 그리고 너희가 은혜를 입은
것만 갚고 감사하겠다는 생각을 하고
세상을 살라.
16 너희가 남들에게 은혜를 입은 것, 신
세를 진 것, 그리고 남들이 너를 도와
준 것, 그와 같은 모든 것은 작고 큰
것이든 오로지 그 은혜를 갚고 그것을
보답하겠다는 마음을 가지고 세상사
를 살며 세상사의 사람들을 보면, 모
두가 다 그것이 정답인 것을.
17 거기에 모두 다 천사가 있으며 아름다
움이 있느니라, 사랑하는 나의 아들아!
18 그와 같은 마음을 가지고 살아가도록
그리하라.

11,503 번째 하나님 말씀

2004년 6월 9일 08시 09분

1 사랑하는 나의 아들아!
2 "네, 아버님! 말씀하옵소서."
3 너를 따르는 제자들이요, 나의 새로운
성경을 읽고 깨우친 백성, 그들이 이
세상에서 가장 고통스러우며 가장 어
려운 길을 가는 백성이니라.
4 그러나 또한 그들보다 더 행복하고 축
복된 백성이 없음이니, 그보다 영광된
백성은 세상에 없다는 것을 너희들은
알아야 될 것이니라.
5 사람이 살아가면서 가는 길을 알며 그
결과를 알고 가며 그 답을 알고 가는
사람처럼 행복한 사람이 어디 있는가?
6 너희들은 모두를 다 알고 가는 백성들
이니라.
7 그리고 너희들이 160권의 새로운 성
경을 만들어 이를 세상에 전함이니,
이 세상은 이가 모두를 다 덮을 것이
며,
8 만백성은 이를 보고 나에게 범사에 감
사하는 그 기도를 드릴 것이니라.
9 세상에 태어난 것을 감사할 것이며,
저희들이 새로운 성경을 접한 것을 감
사할 것이니라.
10 그러니 그와 같이 모두 다 정해진 길
을 가는 너희들이야말로 얼마나 축복
되고 영광된 백성들이더냐?
11 나만, 그러한 너희들이 지도자요, 신
생이기에, 한 점의 부끄러움이 없는
삶을 살아가고자 하니,
12 씻어도 씻어도 안 되는 그와 같은 모
두를 다 씻어 내는 그 고통은 당연히
너희들이 겪어야 되는 것이 아니더냐?
13 외부에서 물로 씻어 낼 수 있는 더러
운 오물이 묻은 것이 아니요, 씻을 수
도 없으며 보이지도 않는 너희들의 마

음의 더럽고 추한 그 모두를 씻어 내
야 되는 것이니, 너희들이 가장 고통
스럽고 힘든 길을 가는 것은 당연한
것이니라.
14 그러니 너희들이 이 세상에서 가장 축
복이요, 영광된 백성이요, 미래의 답
까지도 알고 가는 그와 같은 백성들이
기에 가장 행복한 것만큼, 너희들이
가장 고통스러운 길을 가야 하는 것이
니라.
15 그러니 너희들이 고통스러운 길을 가
야 되는 것은 당연한 것이요, 그 길이
아니면 하늘에 오를 수 있는 길이 없
으며, 너희들이 축복과 영광된 길이
그것이 아니면 갈 수 없기 때문에 너
희들은 당연한 길을 가는 것이니라.
16 그러나 여기서 너희들이 받은 영광이
요, 축복이 지금 보이지 않아 그를 알
지 못하나, 너희들이 죽어 나에게 왔
을 때 그 모두를 알게 될 것이니라.
17 그러니 너희들이 알지 못하기에 오늘
의 고통스러움이 다 부질없는 것이요,
헛된 것이라 그리 생각할 것이며,
18 오늘의 너희들이 선택된 영광이 무엇
이며, 어찌하여 너희들이 선택되었으
며, 선택된 그 축복이 얼마나 위대한
것인가를 너희들이 실감하지 못함이
니라.
19 너희들이 하늘의 뜻이요, 하늘의 세상
을 보지 못함이니, 너희들이 그를 실
감하지 못하는 것은 당연한 것이니라.
20 그러나 너희들은 들어야 될 것이니라.
21 160권이라는 새로운 성경을 나의 아
들을 통하여 이 세상에 내려보내니,
여기에 너희들이 도둑질하며 남을 속
이며 사악한 짓을 하고 살라는 것이
있더냐?
22 아름답고 천사와 같은 것이요, 더럽고
추한 너희들을 씻어 내고 씻어 내라는
가르침이니, 이보다 더 위대한 가르침
이 어디 있으며,
23 이를 보고 너희들의 마음이 변하는
것, 그것이 또 얼마나 위대한 것이더
냐?
24 너희들이 나의 새로운 성경을 보고 마
음이 변하는 것, 그리고 아름답게 살
아가고자 하는 것, 그리고 너희도 스
스로 모르게 남들이 볼 때는 너희들이
천사라는 소리를 들을 수 있는 그와
같은 너희들로 변해져 가는 것을 너희
는 모를 것이니라.
25 그들이 시기하고 질투하기에 너희들
에게 감히 말하지 아니하나, 그들의
가슴속에는 두근거리며 두려움을 알
것이니라.
26 그리고 그들이 할 수 있는 말은, 너희
들은 천사요, 새로운 성경을 읽고 깨
우치며 '하나님! 말씀하옵소서.' '하늘
에 오르는 길'이란 그 책을 가지고 공
부하는 백성들은 천사라 그들이 말할
것이며 천사라 그들도 느끼고 있을 것
이니라.
27 그것이 얼마나 너희들에게 소중한 것
이더냐?
28 내가 너희들에게 무어라 말하였느냐?
29 천사라 소리를 지상에서 들었을 때 그
천사에게 날개를 달아 준다 하였으니,
바로 그게 너희들이니, 얼마나 영광되
고 축복된 자들인 줄 알겠느냐?
30 이 의미를 깊이 깨우쳐 그리 가도록

하라.
31 가장 영광된 것을 얻은 자들이요, 가
장 고통을 짊어지고 가는 너희들이라
는 걸 절대 잊지 말라 그리 전하라.

11,504 번째 하나님 말씀

2004년 6월 9일 08시 14분

1 사랑하는 나의 아들아!
2 "네, 아버님! 말씀하옵소서."
3 구약의 시대에 그 역사요, 기적의 모
두를 다 보냈으나, 그 백성들이 잘못
가지 아니하였더냐?
4 너희들은 구약의 시대에 그 백성들이
우상을 만들며 다른 신을 받드니, 그
들만이 잘못되었다 그리 말하는 것이
오늘의 백성들이니라.
5 그러나 나의 아들을 따르는 제자 너희
들은 들어야 될 것이니라.
6 오늘의 신약의 시대에 그 백성들 또한
저희들이 그를 모르고 있으나, 그들이
어찌하였던가?
7 첫 단추가 잘못 끼워졌으며, 나의 아
들 예수가 살았던 그 고통스러운 삶의
길을 가지 아니하며, 저희들이 부귀영
화를 누리며, 나의 종이요, 만백성의
종이라는 그 지노사들의 생활이 얼마
나 호화찬란하더냐?
8 제 욕구를 위하여 저희들이 사업적으
로 변한 것이며, 저희 자신을 위하여
모두를 다 인간의 교리로 만든 그 속
에서 오늘의 부귀영화를 누리는 자들
이,
9 지금 그 부귀영화를 위하여 더 큰 교
회요, 더 큰 성전이요, 아름다운 것을
만들고자 제 명예를 위하여, 제 권위
의식을 위하여, 제 욕구를 채우기 위
하여 그와 같은 형국으로 흘러가는 것
이 오늘의 신약의 시대니,
10 단추가 잘못 끼워지니 그를 바로잡지
아니하고 그대로 가는 것이 너희들이
라면 어찌하겠느냐?
11 그러니 지금 잘못 가는 나의 백성 그
들을 구원하는 길은 무엇이더냐?
12 어떠한 것도 이를 구원할 수 있는 길
이 없느니라.
13 내가 나의 아들을 통하여 내리는 새로
운 성경이요, 너희들이 밤새워 만드는
나의 새로운 성경을 만백성에게 전하
는 것으로써 너희들이 그들을 구원할
수 있으며, 어둠 속에서 헤매며 지옥
으로 가는 백성들을 구하는 길이 이것
밖에 없음이니라.
14 사랑하는 나의 아들을 따르는 제자들
이요, 그리고 나의 법전을 읽고 깨우
친 만백성, 너희들은 들으라.
15 너희들이 나의 백성들을 구하는 길은
무엇인 줄 알겠느냐?
16 너희들 자신이 티 하나 없는 순결한
마음 자세가 되어야 하느니라.
17 티 하나 없는 순결한 마음 자세로써
바로 나의 성령이 너희들에게 임하는
백성이 되어 거듭나는 그와 같은 삶을
살지 아니하면 그들을 구원할 수가 없
음을 알라, 사랑하는 나의 아들딸들아!
18 너희들은 들으라.
19 구원의 장소라는 곳에 잘못된 지도자
가 지금 그 안에 너희들을 불러들이고
있는 그와 같은 형국이니라.
20 그리하여 그들이 무슨 짓을 하느냐?

21 마귀와 사탄으로서 모든 것을 다 불러
들이는 그와 같은 행위를 하고 있음이
니라.
22 그리하여 지금 너희들이 지은 교회요,
하늘에 오르는 길이 마귀와 사탄을 다
불러들여 그들이 들끓는 곳이 되어 버
렸음이니,
23 그 속에는 분열과 혼란을 일삼는 곳이
되었으며, 구원의 길이 아니라 지옥으
로 달려가는 안내소가 되어 버렸다는
것을 내가 수십 번 나의 새로운 성경
에 기록하여 전했음이니,
24 과연 그와 같은 형국이 이루어지고 있
나 이루어지지 아니하고 있나 하는 것
을 너희들이 들여다보도록 그리하라.
25 그리하여 스스로 너희들이 깨달음을
얻어야 될 것이며,
26 스스로 그와 같은 행위요, 분열과 혼
란을 일삼는 곳이라면, 진정 모든 마
귀와 사탄이 그곳에 들끓기 때문에 그
와 같은 역사가 이루어짐이니라.
27 그러니 너희들이 거기서 뒤돌아 나오
는 용기가 없이는 구원을 받을 수 없
다는 것을 내가 전함이니 그리 알라.

11,505 번째 하나님 말씀

2004년 6월 9일 08시 18분

1 사랑하는 나의 아들아!
2 "네, 아버님! 말씀하옵소서."
3 세상의 이치는 다 같으니라, 나의 아
들딸들아!
4 너희들이 하나의 높은 시험이요, 그
시험을 통과하기 위하여 어렵고 힘들
수록 그 시험을 통과하는 과정을 어찌
하는가?
5 너희들은 선생으로부터 어려서 배울
때만큼 배움이니라.
6 그리고 그 다음서부터 높고 높은 남들
이 바라볼 수 없는 영광된 그 시험의
장소에 들어가기 위하여 어찌 공부하
느냐?
7 그때부터는 선생이 가르침이 아니요,
스스로 깨우치고 피나는 노력을 하여,
그 피나는 노력의 대가만큼 높고 어려
운 시험이요, 남들이 통과할 수 없는
그 시험의 관문을 통과하여 너희들이
인간의 명예요, 공명을 얻는 삶을 사
는 것이 이 세상의 삶의 도리가 아니
더냐?
8 지금 내가 나의 아들을 통하여 너희들
에게 전하기를 무어라 말하느냐?
9 깨달음이요, 하늘에 오르는 길은 스스
로 깨달으며, 내가 너희들을 누구보다
도 다 알고 있는 그 죄요 추악한 것을
하나하나 씻어 내고 벗겨 내어 너희들
이 나에게 오르는 길은 네 노력에 달
렸다 하지 아니하였느냐?
10 그러니 집단으로 모여서 울고불고하
는 것이 아니니라.
11 이제 모든 백성들이 나 여호와가 존재
함을 알며, 나의 아들 예수의 죽음을
알며, 그리고 모세의 기적을 알며, 내
가 역사하고자 하는 것을 다 알지 않
느냐?
12 그와 같은 것을 안다면, 너희들이 이
제 혼자 성서를 읽고 또 읽고 깨우쳐
그 의미를 스스로 얻도록 하면 되는
것이니라.
13 잘못된 선생들이 지금도 계속 너희들

을 가르치며 깨우치지 아니하면 하늘
에 오르지 못한다 하니, 선생의 한계
를 다 벗어났으며 그 한계 이상은 알
지 못하는 자에게,
14 너희 스스로 혼자 공부하면 내가 너희
들에게 성서의 비밀을 열어 줄 것이며
알 수 있는 지혜를 줄 것이거늘,
15 그 잘못된 자들에게 매달려 그들에게
너희들이 계속 맹종하고 지금도 끌려
가는 그와 같은 형국이 되어 있기 때
문에,
16 너희들이 성서를 알지 못하며 높고 높
은 그 시험에 합격할 수 있는 기회를
놓쳐 버리는 것이 오늘의 나의 백성
너희들이니라.
17 너희들이 인간 세상에서 그와 같이 공
부하다 그것을 이루지 못할 때 폐인이
되고 쓰러지는 사람이 있음이니라.
18 그러나 그는 육의 세상에서 한계가 있
는 속에서 역사하는 것이기 때문에 그
것은 그리 두렵고 무서운 것이 없으나,
19 너희들이 지금 나에게 오르는 하늘에
오르는 길을 오고자 하는 그 길을 잘
못 가는 것은 영원히 고통 속에서 그
대가를 치르는 그와 같은 무서운 형국
이 되어 있음이니라, 사랑하는 나의
아들딸들아!
20 이제 너희들이 나 여호와가 존재함을
아는 그것 하나로써 스스로 공부하고
깨우쳐, 인간 세상에서 피나는 노력을
하여 높은 시험의 관문을 통과하여 명
예를 얻는 것처럼, 그 천배 만배 더 위
대한 하늘에 오르는 길을 오르라 함이
니라.
21 그러니 스스로 공부하고 스스로 깨우
치도록 그리하라.
22 잘못된 자의 가르침을 계속 받아서는
아니 되느니라.
23 너희들의 선생이 순수한 마음으로 가
르치는 선생이라면 얼마나 좋겠느냐?
24 그러나 집단을 만들며 재물을 모으며
부귀영화를 누리며 제 사업적으로 만
든 것은 너희들이 높은 관문을 통과하
는 오늘의 그 시험에 도움이 되지 않
는 잘못된 것이니,
25 다만 너희들이 기초로써 만족할 것이
며, 나 여호와가 존재한다는 걸 얻은
것으로써 만족하며,
26 그 다음서부터 너희들이 나에게 오르
는 길을 역사하는 건 스스로 노력하고
찾으라.
27 그래야만 너희들이 바른길을 볼 수 있
다는 하늘의 이치요, 땅의 이치가 같
음을 알라 그들에게 깨우치라, 사랑하
는 나의 아들딸들아!
28 귀가 열린 자요, 마음이 열린 자는 이
뜻을 알 것이며, 그렇지 못한 자는 다
부질없는 짓이요, 사탄이요, 마귀가
너희들을 현혹게 한다 하니, 종교 지
도자에게 너희들이 가서 배우는 것이
무엇이더냐?
29 같은 것을 허구한 날 그지 배우고 또
배우고 듣고 또 들으면서 너희들은 새
로운 금화요, 새로운 십일조요, 그 새
로운 것을 갖다 바치는 것이요,
30 그들은 썩은 것을 가지고 너희들을 계
속 흔들고 돌림이니, 너희들이 그 썩
은 물에 세뇌되어 정신을 차리지 못하
고 있는 자들이니 그리 알라 전하라.

11,506 번째 하나님 말씀

2004년 6월 9일 08시 22분

1 사랑하는 나의 아들아!
2 "네, 아버님! 말씀하옵소서."
3 지옥의 길은 결코 가서는 아니 되는
곳임을 알라.
4 나의 피조물 만백성들이 절대 가서는
아니 되는 곳을 향하여 달려가니 그들
을 어찌한단 말이더냐?
5 너희들이 그들을 구원하지 아니하며
구제하지 아니하면 아니 되는 것이니
라.
6 그들을 구원하기 위하여 어떠한 고통
이요, 어떠한 시련이 있다 해도 결코
너희들 자신이 포기해서는 아니 되는
것을 알아야 될 것이니라.
7 지옥으로 가는 그 백성들을 구원하고
자 선택받은 것이 바로 너희들이니라.
8 그러니 나의 아들을 따르는 제자들이
요, 나의 새로운 성경을 읽고 깨우친
만백성 너희들은 어떠한 가혹한 핍박
을 받는다 해도, 이 세상에서 경멸을
당한다 해도, 주저하지 말며 중단하지
말며 포기해서는 아니 되는 것이 너희
들이 가야 할 운명이니라, 사랑하는
백성들아!
9 너희들이 모든 만백성을 구해야 하느
니라. 모든 백성을 구하기 위하여 십
자가의 고통보다 더 힘든 길이라 해도
너희가 이를 해내고 인내하지 아니하
면 아니 되느니라.
10 그들을 구원하는 것이 너희들의 대명
이니, 그 대명을 거역하며 그를 행하
지 아니했을 때, 절대 내가 너희들을
용서할 수 없음이니라.
11 너희들이 티 없이 맑고 깨끗한 순결을
지키는 그와 같은 마음 자세로 돌아
가, 너희들이 나의 성령을 직접 받음
으로써 내 뜻을 알 것이며 내가 명하
는 것을 알 수 있는 그와 같은 너희들
이 되지 아니하면,
12 그들을 가르치는 선생으로서 자격이
없으며 그 선생으로서 설 수 없음이니
라.
13 내가 너희들을 일찍이 불러 하늘의 나
를 대신하는 선생이라 지금까지 모든
걸 가르치고 깨우쳤으나,
14 너희들이 이를 받아들이며 바로 깨우
쳐 감사함을 생각하지 아니하며, 너희
들이 이를 버리고 떠나고 등 돌리는
그와 같은 행위를 하며, 나의 새로운
성경에 기록된 것을 거역하고 살 때,
15 너희들이야말로 가장 무서운 성령 훼
방을 하는 자들이요, 성령을 버린 자
들이라는 것을 나에게 와서 알게 될
것이니, 너희들의 대명은 만백성을 구
하는 것이니라.
16 가서는 안 되는 지옥의 길로 가는 백
성들을 구하기 위하여 너희들이 나로
부터 선택된 백성들이니,
17 너희들이 어떤 가혹한 핍박이요, 경멸
이요, 그 모두에서 포기하지 말라.
18 어렵고 힘들다 하여 주저앉는 너희들
이 되지 말라.
19 사탄들이 서서히 하나하나 작은 것부
터 유혹함이니, 거기에 유혹되어 넘어
가기 시작하면 너희들이 불평불만이
요, 그리고 나의 성전을 떠나게 되며,
나의 아들과 결별하게 되는 것이니,

20 이는 곧 나와 너희들이 영원히 헤어지
는 것이라는 것을 잊지 말도록 그리
전하라.

11,507 번째 하나님 말씀

2004년 6월 9일 08시 35분

1 사랑하는 나의 아들아!
2 "네, 아버님! 말씀하옵소서."
3 사탄들이 유혹하며 사탄들의 그 행위
가 얼마나 가혹한지 알겠느냐?
4 나의 사랑하는 백성 너희들의 작은 것
부터 너희들이 나를 원망하도록 유인
하며 너희들을 길들여가는 것이 사탄
의 방법이니라.
5 작은 가시 하나 박힌 것까지도 너희들
이 나에게 불평과 가시와 독소가 들어
있는 말과 행동으로써 나 여호와를 경
멸하며 나에게서 너희들이 떠나도록
그들이 그리 유도하는 것이니,
6 그 사탄들의 잔악성이 얼마나 무서운
줄 알겠느냐?
7 너희들이 무너지기 시작하면 사탄들
은 그 잔악성을 드러내기 시작하며 너
희들을 그리 이끌어 가느니라.
8 마귀는 너희들을 올가미에 엮어 가고
있느니라.
9 크나큰 황소가 코가 뚫리면 코 뚫린
고삐에 묶여 움직이는 대로 따라가며
끄는 대로 따라가듯이,
10 너희들이 그와 같이 올가미에 엮여 버
리면 나를 경배하고 나의 뜻을 역사하
는 데 써야 할 너희들의 손과 발이요,
눈과 귀와 입이요, 코요, 그 모두가 아
름다운 일에 쓰이는 것이 아니요, 나
쁜 일에 사용되도록 되어 버리며,
11 너희들이 세상에 아름다운 것을 곱고
아름답게 보는 것이 아니요, 곱고 아
름다움이요, 남들이 선한 것은 너희들
의 마음을 뒤틀리게 하며 너희들의 심
성을 뒤틀리게 하여 그들과 너희들이
거래하지 아니하며 그들을 너희들이
비아냥거리며 그들을 멸시하며 그들
을 욕되게 하는 그와 같은 행위를 하
도록 너희들의 마음까지도 그들이 모
두 송두리째 빼어 가 버리며 너희들의
마음을 바꿔 놓는 것이 그들이니라.
12 나를 위하여 바쳐야 할 너희들의 모든
육신의 일부분이요, 마음까지도 나를
욕되게 하며 나를 버리는 데 너희들이
마음을 그리 갖도록 하는 것이 사탄이
요, 마귀들의 그 잔악성이니라.
13 그리하여 나의 새로운 성경이요, 나의
아들을 욕되게 하며, 그리고 나의 새
로운 성경과 나의 아들을 핍박하고 경
멸하다 종국에는 나를 모독하는 그와
같은 행위를 하게 되는 것이 오늘의
나의 백성 너희들이니라.
14 나의 성전에 와 깨우쳤다, 공부한다,
그리고 깨달음이 있다는 백성 너희들
도 너희 자신도 모르게 둑에 금이 가
서서히 물이 새듯이,
15 너희들이 사탄의 낚싯밥에 한번 걸려
들기 시작하면 그와 같이 서서히 조금
씩 조금씩 변화됨이니,
16 결국은 너희들은 나의 아들을 욕되게
하며, 나의 새로운 성경을 욕되게 하
며 나를 모독하는 그와 같은 행위를
하여 너희들이 떠나는 결과가 되는 것
이니라.

17 그러니 너희들이 얼마나 억울한 삶을
살며 억울하게 가는 것인 줄 알겠느냐?
18 나의 심판을 받아 너희들이 지옥으로
가기 시작하는 것이 바로 그 길이요,
사탄들의 그 잔악성이요, 가혹한 행위
임을 너희들은 알아야 될 것이니라.
19 나의 모든 백성 너희들이 이와 같이
행할 때 나는 결국 너희들로부터 손을
놓을 것이며 내가 모두를 포기하는 것
밖에는 무엇이 더 있겠느냐?
20 내가 너희들에게 손을 놓고 포기했을
때 그 환란이요, 그 재앙은 너희들이
감당하기 어려울 것이니,
21 다만 내가 그를 예방하기 위하여 지금
마지막 새로운 성경이요, 이를 내가
너희들에게 한 번의 기회를 주어 내려
보냄이니,
22 나의 아들을 따르는 제자들이요, 나의
새로운 성경을 읽고 깨우친 너희들은
이와 같은 것을 예방하여, 만백성이
하늘에서 이루어진 것같이 이 땅에 이
루어지도록 그 모두를 역사하기 위해
존재함이니,
23 너희들이 사탄의 꼬임이요, 사탄의 유
혹에 넘어가는 그와 같은 백성이 된다
면 결국 너희들은 무엇이더냐?
24 내가 너희들로부터 손을 놓는 그와 같
은 것을 초래하는 것이며, 내가 기대
하고 바랐던 모두를 갖다 버려야 되는
그와 같은 슬픈 결과가 되니,
25 그 슬픈 결과의 재앙은 너희들이 감당
키 어려울 것이니라, 사랑하는 나의
아들딸들아!
26 그리하여 내가 지금 나의 아들을 통하
여 이를 전하며, 이를 가지고 너희들
이 만백성에게 전하여 세상을 덮는 그
역사를 이루라 함이 거기 있음이니라.
27 그리하여 또 그 속에서 구원할 자, 깨
닫는 백성을 선별하여 그들로 하여금
내 역사를 이루고자 하는 것이 나이기
에, 160권의 새로운 성경을 만드는 데
최선을 다하라 함이니라.
28 결국 엄청난 심판의 결과를 받게 되는
것을 내가 막고자 함이니라.
29 나 여호와가 내려보낸 새로운 성경이
요, 내 성전이요, 나의 아들을 감히 핍
박하고 떠나는 자, 너희들은 우발적인
것이요, 순간적인 생각으로써 너희들
이 떠나간다 그리 생각하나,
30 너희들은 어느 시점인가 마음이 이미
흔들렸기 때문에, 흔들리는 마음속에
사탄이 뿌리를 내려 서서히 무너지기
시작하였으며,
31 무너지기 시작한 그 백성이 결국 나의
아들을 핍박하며 나의 새로운 성경을
던지며 나를 경멸하며 나를 욕되게 하
는 그와 같은 행위를 하며, 결국 너희
들이 나의 성전을 등지고 떠나가는 자
가 됨이니,
32 그는 바로 너희들이 그 잎이 떨어지는
것보다도 더 비참한 결과라는 것을 나
는 이미 나의 새로운 성경에 기록하여
너희들에게 전하니,
33 이를 받아들여 행하고 안 하고 거듭나
고 안 나는 것은 너희들에게 달렸음이
니 그리 알라 전하라.

11,508 번째 하나님 말씀

2004년 6월 9일 08시 37분

1 사랑하는 나의 아들아!
2 "네, 아버님! 말씀하옵소서."
3 흔들리는 너의 제자들이요, 떠나고자 하는 그 제자들이요, 너희들이 악에 물들어졌으며, 사탄의 그 잔악성에 끌려가는 것을 지금이라도 깨달아,
4 악에서 떠나 새로운 성경을 정독하며, 모든 잡념을 버리며, 욕심을 지워 버리며, 너희들이 바로 깨우쳐 바로 서지 못한다면,
5 나 여호와의 새로운 성경대로 살고자 피나는 노력을 하지 아니한다면, 그리고 마음의 각오를 다시 다스리지 아니한다면, 너희들 자신이 결국 나를 떠나게 됨이니,
6 너희들이 나를 떠났을 때 결국 감내하기 힘들고 어려운 대가를 치르는 것이며, 그것이 일순간에 대가를 치르고 너희들이 거듭나며 돌아섬이 아니라, 그 대가는 영원한 것이며, 영원히 거기에서 대가를 치르고 산다는 것,
7 그러니 그때가 되어 후회해도 너희들이 울고불고 용서를 빌어도 용서받지 못하며 두 번 다시 기회가 없다는 것을 명심하고 명심하도록 그리 전하라.

11,509 번째 하나님 말씀

2004년 6월 9일 08시 40분

1 사랑하는 나의 아들아!
2 "네, 아버님! 말씀하옵소서."
3 사랑하는 나의 아들을 따르는 제자 너희들에게 거짓 하지 말라, 그는 살인이라 하지 않았느냐?
4 그 거짓의 대가가 무엇이더냐?
5 너희들은 오늘 살아가는 삶에 거짓 하는 것으로 그것의 대가를 받으며 그리하여 죄짓지 아니하며 살아가려 노력함으로써 너희들이 거듭날 것이며 은혜를 받을 것이라 그리 생각할 것이니라.
6 그러나 거짓의 대가는 3단계로 구분되어 있음을 알라, 사랑하는 나의 아들딸들아!
7 너희들이 과거에 살아오면서 수없이 거짓 했던 그 거짓의 대가도 반드시 그것을 치러야 된다는 것을 하나 깨달아야 될 것이며,
8 현재 너희들이 살아가는 이 세상의 삶에서, 지금 오늘의 삶에 있어서 너희들이 죄를 짓고 거짓 하는 것, 그 대가를 치러야 될 것이며,
9 더욱이 미래에 너희들이 저질러질 거짓에 대한 그 대가도 반드시 치러야 된다는 것을 너희들은 알아야 될 것이니라.
10 그러니 너희들이 과거와 현재와 미래에 그 거짓된 행위를 하는 것, 살인과 같은 그 행위를 과연 지금 너희들이 어찌하고 있는지 알겠는가?
11 내가 지금 이대로 너희들을 불러왔을 때, 무서운 대가를 치르지 않고 나에게 올 수 있는 백성이 없다 하였음이니라.
12 그러니 사랑하는 나의 아들을 따르는 제자 너희들은 들으라.
13 너희들이 오늘에 거짓을 하지 않는

것, 그리고 너희들이 거짓 하지 아니
하고 살아가려 하는 것, 그걸 내가 아
느니라.
14 그러나 너희들은 과거의 거짓 한 것도
용서를 받아야 될 것이며, 너희들이
마음 한번 잘못 먹고 행동을 잘못했을
때, 미래에 거짓 하는 그 행위도 모두
너희들이 치러야 되며, 그 대가를 받
아야 된다는 생각을 버리지 말라.
15 내가 그러기에 너희들을 지금 부르면
나에게 오를 자가 하나도 없으며, 그
리고 천국에 오는 그 자리 하나도 양
보하는 것이 당연한 것이라 하지 않았
더냐?
16 너희들이 과거 미래 현재의 거짓된 행
위요, 잘못 살아온 것을 생각하지 못
한다면, 얼마나 미련한 백성들이더냐?
17 이제부터 나의 아들을 따르는 백성 너
희들은 오늘의 거짓된 생각을 하지도
말며 그와 같은 마음을 갖지도 말라.
18 그렇지 아니하면 너희들이 과거의 것
을 어찌 정리하며, 미래에 올 것도 너
희들이 그를 다 그대로 저버려 거듭나
는 그와 같은 삶을 살지 못하며, 거짓
된 행동을 그대로 받아들여 그리 행하
고 너희들이 나에게 와 심판을 받게
된다는 그 무서움을 알도록 그리 전하
라.

11,510 번째 하나님 말씀

2004년 6월 9일 08시 43분

1 사랑하는 나의 아들아!
2 "네, 아버님! 말씀하옵소서."
3 하늘의 뜻을 알지 못하는 그러한 지도
자는 이 세상에서 이제는 마땅히 단죄
되어야 하며, 그들의 지도자라는 이름
을 너희들이 박탈해야 됨을 알아야 될
것이니라.
4 지금 자격이 없는 것이요, 기준 미달
인 종교 지도자요, 그 목자가 가르치
고 안 가르치는 것, 그것이 문제가 아
니요, 그보다 더 큰 문제는 너희들 스
스로에게 있음이니라.
5 지도자가 과연 성경을 갖고 가르칠 자
격이 있는가?
6 그리고 성서를 가질 자격이 있고 자격
에 의하여 성서대로 행하는가?
7 너희들이 그와 같은 지도자가 지금 가
르치고 있는가 하는 것을 구분할 수
있는 지혜를 얻는 것이 더 중요하며,
그것이 더 급선무임을 너희들은 알아
야 될 것이니라.
8 자격이 없는 자, 기준 미달인 자, 저
자신도 모르는 자, 저도 구원받지 못
하는 자가 나의 백성들을 구원을 받
는 길로 인도한다는 거짓된 종교 지도
자들이 문제가 아니라, 그걸 구분할
줄 모르는 백성 너희들이 더 문제라는
것을 알라.
9 지금 잘못 가르치는 지도자들 때문에
너희들이 나에게 와 그리되었다 하여
원망하고 변명할 여지가 없는 것은
10 스스로 너희들이 잘못 가르치는 자,
자격이 없는 자를 구분할 수 있는 모
든 지혜를 주었거늘, 너희들이 게으르
고 생각하지 아니하여 구분하지 못하
고 그저 따라가는 것이니,
11 잘못 가르치는 자보다도 너희들의 그
죄가 더 크고 무겁다는 것을 명심하고

명심하도록 그들에게 전하라.

11,511 번째 하나님 말씀

2004년 6월 10일 06시 14분

1 사랑하는 나의 아들아!
2 "네, 아버님! 말씀하옵소서."
3 너희들이 작은 거짓도 살인과 같다 하였으며 그 거짓을 행하지 말라 하였음이니, 이는 곧 무엇이더냐?
4 너희들의 입으로 나온 말이요, 너희들이 한 말에 대해서 반드시 그리 지키고 행해야 하는 것이니라.
5 그 약속을 지키지 못하며 너희들이 약조한 것을 행하지 못하는 그와 같은 것이 다 남을 속이고 기만하는 것이 아니더냐?
6 그러니 너희들이 입으로 한 말이요, 한 행동에 대해서는 반드시 책임을 지는 그와 같은 삶을 살아가라 함이니라.
7 그렇지 아니하면 아니 되는 것이 너희들의 삶임을 알아야 될 것이니라.
8 너희들이 남을 속이기 위하여 남에게 잘못되게 하기 위하여 하는 거짓이요, 그것만이 거짓이 아니라,
9 너희들이 남과 약속이요, 남과의 언약이요, 그리고 너희들이 할 수 없는 것을 할 수 있다고 말하는 것, 할 수 없는 것을 계획하는 것, 너희들이 실수하는 것, 그리고 제대로 정답을 찾지 못하는 것, 그 모두가 남을 기만하는 것이요, 거짓이라는 것을 너희들은 알아야 될 것이니라.
10 그러니 나의 아들을 따르는 제자들과 나의 아들 너는 모든 백성들에게 너희들이 한 행동이요, 한 말에 대해서 책임을 지며 그 모두를 정답을 찾아 역사할 수 있도록 그와 같은 마음 자세로써 살아가지 아니하면 절대 아니 됨이니라.
11 나의 새로운 성경이 무엇이더냐?
12 이는 나 여호와의 뜻이요, 이는 한 치의 오차도 없으며 하나의 거짓도 없음이니라.
13 그러니 그를 만들고 전하는 백성 너희들이 삶의 행동이 바르지 못하며 거짓된 말을 하며 거짓된 행동을 한다면, 이는 모두가 다 물거품이 되는 그와 같은 형국이 됨을 잊어서는 아니 될 것이니 그리 전하라.

11,512 번째 하나님 말씀

2004년 6월 10일 22시 30분

1 사랑하는 나의 아들아!
2 "네, 아버님! 말씀하옵소서."
3 지금의 나의 피조물 만백성들이 가장 어리석고 불쌍한 백성이 무엇인 줄 알겠느냐?
4 저 자신을 알지 못하는 백성이며 저 자신을 들여다보지 못하는 그와 같은 백성이니라.
5 그러니 나의 아들을 따르는 제자들이요, 나의 법전을 읽고 깨우친 백성 너희들은 알아야 될 것이니라.
6 너희들 스스로 너희 자신을 들여다보는 그와 같은 현명한 삶을 살지 아니하면 아니 될 것이니라.
7 제가 지금까지 살아오면서 안고 있는 죄가 얼마나 크며, 제가 잘못 살아온

죄가 얼마나 무서운 것인가를 모르는
자,
8 인간의 생각으로써 제 판단으로써 모
두를 결정하며, 제 뜻과 제 생각이 맞
지 아니할 때, 그는 절대로 용납하지
못하며 받아들이지 못하는 그와 같은
백성, 그가 바로 저 자신을 모르는 자
이니라.
9 내가 성서에 기록하여 너희들에게 전
했듯이, 남의 눈에 들어 있는 티는 알
면서 제 눈에 들어 있는 들보는 모른
다는 내 가르침의 말이 있듯이,
10 너희들이 저 자신의 단점이요, 저 자
신의 잘못됨을 아는 백성이라면, 감히
남에 대하여 말할 수 없으며 남에 대
한 시시비비를 할 수 없는 것이니라.
11 제가 가지고 있는 죄요, 제 잘못이 어
떠한 것이며, 제가 정녕 나로부터 한
점의 부끄러움이 없는 백성이라 말할
수 있겠는가?
12 그렇지 못하면 그는 남을 탓할 수가
없느니라, 그리고 남을 시시비비할 수
없는 것이 너희들이니라.
13 그러하거늘 너희들이 남을 시시비비
하며 저 자신을 모르고 남의 단점이
요, 남의 잘못된 점을 가지고 왈가왈
부하는 것이 얼마나 어리석은 백성이
요, 잘못된 백성인가를 너희들은 알아
야 될 것이니라.
14 나의 성전에 와 새로운 성경을 접하며
나의 아들을 통하여 내리는 강론을 듣
는 너희들이 과연 어떠한 마음 자세로
써 이를 깨우치고 배워 가는가?
15 너희들이 그 마음 자세에서부터 들여
다봐야 될 것이니라.
16 너희들이 어떠한 형태로써 지금 공부
를 하며 나의 아들을 통하여 내리는
강론을 듣고 가는가?
17 너희들이 그와 같은 것을 바로 깨우치
고 바로 보지 못하면 결코 안 될 것이
니라.
18 여기서 너희들이 깨닫지 못하는 자,
저 스스로 가지고 있는 단점이요, 제
죄가 무엇인 줄 모르는 자, 제 고집에
의하여 제가 스스로 무너짐이니라.
19 저 자신만이 위대한 자요, 저 자신을
누구도 따라올 수 없다고 생각하는
자, 저 자신이 위대한 것이라는 착각
속에 빠지기 시작하면 그 누구도 나의
새로운 성경을 가지고 공부할 수 없음
이니라.
20 이것이 가장 어리석은 백성의 삶이라
는 것을 알아야 될 것이니라.
21 가장 낮은 자요, 죄 속에 사는 백성이
라는 것, 그리하여 네가 죄인이기에
남을 탓하고 남을 경멸할 수 있는 말
을 할 수 없다는 것, 행동을 할 수 없
다는 것을 너희들은 이미 깨우쳐야 될
때가 되었으며 깨우치고 가야 될 것이
니라.
22 그리하여 너희들이 나의 새로운 성경
을 정독하고 읽고 깨우쳐 스스로 그
답을 찾으라 내가 한 그 의미를 너희
들은 알아야 될 것이니라.

11,513 번째 하나님 말씀

2004년 6월 10일 22시 34분

1 사랑하는 나의 아들아!
2 **"네, 아버님! 말씀하옵소서."**

3 살면서 믿음의 길을 가는 백성 너희는
참진리의 길을 선택해야 하느니라.
4 참진리의 길을 선택하는 것은 스스로
너희들이 알 수 있음이니라.
5 비진리요, 참진리의 선택이라는 것은
너희들이 살면서 스스로 접하면서 모
두를 알 수 있거늘, 어찌하여 이 깨우
침을 얻어 너희들 것으로 그 길을 선
택하려 하지 않느냐?
6 하늘의 뜻과 참진리가 무엇이더냐?
7 너희들이 하늘의 뜻이요, 나 여호와가
가르치는 것, 그리고 전하는 것은 가
장 낮은 곳에 있으며, 가장 기초적인
것이며, 그리고 가장 편안하게 너희들
이 배우고 깨우칠 수 있으며 나에게
올 수 있는 길이 바로 참진리의 뜻이
라는 것을 너희들은 알아야 될 것이니
라.
8 너희들이 어떠한 선생이요, 어떠한 방
법으로써 교육을 하든, 누구를 가르치
든, 나의 백성들을 깨우치고 가르치고
자 할 때,
9 누구도 나보다 더 쉽게 더 간단하게
가장 편안하게 그리고 기초적인 것으
로써 가르칠 수가 없음을 너희들은 알
아야 될 것이니라.
10 이제 사랑하는 나의 아들딸 너희들은
알아야 될 것이니라.
11 나 여호와의 성령이요, 내가 새로 내
리는 그 성경이요, 나의 아들이요, 그
모두는 바로 무엇인 줄 알겠느냐?
12 가장 기초적이며 낮은 곳에서 편안하
게 너희들이 갈 수 있도록, 그리고 행
할 수 있도록 가르치고 전하는 것, 그
것이 바로 하늘의 뜻임을 너희들은 알
아야 될 것이니라.
13 재물이요, 헌금이요, 어렵고 힘든 길
을 가는 것, 그리고 무엇인가를 이루
고자 하여 조건부의 믿음으로 가는 그
와 같은 것은 다 부질없는 것이며,
14 그리고 너희들을 힘들게 하는 그 길
또한 나와 관계없는 믿음의 길임을 알
아야 될 것이니라.
15 영적인 세상이 아니요, 육의 세상에서
너희들이 고달프고 힘든 길을 가는 것
은 참진리의 길이 아니라는 것으로써
구분해야 될 것이니 그리 알라.
16 또한 선과 악의 문제에 대하여 너희들
이 어떤 것을 선택할 것인가 주저함이
없이 선을 선택하여 확실하게 그 모두
를 이루는 그와 같은 자세, 이것이 바
로 참진리의 길을 가는 백성임을 알아
야 될 것이니라.
17 그렇지 못하면 너희들은 모두가 무너
지며 나를 볼 수 없으며, 나에게 오를
수 있는 백성이 없다는 것을 전하라.

11,514 번째 하나님 말씀

2004년 6월 10일 22시 36분

1 사랑하는 나의 아들아!
2 "네, 아버님! 말씀하옵소서."
3 너희들이 점술가요, 사탄이요, 이단이
라 하는 것, 그리고 진정한 지도자요,
지도자가 아니라 구분하고 시시비비
를 하는 것보다 앞으로 더 큰 환란이
요, 더 큰 고개를 넘는 일은 없을 것이
니라.
4 그러나 여기서 간단하게 그를 선별할
수 있거늘, 그를 선별하는 지혜가 없

으며 그를 깨달을 수 있는 지혜가 없
으며, 또한 안다 해도 너희들이 그리
행하지 아니하기 때문임을 알아야 될
것이니라.
5 내가 나의 아들을 통하여 너희들에게
무어라 말하였느냐?
6 가장 낮은 자세요, 가장 편안한 것이
요, 그리고 가장 기초적인 것이라 생
각하는 그것이 나 여호와가 너희들에
게 가르치는 기본이라 하였음이니라.
7 그 속에 숨어 있는 비밀이요, 그 의미
를 깨닫고 연구한다면, 너희들이 가장
낮은 자의 기초적인 나의 강론이요,
가르침인 줄 아나,
8 그 속에서 너희들이 가면 갈수록, 노
력하면 노력할수록 위대함을 얻게 됨
이니라.
9 그러나 인간이 역사하여 이룬 것이
무엇인 줄 알겠느냐?
10 아무리 영특한 사람이 아무리 영특하
게 처신하고 머리를 갖고 행한다 해도
인간의 삶에 의한 것이요, 인간 세상
에 사는 그 경험에 의한 것이니라.
11 단 하나 너희들이 하늘의 뜻을 알기도
전에, 하늘의 그 오묘함을 알기도 전
에, 인간 세상의 영특함이요, 너희들
이 노력해서 얻는 것, 그리고 자연의
위대함이요, 자연이 가지고 있는 위대
한 행위가 인간의 영특한 그 모든 것
보다도 위에 있으니,
12 더욱이 나 여호와는 어디 있는가 스스
로 깨우쳐 너희 자신이 처신하도록 그
리 전하라.

11,515 번째 하나님 말씀

2004년 6월 11일 07시 37분

1 사랑하는 나의 아들아!
2 "네, 아버님! 말씀하옵소서."
3 세상사 모든 종파의 지도자라 하는 백
성, 그들이 오늘에 살아가며 그 지도
자들이 단상에 서서 하는 짓이 무엇인
줄 알겠느냐?
4 연극배우요, 희극배우가 무대에 서서
관중을 웃기고 울리는 그 배우처럼 그
들이 그리 다 전락되어 있음을 너희들
은 알아야 될 것이니라.
5 어렵고 힘든 길이 하늘에 오르는 길이
요, 진리를 연구하는 길이라 하였느니
라.
6 그러나 그들은 그 어렵고 힘든 길을
위하여, 진리의 길을 가기 위하여 행
동을 자제하는 것이 아니요,
7 그리고 믿음의 자세요, 그 강론이요,
설교 자체가 어렵고 힘든 성서의 뜻을
저희들이 풀어 만백성이 알아들을 수
있도록 나의 성령을 가르치는 교육의
장소가 아니라,
8 그저 어찌하든 모든 신도들이요, 성도
들이 즐겁게 웃으며 저희 성전에 와
재물을 바치며 기도하러 오는 것이 손
해 보는 것이 없다는 마음 자세요, 행
동으로 그들의 마음을 이끌어 가고자
하는 것이니,
9 이게 바로 배우가 무대에 서서 웃고
울려 관중들의 박수 소리에 저 자신이
취하는 종교 집단의 지도자로 지금 그
리 전락되었으며 타락되었음을 너희
들은 알아야 될 것이니라.

10 그 속에 나 여호와의 참진리요, 하늘의 뜻이 없음이니, 이를 보는 내 마음이 아프다 함이니라.

11 사랑하는 나의 아들아!

12 "네, 아버님! 말씀하옵소서."

13 한 점의 부끄러움이 없는 삶을 살며, 나 여호와의 진리를 전하고 깨우치는데 그 제한된 시간 속에서 너희들이 인간사에 웃고 즐기는 시간을 가졌다면, 무희가 춤추는 그와 같은 것이 되지 않더냐?

14 그러니 너희들은 나의 새로운 성경을 가지고 너의 제자들에게 정해진 나의 시간에 가르치되, 아무리 딱딱하고 어렵다 해도 최선을 다해서 가르쳐야 될 것이니라.

15 웃고 울리는 무희가 춤추는 것처럼 그와 같은 나의 성전이 되어도 안 되며 나의 뜻을 가르치는 장소가 되어도 절대 안 됨이니라.

16 나의 아들 예수가 백성들을 깨우치며 제자들을 깨우치기 위해 춤추고 노래하고 했더냐?

17 그러지 아니함이니라.

18 그러니 이와 같은 세상의 잘못된 흐름이 바로 무엇인 줄 알겠느냐?

19 장삿속으로 흘러갔으며 사업적으로 흘러갔다 함이니라.

20 그리고 저희들이 하고 있는 행위가 얼마나 거짓된 것이며 잘못된 것이며, 그리고 백성들이 무엇을 깨닫고 무엇을 배우는지 그 자체도 모르고 있느니라.

21 그저 저희들이 똑같은 소재를 가지고 흥분되게 만들며 울게 만들며 웃게 만드는 것이니라.

22 일반 백성들이 할 수 있는 그와 같은 이야기들을 그저 저희들이 조금 높게 변경하여 웃고 울리는 그와 같은 말과 행동으로써 너희들을 '아멘!'이요, '할렐루야!' 할 수 있도록 유도해 가면서,

23 이게 믿음이요, 하늘의 뜻이라 하여 그 백성이 죽을 때까지 가르치고 똑같은 방법으로 또 전하는 이와 같은 행위를 하고 있는 것이 오늘의 믿음이니라.

24 그러니 이와 같은 것이 오늘의 종교 집단의 지도자의 가는 길이 아니라면, 내가 뭐하러 너희들에게 어렵고 힘든 그 길을 가라 그리하겠느냐?

25 그리고 모든 종교 집단의 지도자요, 구원을 받았다는 백성, 너희들은 들어야 될 것이니라.

26 지금 내가 나의 아들을 통하여 근거할 수 있는, 새로운 성경에 기록하는 이와 같은 뜻이 오늘의 믿음의 길을 가는 백성들이요, 종교 지도자요, 집단에서 하는 행위가 아니거든, 너희들은 나의 아들에게 돌팔매질해도 내가 말하지 아니할 것이니라.

27 그러나 몇십 년 동안 믿어 온 자, 그리고 평생을 믿어 왔다는 자, 너희들이 조용히 가슴에 손을 얹고 한번 돌이켜 생각해 보도록 그리하라.

28 과연 너희들이 그 많은 세월 속에 무엇을 배웠으며 무엇을 깨우쳤는가?

29 이를 들여다보면 너희들은 아무것도 남는 것이 없는 허송세월이요, 그저 그 얘기 그대로 듣고 그 소리 그대로 들은 것이요, 지금까지 듣고 깨우친

것이 아무것도 없을 것이니라.
30 다만, 너희들이 알고 있는 것, 느낀 것
은 똑같은 소재요, 똑같은 내용을 가
지고 똑같은 성서의 한 구절을 가지고
표현하되,
31 이 목사가 표현하는 것, 저 목사가 표
현하는 것, 그저 표현하는 방법이 다
르며 가르치는 방법이 조금씩 다른 것,
32 그것을 가지고 너희들이 새로운 성서
요, 새로운 것을 공부하며 나로부터
메시지를 받았다 착각할 것이니라.
33 절대 그것은 아니니라.
34 그 세월 속에 너희들이 지금까지 믿어
왔으며 그 속에서 은혜 받았다 울고불
고하고 있음이니,
35 같은 내용을 가지고 사람에 따라 다른
것을 너희들은 새로운 메시지요, 하늘
에서 내린 뜻이라 착각하고 있음이니,
36 너희들이 이와 같은 믿음이 과연 아니
거든 나의 아들을 핍박해도 좋으나,
너희들이 지금까지 온 믿음이요, 신앙
생활이 그와 같이 내가 말한 대로 흘
러왔다면,
37 너희들이 지금이라도 거듭나는 백성
으로 깨우침을 얻어야 될 것이며, 너
희들 것을 고집하는 그와 같은 믿음에
서 벗어나도록 그리 전하라.

11,516 번째 하나님 말씀

2004년 6월 11일 07시 41분

1 사랑하는 나의 아들아!
2 **"네, 아버님! 말씀하옵소서."**
3 너희들이 인간 세상에 살아가면서 인
간의 교육이요, 인간의 진리로써 남을
깨우치고 가르친 지도자라 하는 자,
너희들은 나의 평범한 백성보다 높은
경지에 오르는 것이 아니라,
4 그저 잣대로 1밀리미터 조금 더 깨우
치고 앞에 있는 자들이 지금 가르치는
자요, 미래를 아는 자요, 영광된 것을
안다 말하는 자들이니라.
5 그러니 그들이 얼마나 잘못된 것인 줄
알겠느냐?
6 정녕 하늘의 뜻이요, 나 여호와의 뜻
이요, 내가 역사하는 지도자는 앞에
감이 끝이 없으며, 그 제자들 또한 변
하는 것이 끝이 없이 변하는 것이니라.
7 다만, 1밀리미터도 안 되는 높이를 가
지고 깨달았다 하며, 그것을 가지고
만백성의 미래를 점치며 미래의 운명
을 안다 하는 자,
8 그리고 하늘에 오르는 길을 인도한다
는 백성들이 지금 하고 있는 짓이니,
그것이 평범한 나의 백성들과 차이가
그것밖에는 되지 아니함이니라.
9 그것이 너희들의 오늘의 잘못 가는 것
이니라.
10 모든 운명을 본다는 자, 그리고 미래
를 본다는 자, 그리고 제가 무엇인가
를 깨우쳤다 가르치는 백성, 그들이
하나밖에 모르는 것이니라.
11 너희는 인간을 가지고 평가하며 관상
을 보며, 사주팔자를 보며, 또 그가 가
지고 태어난 운명을 보며 모든 걸 가
지고 그 사람들의 운명이요, 미래를
아는 것처럼 하나,
12 그들은 자연의 위대함을 모르며 창조
주 나 여호와가 역사하는 것이라는 것
을 모르는 백성들이니,

13 너희들이 여기서 무엇을 깨우치겠다 하여 그들에게 무얼 물어보는가?
14 그들은 첫째 하늘에서 역사하는, 내가 이루고자 하는 그 뜻을 모르는 것이니라.
15 내가 나의 아들을 따르는 제자 너희에게 운명이 없다 했듯이, 창조주 나는 너희들이 어떠한 운명에 있든 그 모든 것을 바꾸고 역사할 수 있다는 것을 그들은 모르느니라.
16 그리고 둘째는 자연이요, 그 시대의 환경이 그와 같은 사람을 필요로 하고 원하는 것을 모르느니라.
17 인간이 보는 너희들의 관상이요, 사주팔자요, 그 사람의 운명이라는 것이, 그 시대의 환경이 그와 같은 사람이어야만 세상을 지배하고 통제한다면,
18 그는 바로 너희들이 보는 것이 잘못된 것이요, 그가 세상을 통제하는 것이 바로 나로부터 은혜를 받아 간 것이 아니더냐?
19 그러니 자연이요, 그 환경이요, 이 세상의 흐름을 모르면서, 그리고 자연의 섭리를 모르면서 인간의 무엇을 보고 이렇다저렇다 하는 그와 같은 사람 앞에 가서 너희들이 무엇을 알고자, 네 운명을 맡기고자 하는 어리석은 짓을 하지 말라.
20 모든 종교 집단의 지도자 그들도 또한 그러니라.
21 나 여호와의 뜻에 따라서 역사하고 내가 필요하여 쓸 수 있다는 것, 나의 아들을 통하여 가르치듯이 너희들은 운명이 없다는 그와 같은 뜻을 깊이 가슴에 새겨 두도록 그리하라.
22 그리하여 인간들에게 운명을 알아보려 하지 말며, 인간들에게서 너희들이 무엇인가를 알려 하지 말라.
23 너희보다 깨우친 것이 없으며 너희보다 앞에 가는 자가 없으며 아는 것도 없는 것이니,
24 자연의 섭리요, 하늘의 뜻이요, 또 창조주 내가 모두를 다 바꿀 수 있다는 것, 그 자체를 모르는 사람들에게 무엇을 가르친다 하여 거기에 가서 고개 내밀지 말며,
25 무엇을 깨우쳐 준다 하여 너희들이 고개를 내밀어 무엇을 알고자 하는 어리석은 그와 같은 행위를 하지 말라 너의 제자들에게 그리 전하라.

11,517 번째 하나님 말씀

2004년 6월 11일 07시 45분

1 사랑하는 나의 아들아!
2 "네, 아버님! 말씀하옵소서."
3 지금의 모든 종교 집단 그들이 이단의 행위요, 이단자의 행위만 일삼는 것이 하늘에 오르는 길을 인도한다는 종교 집단의 지도자요, 또한 구원을 받았다는 그 어리석은 백성들이 지금 세상을 덮고 있음이니라.
4 참진리의 믿음의 길을 가는 종교 집단은 세상에 없고, 하늘의 뜻에 거역하는 일만 하는 오늘의 믿음의 길을 가는 백성들이 세상을 덮고 있음이니,
5 인간이 만든 교리로써 너희들이 신앙생활이요, 믿음 생활을 하고 있느니라.
6 그러니 하늘의 뜻과는 관계없는 것이며, 나와는 아무런 인연이 없는 그와

같은 짓만 너희들이 하고 있음을 알라.
7 모든 종교 집단의 지도자는 나의 백성
들이 나 여호와가 존재함을 알며, 내
가 원하는 것이 무엇이며 이루고자 하
는 뜻이 무엇인가를 알아서 그를 가르
쳤을 때,
8 모든 백성들이 나의 뜻에 따라 행하도
록 하며, 나의 뜻을 향하여 역사하며
나에게 가까이 올 수 있는 그 길을 위
하여 너희들이 노력하게 되어 있느니
라.
9 그러나 내 뜻이요, 내가 원하고자 하
는 것, 내가 이루고자 하는 걸 전혀 알
지 못하는 백성들이 인간의 명예와 공
명심을 채우는 데 모두를 바치는 인간
의 사업적으로 변한 곳에 지금 그것이
믿음이요, 신앙의 길이라 이끌어 가고
있음이니,
10 모든 종교 집단의 지도자 너희들이 한
일이 무엇인 줄 알겠느냐?
11 나 여호와의 존재함을 나의 피조물 만
백성이 망각하게 만들었으며, 진심으
로 그들이 받아들일 수 있는 마음마저
너희들이 송두리째 뺏어 간 자들이니
라.
12 그러니 나 여호와와 나의 아들딸의 관
계를 돈독하게 하는 것이 아니요, 이
간질을 시켜 나의 아들딸과 멀어지게
하는 행위만 일삼은 자들이요, 나의
뜻을 전혀 받아들일 수 없도록 만들어
버린 것이 오늘의 종교 집단의 지도자
이니라.
13 너희들이 내 뜻이요, 참진리의 길을
간다면, 나와 나의 자식들이 하나가
되는 그 길을 올 수 있도록 만들어야
했으나 너희들이 그렇지 못한 자들이
기에,
14 나 여호와와 나의 아들딸과의 그 거리
를 멀게 이간질을 시켰으며 등을 돌리
도록 만든 것이 너희들이 지금까지 한
일이니라.
15 그러니 너희들이 역사한 모든 것은 이
단자의 행동을 한 것이요, 지금의 종
교 집단 너희들이 한 행위가 전부라는
것을 내가 나의 성경에 기록하여 전함
이니,
16 이것이 아니거든 너희들이 한번 죽어
나에게 와 아니라고 항변을 할 수 있
는가 해 보도록 그리하라.

11,518 번째 하나님 말씀

2004년 6월 11일 07시 49분

1 사랑하는 나의 아들아!
2 "네, 아버님! 말씀하옵소서."
3 너와 너의 제자들이 가는 길이 무엇인
줄 알겠느냐?
4 남으로부터 의심받을 수 있는 일, 남
이 의심할 수 있는 일, 그와 같은 행위
마저도 너희들이 해서는 아니 됨이니
라.
5 남들에게 존경받지 못하는 것, 남들로
부터 의심받는 것, 그리고 남의 마음
에 상처를 주는 그와 같은 행위를 하
는 것이 아니라,
6 너희들이 살아가면서 모든 백성들이
너희들을 볼 때, 의심하는 것, 의혹하
는 것, 아이에서부터 어른에 이르기까
지 너희들을 색다른 눈으로 보며 의
혹하는 눈으로 보는 삶이요, 그와 같

은 행위를 해서는 아니 되는 것이 너
희들이 가는 길이니라.
7 그러기에 너희들이 가는 길이 어렵고
힘듦이니라.
8 너희들이 어떠한 일을 하고 안 하고
하는 것을 시시비비한다면, 그 자체는
시시비비하는 사람이 잘못이 아니요,
9 그 시시비비를 당하는 너를 따르는 제
자들이요, 그들이 하늘의 선생으로서
자격이 없음을 알라 그리 전하라.
10 내가 너희들에게 농담의 거짓말도 하
지 말라 했으니, 그 농담 속에 너희들
의 이익이 관계되며 이해관계가 관계
된 그와 같은 농담의 거짓말이 되기
때문이니라.
11 그와 같은 것으로써 너희들이 남을 속
일 수 있는 일을 하는 것이요, 그와 같
은 모든 것이 너희들이 의혹을 받는
행위가 될 수 있기 때문이니라.
12 그러니 너희들이 살아가면서 모든 말
과 행동을 하면서 어린아이부터 어른
에 이르기까지 너희들을 의혹하는 마
음이요, 의심하는 마음이요, 그와 같
은 마음을 가질 수 있는 행동을 하지
말며,
13 그와 같은 분위기를 만들지 말며, 그
와 같은 모습으로써 보여 주지 말도록
그리하라, 사랑하는 나의 아들딸들아!
14 너희들이 평소에 잘못함으로써 모든
사람들이 너희들이 잘하고 못한 걸 떠
나서 의혹하는 마음을 갖게 됨이니,
15 이것이 나의 피조물 만백성을 잘못 가
게 만들며, 그들의 마음을 사악하게
만들며, 그들이 남을 의심하게 만드는
것이니, 바로 지도자들이 잘못 역사했
기 때문이니라.
16 그러니 지금부터라도 나의 아들과 나
의 아들을 따르는 제자 너희들에게 나
여호와가 명함이니, 너희들은 어린아
이부터 어른에 이르기까지 의심받는
일, 의심할 수 있는 행위 자체를 절대
해서는 아니 됨이니라.
17 너희들이 하지 아니하였다 해도 의심
하여 너희들에게 질문하며 시시비비
한다면 그 모두는 너희들의 잘못이니
라.
18 사랑하는 나의 아들을 따르는 제자 너
희들은 이를 명심하라.

11,519 번째 하나님 말씀

2004년 6월 11일 21시 54분

1 사랑하는 나의 아들아!
2 "네, 아버님! 말씀하옵소서."
3 나로부터 작은 은혜요, 영광을 얻음이
얼마나 크고 큰 것인지 아는가?
4 "네, 아버님! 모든 백성들이 아버님으
로부터 작은 은혜요, 축복이요, 영광
을 얻으며 상을 받는 것이 얼마나 귀
하고 소중한 것이며 이 세상을 다 얻
는 것인가를 그들은 모르고 살아가는
백성이옵나이다.
5 넘어지는 자를 세워 주며, 다칠 자를
다치지 아니하게 하며, 아버님께서 작
은 것부터 큰 것까지 상을 내리시는
것, 그 상을 받을 수 있는 백성이요,
그 은혜를 받는 백성이 얼마나 큰 은
혜요, 영광인가를 그들은 모르고 있사
옵나이다.
6 이 세상에 생명을 가지고 태어난 것,

그것 하나만으로도 아버님의 은혜에
갚을 길이 없는 것이요, 위대한 영광
이거늘,
7 거기에다 살아갈 수 있는 모든 것까
지 받아 가지고 나온 저희들이 얼마나
큰 축복된 영광 속에, 은혜 속에 사는
것인가를,
8 갚으려야 갚을 수 없으며 크나큰 은
혜 속에 사는 그 저희 백성들에게 거
기에 또 특별히 작고 큰 상을 내리며
은혜를 내려 주시며, 그리고 재물을
부어 주시며 지혜를 부어 주시는 것은
은혜 속에 은혜를 얻음이니, 그것이
얼마나 값지고 소중하고 귀한 것인가
를 그들은 모르고 있으며 그를 감사할
줄 모르며 있사옵나이다.
9 그러니 욕심이 끝이 없으며 욕심으로
써 채워진 백성들이기 때문에 그렇다
생각되옵나이다."
10 저의 성전에 와서 공부하는 그 제자
들, 저희들이 작고 큰 것을 다 받았으
며 그 은혜를 받지 아니한 것이 없으
며, 저희들이 재물이요, 물질이요, 명
예요, 은혜가 없다 해도,
11 저희들이 하늘의 지혜를 얻었으며 깨
달음을 얻은 것, 생각할 수 있는 지혜
를 얻은 것, 제 악습을 하나 버리는
것, 그 모두가 은혜를 받은 자 중에서
도 큰 은혜를 받은 것이요, 영광된 축
복의 은혜를 받은 것이거늘,
12 그를 감사할 줄 모르며 소중한 줄 모
르며, 그 은혜에 보답할 줄 모르는 자,
그것이 오늘의 너를 따르는 제자들이
요, 나의 법전을 읽고 깨우친 백성 그
들의 자세이니라.
13 그러니 사람이 몰라서 하는 것은 큰
죄가 아니며, 몰라서 짓는 죄는 큰 죄
가 아니라 하지 아니하였더냐?
14 정녕 그들이 그것을 모르기 때문이니
라.
15 그러니 모르는 그 제자들에게 네가 가
르쳐 주고 깨우쳐 주도록 그리하라.
16 모든 백성들이 똑같이 나에게 받은 그
은혜 하나만으로도 너희들이 갚을 길
이 없으며 보답할 길이 없는 것이거늘,
17 그 속에서 나의 법전을 접했으며 새로
운 성경을 접하고 너희들의 생각이 다
르며 깨달음이 다른 것, 그것만으로도
얼마나 큰 은혜요, 축복인가?
18 똑같이 받은 자들 중에서 더 받음이
니, 그것이야말로 작든 크든 세상을
다 얻는 은혜요, 축복과 바꿀 수 없는
것이거늘,
19 그러고도 너의 제자들이 불만이요, 얻
은 것이 없으며 이룬 것이 없다 하여
떠나가는 자, 그 어리석은 백성들이
그것이 다 무엇인 줄 알겠느냐?
20 욕심이니라.
21 크고 작은 끝도 없는 그 욕심을 채워
줄 수 없으며, 그 욕심은 결코 채울 수
가 없지 않더냐?
22 채울 수 없는 욕심을 갖는 자, 스스로
떠날 것이며 여기를 떠남이니, 나 여
호와가 잡지 아니함이니라.
23 그 욕심을 채울 수가 없으며 끝이 없
음이니라.
24 줘도 줘도 더 큰 것을 바라며 더 큰 것
을 바라는 그와 같은 자요, 지금 나로
부터 받은 은혜도 갚을 길이 없다는
그 백성은 남을 것이요,

25 작은 것에도 감사할 수 있으며 깨달음
을 얻는 것, 지혜를 얻는 그것만으로
도 감사하는 마음을 가지고 있는 순수
한 그 백성들은 여기에 남을 것이니,
26 너는 더 이상 생각하지 말며 더 이상
어떠한 마음의 동요를 갖지 말라.
27 정녕 그것이 네가 알아야 할 길이며
너의 제자들이 알아야 할 길이라 그리
전하라, 사랑하는 나의 아들아!

11,520 번째 하나님 말씀

2004년 6월 11일 21시 56분

1 사랑하는 나의 아들아!
2 "네, 아버님! 말씀하옵소서."
3 모든 백성들에게 그리 전하라.
4 나의 법전이요, 새로운 성경을 가지고
너희들이 시시비비하지 말며, 나의 성
전이요, 나의 아들을 통하여 내리는
강론을 가지고 시시비비하지 말라 그
리 전하라.
5 스스로 너희들의 길을 가면 되느니라.
6 길이 아니며 하늘에 오르는 길이 아니
요, 나 여호와의 뜻이 아니라면, 너희
들이 나의 새로운 성경을 보지 아니하
면 될 것이요, 길이 아니라면 너희들
이 나의 성전에 와 공부를 하지 아니
하면 될 것이니라.
7 그러니 나의 새로운 성경을 갖고 너희
들이 시시비비하지 말라.
8 너희들이 감히 나 여호와가 내리는 이
새로운 성경을 가지고 이단이요, 사탄
이요, 너희들 마음대로 시시비비하며
어찌 그와 같이 갑론을박을 할 수 있
는가?
9 네가 생각해서 이것이 하늘에 오르는
길이 아니라면 책을 덮어 버리면 될
것이요, 너희들이 하늘에 오르는 길이
아니라면 나의 성전에 와 공부할 것이
없으며 배울 필요가 없느니라.
10 너희들 스스로 떠나고 정하면 될 것이
요,
11 그리고 모든 백성들이요, 믿음의 길을
가는 종교 집단이요, 그리고 구원을
받았다는 맹종 맹신하는 백성 너희들
은 알라.
12 너희들이 더 이상 성령의 훼방 죄를
짓지 아니하려거든, 너희들이 길이 아
니면 나의 새로운 성경을 보지 말며,
길이 아니면 너희들이 나의 아들을 통
하여 내리는 강론을 듣지 말고 귀를
막으면 될 것이니라.
13 그러니 너희들이 성령을 훼방하는 크
나큰 죄요, 용서받지 못하는 죄를 짓
지 말라 그리 전하라.
14 이 세상의 모두는 다 필요하고 존재
가치가 있어서 존재한다면서,
15 어찌하여 너희들은 나의 새로운 성경
만큼은 이단이요, 사탄이요, 나의 아
들이 거짓 선지자요, 마지막 시대에
세상을 혼란케 하는 사탄이라 말하는
가?
16 너희들이 나의 아들의 심성의 곱고
아름다움을 과연 아는가?
17 너희들이 그만큼 가지고 살 수 있는
사람이라 생각하는가?
18 모르고 있는 자들이 모르면서 아는 체
를 하는 것이 문제인 것이니 그리 알
라.

11,521 번째 하나님 말씀

2004년 6월 11일 22시 00분

1 사랑하는 나의 아들아!
2 "네, 아버님! 말씀하옵소서."
3 지금의 종교 집단의 지도자 너희들이
나에게 오르는 길이라 하여 인도하는
그와 같은 것으로써 과연 나에게 오를
수 있다 자신하는가?
4 모든 종교 지도자요, 단상에서 열변을
토하며 나의 피조물 만백성들에게 그
대가를 지불하라고 강요하는 백성들
에게 한번 물어보라.
5 심지어는 너희들이 그리 말하느니라.
6 '종교 지도자가 가는 길이 얼마나 힘
들고 어려운 것인가? 우리는 나쁜 짓
추한 짓을 하지 아니하려고 노력하기
때문에 종교 지도자가 그렇게 어렵고
힘든 길이니라.'
7 그러면서 너희들은 다른 목자요, 다른
종교 지도자가 이끄는 다른 교회에 가
서 무어라 말하느냐?
8 '종교 지도자가 가는 길이요, 목사가
가는 길이 그리 어렵고 힘드니, 신도
들은 그 목사를 잘 받들라.' 그리 말하
느니라.
9 심지어 너희들이 무어라 말하느냐?
10 '목사의 부인이기 때문에 자세를 흐트
러트리지 못하며, 목사의 부인이기 때
문에 말을 함부로 못 하며, 목사의 부
인이기에 어울릴 것을 어울리지 못하
며 놀 것을 놀지 못하니, 그 불쌍한 목
사의 부인을 여러분들이 잘 받들고 섬
겨야 된다.' 그리 말하는 것이 설교하
는 자들의 그 찢어진 입에서 나오는
추하고 더러운 말이니라.
11 심지어 너희들은 무어라 말하느냐?
12 '목사의 아들은 목사의 아들이기 때문
에 구슬치기하고 놀지도 못하며, 망나
니짓을 하지 못하며, 남들이 즐기는
것을 즐기지 못하고 살아가니, 그 목
사의 아들이 얼마나 불쌍하고 가련한
가?
13 그러니 그 아들을 여러분들이 귀하게
생각하며 그 마음을 위로하고 달래 주
는 그와 같은 마음이어야 하니, 그것
은 무엇이더냐?
14 여러분들이 그저 재물을 많이 줘 편하
게 살게 하는 것, 재물을 많이 바쳐 그
저 마음대로 쓰고 살 수 있도록 하는
것, 그것이 나쁜 짓을 참고 인내하는
보상의 길이니, 많이 바치고 많이 갖
다 주라.' 하니,
15 초청받은 목사들이 설교하고 강론하
고 가르치는 것이 그 추하고 더러운
것으로써 내 시간을 때우며, 거기서
'아멘, 할렐루야!' 울고불고하는 것이
너희들이니,
16 그래도 '아멘!'이요, 저래도 '아멘!'이
라는 불쌍한 자들, 그것이 바로 구원
을 받았다 말하는 그 가련하고 불쌍한
백성들임을 너희들은 알라.
17 너희들이 하고 있는 짓이 그와 같이
추한 짓이니, 너희들이 나에게 오를
수 있는 길을 인도할 수 있단 말이더
냐?
18 그러니 너희들은 인간의 기능과 인간
의 수단과 인간의 상식과 지식으로 나
의 피조물 만백성을 우롱하는 그와 같
은 행위를 하는 것이니, 너희들은 그

한계에서 벗어나지 못하며 그걸 넘지
못하느니라.
19 절대 너희들은 불가능한 자들이니라.
20 그러니 성령이 임하는 은혜를 결코 너
희들은 받을 수 없으며 받은 자가 하
나도 없는 것이 오늘의 종교 집단의
지도자이니라.
21 성령이 임한 백성이 하늘의 뜻을 알
며, 성령이 임한 백성만이 나의 피조
물 만백성을 이끌고 가르칠 자격이 있
는 것이요,
22 그러니 너희들은 구원의 길에 도달하
는 길은 불가능한 것이라는 것을 알
며, 절대 있을 수 없는 길이니라.
23 그리하여 내가 너희들이 가련하고 불
쌍하여 새로운 성경을 내려보내거늘,
너희들을 구원하고자 하는 것이 내 뜻
이며, 이를 보지 아니하면 구원을 받
을 수 없다는 것을 너희들이 알아듣지
못하며,
24 이를 사탄이요, 이단이라 핍박하는
자, 너희들은 어떠한 형태에 있어도
나에게 오를 수 없으며, 구원의 길을
볼 수 없으며,
25 너희들이 그리 갈구하고 원하는 천국
에 올 수 있는 길은 절대 불가능한 일
이라는 것을 알라 그리 전하라.

11,522 번째 하나님 말씀

2004년 6월 11일 22시 03분

1 사랑하는 나의 아들아!
2 "네, 아버님! 말씀하옵소서."
3 지금 새로 나오는 성경이요, 내 성령
의 모두를 태워 사랑하는 나의 아들을
통하여 내리는 160권의 새로운 성경
을 너희들이 접할 수 있는 길이 지금
이니라.
4 그리고 너희들이 이를 접하지 아니하
며 이 길을 가지 아니하고는 절대 너
희들이 하늘에 오를 수 있는 길을 알
수 없으며 구원의 길을 볼 수 없음이
니라.
5 그 내용을 너희들이 읽고 깨우쳐 정독
하지 아니하는 자는 성령이 임할 수
있는 백성이 될 수 없음이니,
6 성령이 임하지 않는 백성 너희들이 하
늘의 지혜를 얻을 수 없으며 하늘에
오르는 길을 볼 수 없다는 것을 명심
하도록 그리하라.
7 지금의 종교 집단의 지도자들이 인간
세상에서 배운 상식과 지식으로써 구
원의 길이요, 하늘에 오르는 길이요,
구원받는다 그리 가르치며,
8 그리고 너희들이 인간 상식을 가지고
나 여호와요, 나의 아들 예수가 너희
들의 모든 것을 다스리고 들어주고 치
료해 주고 이끄는 것처럼,
9 만사형통하는 것처럼 너희들의 지식
을 가지고 지금 장난치고 재주를 넘는
것이니라.
10 그러니 너희들이 인간 상식을 가지고
지식을 가지고 구원의 길이요, 하늘에
오르는 길이요, 만사형통으로 다 통하
며 구원을 받았다 그리 둔갑시켜 너희
들의 지식과 상식을 가지고 지금 장사
하고 있음이니라.
11 그러니 너희들이 둔갑시킨 그와 같은
내용을 가지고 나의 피조물 만백성을
이끌어 가며,

12 인간 지식이 만능인 것처럼 너희들이
그 앞에 나의 아들 예수와 나 여호와
의 이름을 갖다 팔아먹으니, 그게 바
로 무엇이냐?
13 소금처럼 우리 부자의 이름을 사용하
고 악용하고 팔아먹는 자들이 너희들
이니라.
14 우리 부자의 이름을 소금처럼 앞에 내
세워, 모든 것이 만사형통으로 이루어
지는 것처럼 너희들이 기복 신앙의 대
표자요, 기복 신앙의 시발자로서 오늘
의 믿음이요, 신앙의 길을 가고 있는
것이 기본이요, 근본이요, 너희들이
행한 전부라는 것을 알라, 그리 전하
도록 하라.

11,523 번째 하나님 말씀

2004년 6월 11일 22시 07분

1 사랑하는 나의 아들아!
2 "네, 아버님! 말씀하옵소서."
3 지금의 모든 종교 집단이요, 그 지도
자들이 수천 년 동안 흘러오는 그 속
에서 과연 너희들이 어떠한 믿음으로
왔느냐?
4 참진리요, 나 여호와의 뜻이요, 그리
고 너희들의 모두를 깨우칠 수 있는
성령을 모두 제외시켰으며, 그 성령은
찾아볼 수도 없는 그와 같은 형국이니,
5 지금은 참진리가 아니요, 비진리로써
그 믿음이 모두 다 죽은 믿음이며, 나
여호와의 뜻과 전혀 관계없는 인간의
교리로써 모두 이끌고 왔기 때문에 너
희들이 오늘과 같은 형국이 되었음을
알라.
6 참진리의 흐름이요, 나 여호와의 뜻에
의해 역사하는 그와 같은 세상의 흐름
과 잘못된 비진리요, 인간이 만든 종
교의 교리를 가지고 가르치는 것이 어
떠한 차이인 줄 알겠느냐?
7 너희들이 인간의 교리로 이끌어 왔고
그것으로써 나의 백성을 지도하고 구
원의 길로 인도한다는 자들은 이단과
사탄이요, 그리고 마귀요, 천사라는
것,
8 그리고 '나는 천사요, 너희들은 사탄
이라' 하여 그 논쟁의 시시비비 속에
서 너희들이 서로가 질투하고 또 적대
시하는 세상이 되는 것이며,
9 그와 같은 세상이 지속되는 것은 바로
무엇인 줄 알겠느냐?
10 참진리의 길이 아니라 인간이 만든 교
리로써 너희들이 믿음이요, 신앙생활
을 하기 때문에 너희들이 이단과 사탄
이요, 그리고 시기와 질투요, 적대시
하는 그와 같은 세상이 되는 것이니,
지금의 세상이 과연 어떠한 세상이더
냐?
11 너희들이 이와 같은 것이 없는 세상이
요, 천사들이 사는 세상이라 말할 수
있겠느냐?
12 나는 여기서 너희들에게 묻느니라.
13 참진리와 비진리의 길이요, 나 여호와
의 참성령이요, 그리고 너희들 인간이
만들고 둔갑시킨 거짓 성령의 장난이
요, 이것이 어떠한 차이가 나는가 너
희들이 살아서 보게 될 것이니라.
14 이제 160권의 새로운 성경이 세상에
나오니, 이 새로운 성경이 세상을 덮
었을 때, 그와 같은 역사가 이루어졌

을 때, 그때도 너희들이 서로가 이단
과 사탄의 시시비비가 있는가 한번 두
고 보라.
15 나의 새로운 성경 160권이 세상을 덮
었을 때, 이단이요, 사탄이요, 논쟁이
요, 분쟁의 시비가 없으며, 적과 적으
로 만드는 험악한 삶은 이 지상에 존
재하지 않는 그와 같은 위대한 역사가
이루어질 것이니, 그것을 너희들이 보
게 될 것이니라.
16 너희들이 살아 지상에서 과연 160권
의 나의 새로운 성경이 나 여호와의
성령이며, 나의 새로운 성경인가 아닌
가를 알 수 있을 것이니라.
17 논쟁의 세상에 더 분란의 세상이요,
시기 질투하는 세상으로 나의 성령을
가지고 공부한 그 백성들이 그와 같은
짓을 하는가, 너희들처럼 불안하고 두
려운 세상이요, 인간이 인간을 보기를
무서운 세상인가,
18 그와 같은 세상이 되는가 되지 아니하
는가 하는 것을 너희들이 살아서 볼
것이니, 그때 너희들은 알게 될 것이
니라.

11,524 번째 하나님 말씀

2004년 6월 11일 22시 13분

1 사랑하는 나의 아들아!
2 "네, 아버님! 말씀하옵소서."
3 지금 몇천 년 동안 흘러온 그 믿음이
요, 그 신앙이 첫 단추가 잘못 끼워졌
다 내가 수천 번 너희들에게 말하였느
니라.
4 그 잘못 끼워진 단추를 바로잡지 아니
하기에 인간의 이성이나 지식으로써
행하는 그와 같은 오늘의 신앙이 되어
버렸으니,
5 인간의 지식과 상식으로 행하는 것은
모두가 그 끝이 있으며 한계가 있느니
라, 사랑하는 나의 아들아!
6 한계가 있고 끝이 있는 것은 인간의
상식이요, 인간의 지식이기 때문이니
라.
7 그러니 너희들이 인간의 지식과 상식
으로는 절대로 너희들이 끝없이 변화
될 수 없으며 전진할 수 없는 형국이
니라.
8 나 여호와의 뜻이요, 참진리만이 끝이
없으며 한계가 없으며 영원히 지속되
는 위대함을 얻게 된다는 것을 너희들
은 어찌하여 모른단 말이더냐?
9 지금의 믿음의 길을 가는 너희들이 절
대적인 인간의 지식으로써 모든 성령
이요, 구원의 길이라 그리 가르치고
있음이니,
10 이것은 그들이 저희들도 모르는 사이
에 저 자신이 그 길을 가고 있으며 거
기에 젖어 버린 것이 오늘의 종교 집
단의 지도자이니라.
11 성령으로써 가르치는지 나 여호와의
뜻에 의하여 가르치는 것인지, 인간의
상식으로써 저희들이 절대적으로 지
금 믿고 추종하며 따라가는 것인지,
그것을 모르고 오는 자들이니라.
12 그러니 저도 모르는 사이에 그리 인정
되어 버렸으며, 지금 가는 것이 하늘
의 뜻이요, 나 여호와의 뜻이라 인정
해 버리고 가는 자들이 되어 버렸느니
라.

13 그러니 저 자신이 취해 있는 것을 모
르며, 지금의 종교 집단 지도자들이
제가 어디 서 있으며, 제가 어디에 취
해서 지금 이성을 잃고 있는지 그것도
모르고 우왕좌왕하는 자들이,
14 관습이요, 습관에 따라서, 옳고 그른
것을 모르며, 그저 전례대로 단상에
서서 나의 피조물 만백성을 우롱하며,
저희들의 기업이요, 사업을 키우는 데
만 혈안이 된 자들이라는 것을 너희들
은 알아야 될 것이니라.
15 그러니 너희들이 절대 완벽함을 구하
고 얻을 수가 없음이니라.
16 하늘에 오르는 길은 완벽함이요, 너희
들이 절대적이라 하지 않았느냐?
17 그러니 너희들이 완벽하고 절대적인
그와 같은 믿음으로 갈 수 없는 자들
이기 때문에, 너희들이 오늘에 얼마나
무서운 오류를 범하고 있는 것인가를
모르고 있느니라.
18 오류를 범하며 오류 속에 있는 자들이
가르치며, 그 오류를 범하는 자들에게
배움이니,
19 너희들이 하늘의 지혜를 얻을 수 없으
며 하늘에 오르는 길을 볼 수 없으며,
나에게 오를 수 있는 그와 같은 역사
를 보지 못하는 것이 오늘의 너희들이
니라.
20 그러니 너희들이 평생 하늘에 오르는
길이요, 믿음의 길이라 하여 모두를
다 바치고 가는 그것이 지옥으로 떨어
지는 길이라는 것을 안다면, 너희들이
얼마나 통탄하며 한스러운 일이겠느
냐?
21 그러니 너희 모두가 나의 아들딸이기
에 내가 너희들이 지옥으로 가는 것,
한 번 가면 영원히 나오지 못하는 지
옥으로 떨어져 인간으로서 너희들 자
신이 지탱할 수 없는 고통스러움을 치
르는 것,
22 그를 내가 더 이상 볼 수 없으며 그를
묵과할 수 없어,
23 내가 나의 아들을 통하여 밤과 낮을
가리지 아니하고 160권이라는 새로운
성경을 세상에 내려보내 너희들에게
읽고 깨우쳐 그 의미를 알라 하였음이
니라.
24 그리고 그 내용이 잘못되었으며 그 뜻
이 정녕 잘못되었거든 그때 버려도 된
다 내가 그리하였거늘,
25 어찌하여 너희들이 이를 접하지 아니
하며 이를 읽지 아니하며, 이를 보고
깨달아 하늘에 오르는 길을 보지 아니
한단 말이더냐?
26 너희들이 아는 것이 얼마나 있으며,
너희들의 지식이 얼마나 높으며, 너희
들의 깨달음이 얼마나 높으며, 인간의
상식의 한계가 어디라 생각하느냐?
27 너희들이 내일 아침에 일어나는 일도
모르며, 너희들이 한 시간, 몇십 분,
몇 분 안에 이루어질 것도 모르면서
어찌하여 그리 오만하고 자만하며, 영
원히 천년만년 사는 것처럼 그 착각
속에서 산단 말이더냐?
28 이것이 오늘의 너희들의 어리석은 삶
이니라.
29 언제 너희들이 나에게 불려와 심판대
에 설지 모르는 그와 같은 운명이거
늘, 그를 생각하지 아니하며 그를 준
비하는 삶을 살지 아니하고,

30 어찌하여 너희들이 이와 같이 귀하고
소중한 육의 세상에서 내가 너희들에
게 내려 준 그 생명줄을 함부로 잘라
내고 함부로 끝내는 그와 같은 짓을
한단 말이더냐?
31 그러고도 너희들이 언제 내 뜻에 따라
내가 원하는 삶을 살아 거듭나는 세상
이요, 영원히 사는 천국에 올 수 있다
하느냐?
32 어찌하여 너희들이 그 귀중한 생명줄
을 그저 마구잡이로 잘라내는가?
33 너희들이 죄를 짓는 것, 부끄러운 행
위를 하는 것, 나를 욕되게 하는 것,
그 모두는 내가 내려 준 생명줄을 단
축하는 자들이요,
34 단축된 그 생명이 천국에 오르는 길이
아니요, 지옥으로 감이요,
35 한번 가면 영원히 나오지 못하는 곳,
인간으로서 상상할 수 없고 생각조차
할 수 없는 그 고통스럽고 무서운 세
상을, 너희들 자신이 생명줄을 잘라
그 길을 가기 위해 독촉하며,
36 그 길을 향해서 달려가고 있는 것이
오늘의 삶이라는 것을 정확히 가르쳐
주라, 그리고 그것이 얼마나 무섭고
두려운 것인가를 깨우쳐 주라.

11,525 번째 하나님 말씀

2004년 6월 11일 22시 16분

1 사랑하는 나의 아들아!
2 "네, 아버님! 말씀하옵소서."
3 지금의 너희들이 가장 고쳐야 될 것이
며 가장 두렵고 무서운 행위가 무엇인
줄 알겠느냐?
4 잘못된 종교 지도자들이 저희들이 지
도자요, 그리고 나로부터 명반은 자
요, 하늘로부터 기름을 부어 준 자라
그리 말하며, 선택된 자라 저희들은
그리 말하느니라.
5 그러니 저희들이 선택된 자이기에 저
희들이 하는 것은 나 여호와의 뜻이
요, 나를 대신하는 것이라 그리 말하
느니라.
6 그리고 저희들이 단상에 서서 설교하
며 강론하면서 인간 세상에 너희들이
웃고 우는 이야기요, 그리고 누가 재
물을 얼마를 바쳐 축복을 받았다는 등,
7 너희들이 재물을 긁어모으기 위하여
은근히 나의 피조물 만백성을 부추기
는 추하고 더러운 그와 같은 행위는
거짓된 자요, 사기꾼들만이 하는 짓이
아니더냐?
8 그와 같은 사기꾼의 행위를 하는 것
도, 너희들이 성경을 가르치다가 나오
는 말이니, 성경에서 발췌된 것이요,
성경 속에서 나온 말이니, 이는 하나
님의 뜻이요,
9 그리고 성경에서 같이 연계되어 나오
는 것이니, 이것이 성서와 조금도 틀
린 말이 없다며 저희들의 추하고 더러
운 말을 그리 말하느니라.
10 저희들이 설교하는 시간에 하는 말은
성경에서 기준하여 연결된 선상에서
나오니, 이는 성경에서 발췌된 것이며
성경 속에서 지혜를 주어 하는 말이라
하여,
11 저희들이 그저 간증이라 하여 수없는
이야기를 하는 것, 그리고 너희들이
재물을 거두기 위해서 우회로 치고 빠

지는 것,
12 이것이 인간 세상에서 사기꾼들이 하
는 짓이요, 도둑들이 하는 짓이요, 그
리고 강도들이 하는 짓을 너희들이 지
금 하고 있음이니,
13 그러면서 그것이 성경 속에서 발췌된
것이요, 성경 속에 나오는 이야기니,
너희들은 절대적으로 들으며 이유를
대지 말며, 그저 '옳소, 아멘, 할렐루
야!' 박수만 치라 하니,
14 울고불고하는 그와 같은 백성으로 유
도하는 이것이 가장 무서운 것이요,
잘못된 것이라 함이니라.
15 어찌하여 너희들 입으로 너희 마음대
로 하는 말이 성경에서 연계된 것이며
나와 연계된 것이며 내 뜻이라 한단
말이냐?
16 설교하는 말, 성경과 연계되어 하늘의
뜻이라 가르치는 자들이 있어 이 세상
을 이렇게 험하게 만들었으니, 이를
어찌한단 말이더냐?
17 너희들만이 바로잡을 수 있으며, 너희
들만이 이를 역사할 수 있으며, 너희
들만이 그 암흑 속에서 허덕이는 그
백성들을 구원할 수 있고 깨우칠 수
있다는 것을 알라, 사랑하는 나의 아
들딸들아!

11,526 번째 하나님 말씀

2004년 6월 11일 22시 21분

1 사랑하는 나의 아들아!
2 **"네, 아버님! 말씀하옵소서."**
3 지금 나의 아들 너를 통하여 내가 모
두를 태워 세상에 내려보내 내가 새로
운 성경을 만들어 만백성을 구한다 하
지 아니했더냐?
4 그러니 이 160권의 새로운 성경이 세
상에 나오니, 이 성경을 가지고 천사
가 가르친다면 너희들이 하늘의 뜻이
요, 내가 역사하는 것이요, 그리고 내
가 이루고자 하는 것을 너희들이 하는
백성이 되는 것이요,
5 그렇지 아니하고 사탄이 이를 가지고
가르친다면 사탄의 종이 되는 것이며,
사탄의 가르침으로 된다는 것을 너희
들은 잊어서는 아니 됨이니라, 사랑하
는 나의 아들딸들아!
6 그러니 나 여호와의 참진리요, 하늘의
뜻의 그 모두를 전하는 것도 천사가
전하면 하늘의 뜻이요, 내가 역사하는
뜻이 그대로 전해지는 것이요,
7 그렇지 아니하고 사탄이 전한다면 그
것은 사탄의 진리가 되며 비진리가 된
다는 것을 알라, 사랑하는 나의 아들
딸들아!
8 똑같은 물을 먹더라도 독을 만드는 자
가 먹으면 그것이 독소가 되는 것이요,
9 열매를 맺으며 과일을 여는 나무들이
그를 흡수한다면 좋은 열매요, 좋은
과일을 맺는다 하지 않았더냐?
10 독을 품는 나무가 먹으면 그걸 마시고
흡수하여 독을 만들어 내는 것이 아니
더냐?
11 그러니 너희들이 이와 같은 이치를 알
아야 될 것이니라.
12 지금 너희들이 성령이요, 성경을 가지
고 가르친다 함이니라.
13 모든 집단들이 장삿속으로 방대한 조
직이요, 방대한 인력이요, 수많은 교

회라는 것을 지어 가르침이니,
14 과연 그들이 나의 성경을 가지고 가르
치되 사탄이 가르치는 것이냐, 그렇지
않으면 천사가 가르치냐 하는 것을 너
희들이 여기서 구분해야 될 것이니라.
15 내가 처음부터 나의 열여섯 권의 새로
운 성경 속에 무어라 말하였더냐?
16 종교 지도자는 유리로 비춰 봐서 한
점의 부끄러움이 없는 그와 같은 삶을
살아야 된다 기록하여 전하지 않았더
냐?
17 그 뜻이 바로 천사와 같은 자가 가르
쳤을 때는 나의 성령이요, 나의 뜻이
요, 내가 이루고자 하는 것이요, 내가
하늘의 낙원을 지상에 이루는 그 역사
에 동참하는 자요,
18 그렇지 아니한 자는 바로 너희들이 사
탄이니, 나의 성경을 사탄이 가르치는
것이요, 나의 새로운 성경도 사탄이
가르치는 것이라는 그 의미를 알라.
19 그러니 너희들이 무슨 역사를 하며,
무슨 기적을 이룬다 하며, 성경을 가
지고 울고불고 무슨 은사를 받았으며,
무엇을 어쨌다 해도,
20 그 모두는 다 사탄으로서 이루어지는
것이며, 사탄의 장난에 너희들이 놀아
나는 것임을 잊지 말라.
21 그러니 지도자의 자세가 바로 어떠한
것인지 알겠느냐?
22 지금 내가 나의 아들을 따르는 제자
너희들에게 완벽하라 하며, 그리고
'하늘을 향하여 한 점의 부끄러움이
없는 삶을 살라, 나의 아들딸들아!' 그
가훈을 내린 것을 알겠느냐?
23 하늘을 향하여 한 점의 부끄러움이 없
이 사는 나의 아들딸이 이를 가르친다
면, 160권은 나 여호와의 뜻이요, 위
대한 가르침이요, 만백성을 구하는 그
와 같은 것이 되나,
24 부끄러움을 부끄러운 줄 모르고 가르
치는 자가 160권의 나의 새로운 성경
을 가지고 가르치며 선생이라 제가 나
선다면,
25 이는 사탄이요, 사탄의 종으로 만들며
사탄의 교육이 된다는 것을 절대 잊지
말라, 사랑하는 나의 아들딸들아!
26 내가 종교 지도자는 거울로 비춰 보고
유리로 비춰 봐서 한 점의 부끄러움이
있는 삶을 살아서는 절대 안 된다는
그 의미를 알겠느냐?
27 그와 같은 자가 가르치면 사탄이니라.
28 나의 아들 너 또한 그리하여 너에게
완벽하라 하며 바로 서라 함이니라.
29 그리고 너의 제자들도 바로 서며 완벽
한 백성이 되어 만백성을 구하는 길에
가도록 하라 함이니, 그 세월이 천 년
이니라.
30 천 년에 걸쳐 한 사람의 의인이 세상
에 나온다 해도 모두는 다 정화할 수
있거늘, 그리하여 너희들부터 의인이
되도록 내가 달구고 달구는 이 험악하
고 힘든 훈련을 시키는 이유를 알겠느
냐?
31 나를 원망하지 말며 나를 욕하지 말
라, 사랑하는 나의 아들딸들아!
32 선택된 너희들을 달구는 이유가 거기
에 있느니라.
33 너희들이 추한 자로서 가르치면 사탄
의 교육이요, 이 성스러운 새로운 성
경, 만백성의 생명을 구하는 성경이

사탄이 되며 사탄의 가르침이 되는 것
이요,
34 천사같이 되어 한 점의 부끄러움이 없
는 나의 아들딸로서 너희들이 단상에
서서 가르칠 때, 이는 내 뜻이 이루어
지는 가장 큰 기쁨이요, 영광이요, 축
복을 내가 얻게 됨이니라, 사랑하는
나의 아들딸들아!
35 그 의미를 알았다면 너희들이 오늘 이
순간부터 어찌 살아야 되는지 마음의
각오를 다시 하도록 그리하라.
36 나 여호와가 너희들을 사랑함이니라.

11,527 번째 하나님 말씀

2004년 6월 11일 22시 26분

1 사랑하는 나의 아들아!
2 "네, 아버님! 말씀하옵소서."
3 너희들은 알라 그리 전함이니라.
4 이 아름다운 세상이요, 이 귀하고 소
중한 자연이 어찌하여 이와 같이 험악
하게 되었으며 악으로써 모두를 덮었
단 말이더냐?
5 그것이 무엇인 줄 알겠느냐?
6 참진리의 길을 가지 아니하고 비진리
요, 사탄의 명을 받아 그 사탄의 종들
이 세상을 다스리기 때문이니라.
7 사랑하는 나의 아들딸들아! 너희들은
알아야 되느니라.
8 참진리의 길을 간다면 너희들이 분쟁
이 있을 수 없는 것이니라.
9 우선 모든 종파요, 하나의 성서를 가
지고 공부한다는 백성들이 이름을 갖
다 붙여 대는 대로 하나의 종파가 생
길 때마다 서로 분쟁을 하며 적대시하
는 그와 같은 삶을 살아감이니라.
10 이웃이 잘되는 것을 시기하고 질투하
니, 너희들이 같은 성서를 가지고 진
심으로 공부한다면,
11 너희들이 어찌 되든, 이웃이 어찌 되
든, 그것을 가지고 어찌하여 질투한단
말이더냐?
12 나의 피조물 만백성을 하늘로 인도하
는 것이 종교 지도자 너희들의 길이
요, 그를 위해 산다 하지 않더냐?
13 그러니 너희들이 같은 성경을 가지고
가르친다면, 똑같이 하늘에 오르는 길
을 인도하는 지도자로서 너희들이 선
택된 자가 아니더냐?
14 그와 같다면 남의 교회요, 남의 교회
의 신도들을 보고 시기하고 질투하는
마음을 가져서는 절대 아니 되는 것이
너희들이 아니더냐?
15 그러니 시기와 질투요, 분쟁이 있는
것은 내 뜻에 의하여 나의 지도자요,
내 뜻에 의한 선택된 자가 아니라,
16 사탄의 종이요, 사탄의 노예가 되어
나의 피조물 만백성을 지옥으로 팔아
먹는 그와 같은 행위를 하고 있는 것
이 너희들임을 알라.
17 너희들이 지금 더 큰 교회를 짓고 재
물을 거둬들이는 것은 나의 사랑하는
백성들을 지옥에 팔면서 너희들이 그
대가를 사탄으로부터 거둬들이는 것
임을 알라 그리 전하니, 이를 명심하
도록 그리하라.
18 지금의 종교 집단 너희가 참진리의 길
을 알지 못하며 나의 뜻을 거역하면서
가고 있느니라.
19 그러면서 너희들은 오늘의 믿음이요,

신앙이 무엇이더냐?
20 잘못된 것, 잘못 가는 것을 너희들이
알고 있음이니라.
21 그리고 너희 자신이 나의 피조물 만백
성을 하늘에 인도할 자격이 없으며 구
원의 길을 인도할 자격이 없다는 것을
아느니라.
22 그리하여 너희들이 온갖 감언이설로
써 나의 피조물 만백성을 이끌어 감이
니, 너희들에게 가장 급하고 시급한
건 무엇이더냐?
23 그 모두를 정당화시키며 나의 백성들
의 머리에 세뇌시키는 것, 그리하여
너희들이 그것이 가장 귀하고 소중하
며 가장 급선무이기에 정당화시키려
하고 있다는 것을 너희들은 알라.
24 아무리 너희들이 정당화시킨다고 해
도, 분쟁과 보복과 시시비비가 끊이지
아니하는 것을 알아야 될 것이니라.
25 절대 이는 나 여호와의 뜻이 아니요,
내가 주관함이 아니요, 참진리가 아니
기 때문에 분쟁과 보복과 시시비비가
끊이지 않는다는 것을 알라 그리 전하
라.
26 나 여호와가 역사하지 아니한 것이기
때문이니라.
27 나의 뜻을 거역하는 집단들이 이 세상
을 지배하고 있기 때문이니라.
28 내가 나의 아들을 통하여 나의 새로운
성경에 기록하여 전했느니라.
29 나의 새로운 성경이 세상을 덮고 그를
보고 만백성들이 읽고 깨우칠 때, 어
떠한 세상이 되며 얼마나 무섭게 변하
는 백성들이 되는가?
30 과연 너희들이 지킬 수 없다는 그 십
계명을 지키는가 지키지 않는가를 볼
것이며, 인간이기 때문에 죄를 짓지
아니하고 살 수 없다는 너희들의 그
변명이 무색함을 알게 될 것이니라.
31 죽기 전에 육의 세상에서 모두가 이루
어지는 것을 볼 것이며, 그리하여 내
가 주관하는 것이요, 내가 역사하는
것임을 알라 그리 전하느니라.

11,528 번째 하나님 말씀

2004년 6월 11일 22시 29분

1 사랑하는 나의 아들아!
2 "네, 아버님! 말씀하옵소서."
3 인간의 교리요, 뛰어난 지식이요, 상
식을 가지고 너희들이 아무리 이 세상
의 모든 종교 집단이요, 거기에 나의
아들 예수요, 내 이름을 팔아 구체적
으로, 그리고 조직적으로, 체계적으로
이끌어 가고 모두를 역사한다 해도,
그곳에는 항상 허점이 있음을 알아야
될 것이니라.
4 그것은 완벽함이 없음이니라.
5 완벽함이 없는 것은 결국 무너지며,
허점이 있는 것은 무너지게 되어 있음
을 너희들은 알아야 될 것이니라.
6 완벽함이 없으며 그 인간의 한계가 있
음이니라.
7 그러니 너희들이 모두 인간의 수완이
요, 인간의 사업으로써 모든 종교 집
단을 키워 온 결과이니라.
8 그러니 지금은 방대하며 천년만년 영
원히 지속할 것 같으나, 이 세상을 이
끌어 가는 자, 너희들이 나에게 와 심
판을 받을 때 모든 집단은 흔들리게

되며 무너질 것이니라.
9 그러니 지금 강성하며 체계적이며 절
대적인 것 같은 그 종교 집단의 지도
자, 그 종교 집단 속이 얼마나 허점투
성이며 완벽하지 못한가를 알게 될 것
이니라.
10 너희들이 아무리 강성하며 지금 세상
을 덮는 듯해도 지구의 역사에 비한다
면 과연 몇 분이나 몇 초나 되겠느냐?
11 그러니 너희들이 그곳에서 이끌고 나
간다는 자, 그 지도자요, 그를 만든
자, 너희들이 무너질 때, 그때 가서 다
부질없는 것이요, 다 불필요한 짓을
한 행위라는 것을 그때 알게 될 것이
니,
12 그때는 너희들이 돌이키려 해도 돌이
킬 수가 없으며, 나에게 와 구원을 받
고자 애걸복걸해도 때가 없으며 기회
가 없음을 너희들은 알아야 될 것이니
라.
13 모든 종교 집단의 지도자는 인간이 만
든 것이요, 인간이 체계화시킨 것이기
때문에 허점투성이며 완벽한 구석이
없으니, 그대로 스스로 무너지게 된다
는 것을 알라.
14 그때 무너질 때는 너희들이 이미 심판
대에 서 있음이니, 아무리 울고불고
무슨 변명을 한다 해도 그것이 통할
리가 없으며 받아들여질 수 없다는 것
을 알라 그리 전하라.

11,529 번째 하나님 말씀

2004년 6월 11일 22시 33분

1 사랑하는 나의 아들아!
2 "네, 아버님! 말씀하옵소서."
3 나 여호와는 너를 통하여 전함이니,
나의 아들 예수를 믿고 안 믿고 나 여
호와를 믿고 안 믿는 것으로써 너희들
이 천국이요, 구원을 받는 길이 아님
을 알라 하였음이니라.
4 너희들이 살아가며 얼마나 행하며 어
찌 사느냐가 가장 중요하다 하지 않았
느냐?
5 지금 모든 믿음의 길을 가는 그 종교
집단의 지도자들이 어찌 부르짖는 줄
아느냐?
6 '예수를 믿으라, 예수를 믿으면 천국
이요, 예수를 믿지 않는 불신자는 지
옥이라' 그리 말하느니라.
7 그들이 그 말을 하면서 무엇을 원하는
가?
8 한쪽에선 너희들이 그리 말하느니라.
9 '너희들이 예수를 믿으라, 그러면 너
와 너희 집이 구원을 받을 것이라' 그
리 말하지 않느냐?
10 그러니 너희들은 이 의미가 무엇을 말
하느냐?
11 '예수를 믿으라, 그러면 천국이요, 믿
지 않는 불신자는 지옥'이라 하면서
'예수를 믿으라, 그러면 너와 네 집이
요, 그 모두가 구원을 받는다.' 그리
말하지 않느냐?
12 그러니 네가 믿음으로써 네 집안이요,
네 형제가 다 구원을 받는다는 것은,
믿지 아니한 자도 구원을 받는 것이
요, 믿지 않는 자도 구원을 받을 수 있
다는 것을 말하고 다니는 그 어리석은
행위를 모르고 있음이니,
13 내가 나의 새로운 성경에 기록한 내용

을 과연 너희들은 어찌 받아들이느냐?
14 내가 나의 아들을 통하여 나의 새로운
성경에, 너희들이 행함이 중요한 것이
요, 믿고 안 믿는 것은 중요치 않다 내
가 그리 말했으며, 믿고 안 믿는 것으
로 구원받는 것이 아니라 하니,
15 너희들이 지금 믿음만이 구원을 받으
며 하늘에 오르는 길이라 하여 그 머
리가 세뇌된 정신 이상자들이 그 말을
들으니, 이게 밀로 들리지 아니하며
이해할 수 없는 말이지 않더냐?
16 그러나 너희들이 그와 같은 행위를 하
고 있다는 것을 알아야 될 것이니라.
17 너희들이 바로 그리 가르치고 있지 않
으냐?
18 '믿으라, 예수를 믿으면 너와 네 집이
구원을 받을 것이라' 하니, 네가 믿기
만 하면 네 믿음으로 네 집이요, 너희
형제가 구원을 받는다면, 믿지 않는
자도 구원받는다고 네가 가르치는 것
이지, 그게 무슨 의미가 있느냐?
19 바로 그와 같은 행위를 하고 있는 것
이 너희들이니라.
20 그러면서 너희들은 예수를 믿지 않는
다 해도 천국에 간다는 그 말을 지금
하고 다니는 그와 같은 행위라는 것을
어찌 모른단 말이더냐?
21 사랑하는 나의 아들을 따르는 제자 너
희들은 이 의미를 잘 깨우쳐 보라.
22 그와 같이 한 입 가지고 두말하는 것
이 이들이니, 어느 말을 믿어야 된단
말이더냐?
23 예수를 믿지 아니하면 무조건 지옥이
요, 그리고 너희들이 믿는 자는 구원
을 받는다 그리 말하면서, 네가 믿으
면 너희 집까지 너희 형제들까지 구원
을 받는다는 얘기는 무엇이더냐?
24 하나만 믿으면 나머지가 구원받으니,
안 믿는 사람도 천국 가고 구원받는다
는 그 뜻이 아니더냐?
25 그러니 너희들이 말은 그리하면서 어
찌하여 그것은 잘못된 것이 아니고,
내가 나의 아들을 통하여 믿는 것보다
행함이 중요하다는 그 말은 너희들이
사탄이요, 이단이라 그리 말하는가?
26 이것이 오늘 너희들의 복음의 한계요,
깨우친 지도자들이 하고 있는 짓이요,
너희들이 역사하는 것이니,
27 인간의 생각으로 하기에 허점투성이
며 완벽하지 못하다는 것이 여기 있음
을 알라.
28 너희들 자신이 그저 한 명만 믿고 나
머지는 안 믿어도 다 구원을 받으니,
한 명만 믿으면 안 믿는 자도 구원을
받는단 말이 아니더냐?
29 그러니 나의 아들은 너희들이 믿는 것
이 중요한 것이 아니라, 행함이 중요
하다는 그 의미가 얼마나 귀하고 소중
한 말이며, 참진리의 의미가 여기에
있지 않으냐?
30 이를 깨우쳐 너희들은 그들에게 전하
며 그들에게 깨우쳐 주라.
31 그래도 그들은 알아듣지 아니할 것이
며 이해하지 않으려 할 것이며 고개를
흔들 것이니라.
32 그런 뜻이 아니고 저런 뜻이요, 이런
뜻이라 구차한 변명을 할 것이니, 그
들을 어찌 깨우치고 그들과 무슨 대화
가 필요하겠느냐?

11,530 번째 하나님 말씀

2004년 6월 12일 06시 26분

1 사랑하는 나의 아들아!
2 "네, 아버님! 말씀하옵소서."
3 모든 외형이요, 바깥으로 보이는 모습
으로써 사람을 평가하며 점수를 매긴
다면, 너희들은 시간이 지난 다음에
그것이 얼마나 잘못됐고 어리석은 것
인가를 알게 될 것이니라.
4 그러니 너희들의 인품이요, 너희들이
가지고 있는 인성이요, 그 모두는 겉
모습의 포장으로써 모두를 감출 수 있
는 것이 아니며, 그것으로써 다른 사
람을 속일 수 있는 것이 아님을 알아
야 될 것이니라.
5 시간이 지나며 세월이 지나면서 너희
들은 그 모두를 알게 되며 그 모두를
느끼게 되는 것이니라.
6 그러니 너희들이 책이라는 것을 만들
어 기록하는 것도 그러하니라.
7 겉 포장이 화려하며 겉 포장이 남들보
다 더 보기 좋고 아름답게 만들었다
해도 그 속에 있는 내용이 잘못됐으며
그 내용이 부실할 때, 그 겉 포장은 아
무런 가치가 없을 것이니라.
8 그와 같이 책의 모습도 겉모습으로써
너희들이 그 내용을 평가하는 것이 아
니요, 결국은 그 뚜껑을 열어 속에 있
는 것을 끝까지 정독함으로 인하여 너
희들은 겉표지와는 관계없이 소중하
고 위대한 것을 느끼고 알 수 있듯이,
너희들이 인간 세상에 사는 것도 그와
같은 모습임을 알라.
9 겉 포장이 잘되었다 하여 위대한 인간
인가 위대하지 못한 것인가 하는 것
은, 세월이 지나면서 바로 그 모두는
드러나게 될 것이며 모두는 알게 되는
것이니라.
10 그러니 나의 아들을 따르는 제자들이
요, 그리고 나의 새로운 성경을 읽고
깨우치는 너희들은 외형적이요, 겉모
습에 모두를 치장하는 데 정성을 다하
며, 또한 모든 사람을 평가하고 보는
데 그와 같이 어리석게 해서는 아니
될 것이니라.
11 오늘의 모든 종교 집단이요, 믿음이
요, 그들이 얼마나 화려하며 얼마나
방대한 조직을 가지고 나의 백성들을
울리는가?
12 그 방대한 조직 앞에, 그 형식적인 행
사 앞에 나의 피조물 만백성 너희들이
은혜를 받았다 울고불고하며, 있는 것
없는 것 바치는 그와 같은 행위를 하
고 지금 살아감이니,
13 과연 거기에 나 여호와의 뜻이요, 참
진리가 있다 말할 수 있겠느냐?
14 겉모습이 화려하며 겉 포장이 화려하
다 하여 너희들이 현혹되는 그와 같은
삶을 살지 말아야 될 것이니라.
15 그러니 이는 지각없는 아이들이요, 평
가할 줄 모르며 생각이 부족한 아이들
만이, 그저 보고 느끼는 대로 받는 그
아이들이 겉 포장이 화려하면 손을 댈
것이니라.
16 그러나 너희들이 그를 읽고 깨우칠 수
있는 성장한 사람이 되어 내용을 들여
다볼 때 그를 알게 될 것이니,
17 너희들이 함부로 외형이요, 외부의 모
습을 그리 가꾸지 말며, 그와 같은 것

을 보고 평가하는 너희들이 되어서는
절대 아니 됨을 알아야 될 것이니라.
18 지금의 모든 종교 집단이요, 믿음의
길을 가는 그들이 무엇이더냐?
19 겉 포장을 화려하게 만들어 모든 사람
이 그저 저희 것을 먼저 집을 수 있도
록, 두 번 다시 생각할 기회도 없으며
두 번 다시 연구할 기회도 없이 그저
그 첫 번의 마음에 저희들의 것을 선
택할 수 있도록 겉 포장을 만드는 데
최선을 다하며 거기에 모두를 다 투자
하는 자들이니라.
20 속은 관계없느니라.
21 속의 내용은 어찌하든 그것은 관계없
으며, 나 여호와의 뜻이요, 내가 원하
는 길이냐 아니냐 하는 것은 관계없는
자들이니라.
22 오로지 겉 포장을 그저 위장하여 모든
백성들이 저희 것을 먼저 잡도록 하는
데만 모두를 바치며 최선을 다하고 있
음이니,
23 그리 겉 포장을 보고 선택하는 백성,
그게 바로 나에게 오를 수 있는 길이
요, 구원의 길이요, 거듭나는 그와 같
은 길을 모두 다 훼방하는 것이요, 막
는 자요, 너희들이 그 뜻을 이룰 수 없
다는 것을 알아야 될 것이니라.
24 과연 나의 아들 예수가 나의 피조물
만백성을 구하는 복음의 행사를 그리
했던가?
25 그리고 정녕 나 여호와의 뜻을 직접
전하는 그가 그리했더냐?
26 나의 아들은 그리하지 아니하였으며,
만백성을 구하는 나로부터 성령의 뜻
을 받아 직접 관리하고 그를 깨우쳐
만백성에게 전하는 나의 아들 예수도
그와 같은 행위를 한 적이 없음이니라.
27 십계명만이 내 뜻을 친필로 쓴 것이
아니라, 지금 160권의 새로운 성경 또
한 내가 너희들에게 직접 써 내린 십
계명처럼 그 모두를 다 풀고 해석하
여, 너희들이 그 속에 있는 뜻과 의미
를 알지 못하기에, 내가 나의 아들을
통하여 이와 같이 역사한다 하지 아니
하였더냐?
28 그러니 내가 내리는 친필과 무엇이 다
르단 말이더냐?
29 나의 아들 예수가 너희들처럼 행하지
아니하였듯이, 오늘의 나의 아들 또한
너희들처럼 그리 외형적이요, 외형적
인 행사로써, 위압적인 행사로써 모든
백성들을 사로잡는 그와 같은 행위를
하지 아니함이니,
30 이것이 참진리와 참진리가 아닌 비진
리의 길을 가는 자들과의 차이점이라
는 것을 모든 백성들은 스스로 알고
깨우치도록 그리하라.

11,531 번째 하나님 말씀

2004년 6월 12일 06시 30분

1 사랑하는 나의 아들아!
2 "네, 아버님! 말씀하옵소서."
3 너희들이 나의 아들 예수를 믿으면 천
국이요, 믿지 않는 자는 지옥이라 그
리 말하며,
4 너희들의 손으로 지은 교회라는 곳에
와 나의 아들 예수의 이름을 부르고
울고불고하지 아니하면 구원을 받지
못한다 그리 말하면서, 또한 너희들은

한 입으로 무어라 말하였느냐?
5 그저 네가 믿기만 하면 네 집이요, 모두를 구원할 수 있으니, 구원을 얻으리라 한 그와 같은 잘못된 뜻을 가지고 지금 나의 피조물 만백성을 이끌어 가며, 한 입 가지고 두말을 하는 형국이라 하지 아니하였더냐?
6 그러니 지금 믿음의 길을 가는 모든 백성 너희들은 어떠한 형국으로 가고 있는가 그것 또한 너희들이 그 내용을 들여다보라.
7 모든 백성은 나의 아들딸이요, 나를 믿고 안 믿는 것이 중요한 것이 아니라는 의미를 너희들이 여기서 알 수 있게 될 것이니라.
8 그러나 그들은 어떻게 하느냐?
9 너희들의 손으로 지은 죄의 온상에 나오지 아니하면 절대 구원을 받을 수 없으며 그는 이단이요, 사탄이라 지금 그리 가고 있지 않은가?
10 그러나 나는 너희들에게 그리 전했느니라.
11 너희들이 믿고 안 믿는 것이 중요한 것이 아니요, 그것을 가지고 구원이요, 지옥과 천국이라는 것이 아니요, 그와 같은 것으로 믿음의 길을 가는 것이 잘못된 것이라 내가 그리 말하지 아니하였던가?
12 그를 벗어나지 아니하면 아니 됨이니라.
13 너희들은 나의 아들로서 나의 아들딸로서 태어난 만백성이니라.
14 그러니 내가 나의 새로운 성경을 통하여 너희들에게 무어라 말하였느냐?
15 새로운 성경을 접하지 아니하는 백성은 구원의 길을 볼 수 없다 하였음이니, 나는 너희들이 새로운 성경을 보고 안 보는 것, 너희들이 가슴에 안고 안 안는 것이 아니라,
16 너희들이 나의 새로운 성경을 가슴에 안고 그를 읽고 깨우쳐 그 내용이 원하는 것을, 내가 바라는 것을 그대로 사느냐 살지 않느냐 하는 것이 가장 중요한 의미라 내가 가르치지 아니하였더냐?
17 그러니 너희들이 접하고 접하지 아니하는 것으로써 모두를 역사하는 것은 아니라는 것을 알아야 될 것이니라.
18 너희들은 나의 새로운 성경의 그 내용대로 사느냐 살지 않느냐 그것으로써 모든 심판을 받으며,
19 그를 가르치는 뜻은 너희들이 그를 보고 그대로 행하고 지켜 너희들 것으로 만들어 거듭나는 삶을 살라 하여 내가 모두를 내리는 중요함을 너희들은 알아야 될 것이니라.
20 전혀 내 뜻과는 관계없이 내가 역사하는 것을 모르고 암흑 속에서 허덕이는 삶을 사는 나의 백성 너희들이,
21 내가 하얀 눈이 세상을 덮듯이 나의 새로운 성경을 세상에 내리니, 이를 접하고 깨우치는 자는 구원의 길에 올 수 있으며, 그렇지 못하는 자는 나를 볼 수 없다는 그와 같은 것을 너희들이 깨닫도록 그리하며, 너희 것으로 만들도록 그리하지 아니하면 아니 됨이니라.

11,532 번째 하나님 말씀

2004년 6월 12일 06시 33분

1 사랑하는 나의 아들아!
2 "네, 아버님! 말씀하옵소서."
3 정녕 너희들이 네 이웃과 네 형제요,
그리고 네 부모를 구원하려거든 너희
들이 천사처럼 변화되는 삶을 사는 길
밖에 없음을 알라.
4 어떠한 형국으로도 너희들이 그들을
구원하며 그들에게 은혜를 베풀 수 있
는 것이 없음을 알라.
5 너희들이 나 여호와의 뜻에 따라 천사
가 되는 삶을 살며 모든 악습을 버리
고 살아가 그 공이 넘쳐흐를 때, 정녕
너희들에게 주고도 남는 그 공이 있을
때, 그걸 누구에게 주겠는가?
6 너희들이 간절히 바라고 사랑하는 자,
너희들 자신이 가장 소중히 생각하는
자, 내가 그들에게 그 상을 내릴 것이
니,
7 이는 죽은 자와 산 자에 관계없이 내
가 모두에게 내릴 수 있음을 너희들은
알라.
8 그러니 너희들이 지금 모든 백성들을
구한다 하여 지금 행하는 행사와 행동
그 모두를 중단해야 될 것이니라.
9 영혼을 위해 고깔 쓰고 춤을 추는 무
당 앞에 가 소원을 비는 자가 있는가
하면, 너희들이 지금 죽은 자를 구원
한다 하여 어떠한 행위를 하느냐?
10 너희들은 축도의 예를 드리며 축도의
기도를 드리며 불경을 드리며, 이와
같은 온갖 방법으로써 너희들이 네 부
모요, 네 형제의 생명을 구원하며, 죽
은 자 속에서 거듭나는 은혜를 내릴
수 있으며, 지옥에서 허덕이는 그들에
게 너희들이 빛이 될 수 있으며, 그들
을 구원하여 낼 수 있다 그리 생각하
며, 재물을 바치며 제를 올리고 온갖
짓을 다 하느니라.
11 그러나 너희들은 그것으로써 이루어
질 수 없음을 알라.
12 다만, 너희들이 나에 대한 공이 있어
야 됨이니, 그 공은 무엇이더냐?
13 재물을 바치며 제물을 쌓아 놓고 제사
를 올리며 나를 울고불고 찾는 것이
아니라,
14 너희들이 천사와 같은 의인이 되는 공
을 이루었을 때, 그 공이 나로부터 받
을 수 있는 상 이상을 너희들이 역사
했을 때,
15 그를 너희들이 원하고 가장 귀하고 소
중히 생각하는, 죽은 자와 산 자 중에
너희가 구원하고자 하는 그들에게 내
가 그 상을 내려 그들에게 축복이요,
영광을 내릴 수 있을 것이니,
16 너희들이 이와 같은 하늘의 뜻이요,
나 여호와의 뜻을 알았다면, 정녕 어
떠한 모습으로 살아가야 되는가?
17 첫째는 너희들이 구원을 받으며, 그리
고 그 상이 넘쳤을 때 그 상은 버려짐
이 아니라 너희들이 원하고 소중히 생
각하는 가장 귀하고 소중한 사람에게
반드시 그 상이 내려갈 수 있음이니,
18 이는 나 여호와의 의지요, 내 뜻에 의
해 이루어지는 것이라는 그 이치를 그
들에게 깨우쳐 주도록 그리하라, 사랑
하는 나의 아들아!

11,533 번째 하나님 말씀

2004년 6월 12일 06시 42분

1 사랑하는 나의 아들아!
2 "네, 아버님! 말씀하옵소서."
3 너희들이 구원이요, 구원받지 못하는
것은 믿고 안 믿고 기도하며 예배드리
는 그와 같은 형식으로써 이루어진다
는 어리석은 생각을 지워야 됨을 알라.
4 모두는 너희 자신이 사탄의 길을 선택
하지 아니하며 천사와 같은 삶을 사는
것에 모든 정답이 있다 함을 내가 다
시 한 번 너희들에게 전함이니, 이를
명심하여 행하도록 그리하라.
5 그러나 나의 사랑하는 백성 너희들이
선과 악을 선택함에 있어서 악을 버리
며 선을 선택하는 그와 같은 마음이
요, 그 모두가 흔들리기 때문이니라.
6 인간인 너희들은 어떠한 형태더냐?
7 위험이 따를 때며 고통이 따를 때며
이와 같은 너희들이 어렵고 힘들 때,
너희 자신이 유혹의 마음이 싹틀 때,
8 너희들은 정의로움이요, 진실을 버리
는 그와 같은 나약한 마음이기 때문
에, 너희들이 나를 볼 수 없으며 나에
게 오를 수 없다는 것을 너희들은 알
아야 될 것이니라.
9 그러나 이제 나의 아들을 따르는 제자
들이요, 나의 새로운 성경을 읽고 깨
우친 너희들은 들어야 될 것이니라.
10 어떠한 환경에서도 너희들이 정의로
움을 위해서 흔들려서도 아니 되며,
정의로움을 외면해도 아니 됨이니라.
11 또한, 진실을 외면해도 아니 되는 것
이 너희들이니라.
12 너희들이 정의로움이요, 진실을 외면
하는 것은 곧 무엇이더냐?
13 거짓과 기만하는 죄가 되기 때문이니
라.
14 그러니 정의로움을 저버리며 참진리
의 길을 어렵고 힘들다 하여 너희들이
외면하고 버린다는 것은 죄가 되기 때
문이니라.
15 그리해서 너희들이 그리 가서는 아니
된다 함이니라.
16 그러니 너희들이 진실을 회피하지 않
는 그와 같은 삶을 살라.
17 진실은 죄가 되지 아니함이니라.
18 어떠한 고통과 시련 속에서도 정의로
움을 지키며 진실을 지키며, 거기에
흔들리지 않는 백성 너희들은 죄가 없
으며 죄가 되지 아니하기 때문에 그와
같이 살라 함을 알라.
19 너희들이 이를 버리고 사는 자, 육의
세상에서 승자요, 이해관계의 득실을
따질 때 너희들이 많은 것을 얻는 그
와 같은 것을 차지한다 해도 결국 그
모두가 다 죄가 됨이니,
20 나에게 와 심판을 받을 때 그것이 얼
마나 무서운 고통으로써 너희들이 그
대가를 치르는가?
21 그는 상상할 수 없을 것이니라.
22 그러나 육의 세상에서 고통이요, 시련
을 겪는다 해도, 핍박을 당한다 해도,
너희들이 진실을 굽히지 아니하며 정
의로움을 버리지 않을 때,
23 그 모두는 죄가 되지 아니하며 너희들
은 은혜와 영광만 있다는 것을 알라
그리 전함이니라.

11,534 번째 하나님 말씀

2004년 6월 12일 06시 47분

1 사랑하는 나의 아들아!
2 "네, 아버님! 말씀하옵소서."
3 너희들이 선한 삶을 사는 것, 그리고
정의로움이요, 진실된 삶을 사는 것,
그것이 얼마나 소중하고 귀한 것인가
를 알겠느냐?
4 너희들이 선한 행동으로써 정의로움
이요, 진실된 삶을 살아가는 백성이야
말로 이 세상에서 살아가면서 나 여호
와가 내려 준 축복이요, 영광 그 모두
를 누리는 가장 행복한 백성임을 너희
들은 알아야 될 것이며,
5 내가 세상에 너희들을 내보내 자연 속
에서 살아가는 그와 같은 내가 내린
모든 영광이요, 축복을 맛볼 수 있는
사람의 삶이라는 것을 너희들은 알아
야 될 것이니라.
6 이 세상에서 가장 행복을 누리는 자
요, 그 누구도 누릴 수 없는 것을 누릴
자격이 있는 백성이라는 것을 너희들
은 알아야 될 것이니라.
7 더욱이 너희들이 그와 같은 길을 사는
것은 사후의 세상이요, 하늘의 뜻을
너희들이 알게 되며 하늘의 지혜를 얻
는 그와 같은 영광을 얻게 됨을 알아
야 될 것이니라, 사랑하는 나의 아들
딸들아!
8 너희들은 어찌하여 그와 같은 은혜요,
그 모두를 버리고 사는가?
9 너희들이 선을 행하며 정의로운 삶을
굽히지 아니하고 살아가는 자, 악을
저버리는 자야말로 인간의 삶의 가장
행복함을 느끼며, 인간으로서 세상을
살아가며 진정한 나 여호와의 그 맛이
요, 내 뜻을 음미할 수 있는 자이기에
가장 행복한 사람이라 그리하지 않았
느냐?
10 더욱이 구원의 길까지 너희들이 얻을
수 있는 삶이 그 삶이기 때문이니라.
11 사랑하는 나의 아들딸들아!
12 현명한 백성은 어찌 사는 줄 알겠느냐?
13 악의 행함에 눈을 감느니라.
14 그리고 악의 말이 들리는 것은 귀를
막아 버리는 백성이니라.
15 그러니 나의 아들을 따르는 제자 너희
들은 현명한 백성으로서 나에게 올 수
있는 길을 오겠는가,
16 현명함을 저버리고 아둔한 백성으로
살아가며 악한 말에 귀를 열며 악함을
보는 데 즐거워하는 것이요, 너희들이
아름다운 향기가 있는 말이 아니라 입
으로 악하고 남을 욕되게 하며 시기하
고 질투하는 그와 같은 어리석은 백성
으로 살겠는가?
17 사랑하는 나의 아들딸들아!
18 너희들은 현명한 나의 아들딸로서 거
듭나야 될 것이니라.
19 그리하여 인간이 누릴 수 있는 가장
큰 행복을 너희들이 누리며, 인간으로
서 느낄 수 있는 그 모두를, 내가 내려
준 것을 느끼고 살 수 있는 그와 같은
백성의 삶을 살도록 그리하라, 사랑하
는 나의 아들딸들아!

11,535 번째 하나님 말씀

2004년 6월 12일 06시 52분

1 사랑하는 나의 아들아!
2 "네, 아버님! 말씀하옵소서."
3 너희들이 살아가야 할 그 지침서를,
나 여호와가 모세에게 불로 친필로 써
십계명을 너희들에게 내려보내지 아
니하였던가?
4 그 뜻이 무엇이더냐?
5 사랑하는 백성 너희들을 구원하고자
하였음이니라.
6 그러나 그 백성이 너희들이 변하는 자
가 없으며 천사 같은 마음으로 살아가
는 자가 없음이니, 그와 같은 지도자
가 없음이니,
7 그 속에 숨어 있는 깊은 뜻을 너희들
이 깨우치는 자가 없으며, 깨우친 자
가 없기에 너희들이 그를 가르칠 수
있는 백성이 세상에 없어 오늘에 이
와 같이 험악한 세상이 되었음을 알
아야 될 것이니라.
8 너희들이 인간의 한계를 벗어나지 못
함이니, 너희들이 그와 같은 의미를
알 수 없어 나의 십계명이 잘못 가르
쳐졌으며,
9 너희들이 감히 이를 지키고 행할 수
있다 없다 시시비비를 할 수 있는 오
늘의 이와 같은 슬픈 형국이 되었음이
니라.
10 그리하여 내가 모세를 통하여 십계명
을 내린 것처럼, 내가 그와 같이 십계
명을 불로 쓰듯이 그 모든 뜻을 푼 것
을 기록하여 너희들에게 바위에 써 전
할 수가 없기에,
11 지금 나의 아들을 통하여 내가 불로
써 내린 십계명처럼 그 모두를 풀어
'하늘에 오르는 길'이요, '하나님! 말
씀하옵소서.'라는 이 책으로 나의 뜻
을 설명하여 전하고 내림을 너희들은
알아야 될 것이니,
12 160권의 새로운 성경이 십계명을 직
접 써 내리는 것처럼 소중하고 귀하
며, 그와 같은 역사가 지금 이루어지
고 있음을 너희들은 알라 그리 전하라.
13 너희들을 구원하기 위해 내가 눈물로
써 기다리고 있으며 이 역사를 이루고
자 함을 너희들은 어찌하여 모른단 말
이더냐?
14 내가 십계명을 간단하게 바위에 써 너
희들에게 내린 그와 같은 것, 그 십계
명을 내가 하나하나 깨우쳐 지금 '하
늘에 오르는 길'이요, '하나님! 말씀하
옵소서.'라는 이 책으로써
15 나의 아들을 통하여 상세히 풀어서 너
희들이 행하고 지켜 구원의 길을 올
수 있도록 너희들에게 내리니,
16 이는 눈물로써 써 내리는 것이며, 눈
물로써 너희들을 기다리고 있는 나 여
호와를 상상하며 이를 읽고 깨우치도
록 그리하라.
17 이 모두는 다 내가 너희들을 구하고자
함이요, 내가 너희들에게 기회를 주고
자 함이요,
18 지옥의 길에 가 견딜 수 없는 고통 속
에서 몸부림치는 너희들을 구원하고
자 하는 마지막 너희들에게 내리는 크
나큰 은혜요, 선물이요, 상이라는 것
을 절대 잊지 말며,
19 이를 읽고 너희들이 이 내용대로 살아

가지 아니하면 아니 되느니라.
20 그러니 내가 너희들에게 무어라 말하
였느냐?
21 나의 새로운 성경을 읽고 깨우쳐 이것
이 정답이 아니요, 너희들이 깨달음이
없거든, 나를 버리며 나의 성령인 새
로운 성경과 나의 아들을 버려도 된
다 함을 너희들은 잊지 말라.

11,536 번째 하나님 말씀

2004년 6월 13일 05시 54분

1 사랑하는 나의 아들아!
2 "네, 아버님! 말씀하옵소서."
3 아름답게 가꾸어지며 아름답게 꾸며
져야 될 이 세상이 지금 모든 백성들
이 욕심이라는 것, 육의 세상의 삶에
대한 그 욕심을 버리지 못함이니,
4 사랑으로써 베풀어 주고 사랑으로써
역사할 이 세상이 지금 어찌 되었는지
알겠느냐?
5 욕심이라는 그 독소로써 이 세상을 덮
고 있음이니라.
6 내가 왜 너희들에게 천사와 같은 삶
을 살며, 아름다운 마음으로 살며, 사
랑하는 마음을 갖고 살라 하는지 알겠
느냐?
7 내가 너희에게 생명을 주었으며 세상
에 나가 살 수 있는 것을 모두 다 주었
음이니라.
8 사람이 세상에 태어나 얼마만큼 노력
하고 사느냐에 따라서 모든 것을 얻고
잃는 그와 같은 것이 되어 있음이니라.
9 저희들이 절제하는 생활이요, 노력하
는 생활을 하는 사람은 절대 굶지 아
니하며, 남에게 구걸하러 가며 남에게
신세를 지는 삶을 살지 않느니라.
10 제가 노력하지 아니하며 게으른 자요,
진실한 생활의 소중함을 모르는 자요,
그리고 내가 내려 준 모든 것이 다 귀
한 줄을 모르는 자, 함부로 낭비하는
자, 함부로 소비하는 자,
11 버는 것보다 쓰기를 더 좋아하는 자,
거둬들이는 것보다 더 많은 것을 쓰는
자, 이와 같은 자는 반드시 남에게 신
세를 지는 자가 될 것이며, 그리고 남
에게 베푸는 그와 같은 삶을 살 수 가
없음이니라.
12 그러니 너희들에게 귀중한 생명을 주
었으며, 너희들이 노력하면 모두를 이
룰 수 있으며 남부럽지 않은 삶을 살
수 있는 모든 여건을 다 주어 세상에
내보냈으니, 너희들이야말로 베푸는
것밖에 무엇이 있단 말이더냐?
13 노력하여 거두는 만큼 너희들이 베푸
는 것이요, 그 베푸는 속에서 사랑이
있는 것이니라.
14 내가 왜 남에게 베풀라, 사랑하라 하
는 줄 알겠느냐?
15 모두를 내가 다 너희들에게 주었음이
니, 너희들이 할 수 있는 것은 나에게
받은 것만큼 베푸는 것이요, 이웃을
위하여 살아가는 것이 너희들이 살아
가는 근본이요, 기본이지 않더냐?
16 그러기에 내가 너희들에게 사랑하라,
베풀라, 나눠 주며 살라는 것이 무엇
이 잘못되었는가?
17 너희들은 그와 같은 이치를 모르고 있
음이니라.
18 이제 사랑하는 나의 아들과 나의 아들

을 따르는 제자 너희들은 그와 같은
이치를 깨닫고 살아야 될 것이니라.

11,537 번째 하나님 말씀

2004년 6월 13일 05시 59분

1 사랑하는 나의 아들아!
2 **"네, 아버님! 말씀하옵소서."**
3 나 여호와가 내리는 나의 뜻을 명심하
여야 될 것이며, 너희들이 '예'라는 대
답 외에는 어떠한 대답도 있어서는 아
니 되는 것이니라.
4 창조주 나 여호와가 나의 아들을 통하
여 내리며 새로운 성경을 내리는 것은
진리요, 하늘의 뜻이니라.
5 그러니 너희들이 거기에 어떠한 이유
요, 변명이 아니라, 오로지 '예'라는
대답 외에는 어떠한 것도 할 수가 없
으며 해서도 아니 됨을 알아야 될 것
이니라.
6 노아의 방주의 그 노아가 내가 그와
같은 배를 만들라 하였으니, 그가 뭐
라 하였느냐?
7 '예'라는 대답 한마디로써 그는 그와
같은 역사를 하여 그 가족을 살렸으
며, 구원할 것을 모두 구원하지 아니
하였더냐?
8 '예'가 아니요, '나는 할 수 없다.' 하였
다면, 과연 어찌 되겠느냐?
9 아브라함에게 이삭을 바치라 하였으
니, 그가 뭐라 했더냐?
10 '예'라 하여 그는 그 모두를 행하지 아
니했느냐?
11 그러니 너희들도 '예' 하고 대답하는
것 외에는 어떠한 것도 있어서는 아니
됨을 알아야 될 것이니라.
12 지금의 나의 아들은 과연 어떠하더냐?
13 내가 그에게 새로운 성경으로써 만백
성을 구하는 길을 가라 했으니, 즉 믿
음이 없었으며 믿음의 길이 무엇인지
도 모르는 그 아들은 뭐라 말했느냐?
14 '예'라 대답하였느니라.
15 '예'라 대답하고 그 대답 한마디로써
오늘의 160권의 새로운 성경이 세상
에 나오는 그 역사가 이루어짐이니라.
16 나의 아들이 가면서 변화되며 가면서
또한 실수함이니, 가면서 또한 너희들
이 보기에 육적으로써 무엇인가 잘못
되었다 생각하는 것, 그것을 가지고
너무 시시비비하지 말라.
17 그 마음을 알아야 될 것이며 그 속마
음을 알아야 될 것이니라.
18 '예'라는 대답 한마디를 하고 나의 아
들이 가면서 너희들이 보지 못하는
길, 너희들이 감히 따라가지 못하는
그와 같은 역사가 서서히 이루어질 것
이니,
19 너희들은 지금 나의 아들을 통하여 내
가 너희들에게 내리는 강론이요, 나의
새로운 성경을 가지고 시시비비하는
마음을 갖지 말며,
20 '예'라 대답하는 노아처럼, 너희들이
나의 새로운 성경을 가슴에 안고 정독
하며,
21 나 여호와가 너희들을 위하여 내린 귀
하고 소중한 것이라는 마음 외에는 어
떠한 생각을 가져서도 아니 되느니라.
22 '예' 하고 대답하지 아니하였다면 과
연 어찌 되었겠느냐?
23 노아가 그와 같이 배를 만들어 그 백

성을 구하며, 또한 구할 것을 거기에 얹으라 하였음이니, 그가 '예'라는 대답을 하지 아니하고 그를 거역하고 행하지 아니하였다면, 과연 그들은 어찌 되며 그 가족과 그 모두는 어떠한 역사가 되었겠느냐?

24 '예'라는 그 대답 때문에 생명을 살렸으며, 그리고 필요한 것을 구하는 그와 같은 역사가 되지 아니하였더냐?

25 그러니 내가 나의 아들을 따르는 제자 너희들이 오늘의 깨달음이 있으며, 생각이 있으며, 어떠한 것도 모르면서 천방지축으로 그저 맹종 맹신하는 믿음으로 가지 아니하는 너희들은 나로부터 선택된 백성들이니, 무슨 대답이 필요하겠는가?

26 오로지 나의 아들과 너희들은 '예'라는 대답 그것으로써 지키고 행하는 그와 같은 삶을 살도록 그리하라.

11,538 번째 하나님 말씀

2004년 6월 13일 06시 04분

1 사랑하는 나의 아들아!

2 "네, 아버님! 말씀하옵소서."

3 구약의 시대 그 백성들이 노아처럼 '예' 하고 대답하고 그대로 행하고 실천했다면, 지금처럼 너희들이 험악한 세상은 오지 아니하였을 것이니라.

4 구약의 시대에 너희들이 우상을 만들며 나의 뜻을 거역한 백성이요, 오로지 너희들이 '예'라는 대답으로써 모두를 따르고 행했다면,

5 신약의 시대는 열리지 않았을 것이며, 나의 아들 예수가 그와 같은 고통 속에 죽음을 당하지는 아니하였으며 그 시련을 겪지는 아니하였을 것이니라.

6 그러니 나의 아들 예수가 세상에 내려왔을 때 또한 너희들은 어찌했느냐?

7 그는 나의 뜻을 가지고 모두를 깨우치고 전하고자 했으나, 너희들은 '예' 하고 대답하고 그대로 행하여 그를 따랐더라면 오늘의 이와 같은 험악한 세상이 되지는 아니하였을 것을 너희들은 알아야 될 것이니라.

8 '예' 하는 대답을 하지 아니하며 너희들이 행하지 아니하고, 나의 아들 예수를 이단이요, 사탄이요, 사악한 자라 하여,

9 종교 집단의 지도자 너희들의 그 추하고 더러운 모습이 세상에 드러나는 것이 두렵고 무서우니 그를 사탄이요, 이단이라 하여 그와 같이 처참한 죽음을 선택하도록 그리하지 아니하였던가?

10 그리고 너희들이 그리 몰고 간 것이 아니더냐?

11 그렇게 하지 아니하고 '예' 하고 감사하는 마음으로 살아갔더라면, 오늘의 제3의 시대는 오지 아니하였으며 그 고통은 없었을 것이니라.

12 그러니 그때처럼 '예' 하고 대답하는 그와 같은 백성이 지금도 되지 못함이니라.

13 구약이요, 신약이요, 그 당시에 너희들이 '예, 그렇사옵나이다, 그리 따르겠습니다.' 했더라면, 오늘의 이와 같은 형국은 결코 되지 아니했거늘,

14 지금 제3의 시대도 너희들이 '예'라는 대답을 하지 아니하고 있음이니라.

15 도리어 너희들이 사탄이요, 이단이라
하고 핍박하며, 이를 너희들이 듣지도
못하게, 읽지도 못하게, 보지도 못하
도록 하는 것이 오늘의 종교 집단 지
도자들이니,
16 바로 새로운 성경이요, 나 여호와의
성령이 세상에 내려와 너희들을 구하
고자 한다 하였거늘,
17 너희들이 이를 보지도 못하고 읽지도
못하고 듣지도 못하게 하는 그와 같은
행위가 바로 무엇이더냐?
18 나의 아들 예수의 가르침이 이단이요,
사탄이라 하여 듣지도 못하며, 그는
진리가 아니라 하여 그를 고통 속에
죽게 한 자들의 그 행동과 행위를 똑
같이 너희들이 지금 하고 있음을 알아
야 될 것이니라.
19 모든 백성 너희들은 들으라.
20 이제 나의 아들을 통하여 새로운 성경
을 내가 세상에 내려보내니, 너희들이
이를 받아들이지 아니하며 이를 보고
실천하는 그와 같은 삶을 살지 아니하
면 결코 너희들은 나에게 오를 수 없
음이니라.
21 오로지 나의 새로운 성경을 가슴에 안
고 정독하며 이를 깨우치며 그대로 실
천하고 사는 길뿐이니라.
22 그렇지 않으면 너희들이 지옥에서 구
원을 받을 길이 없으며 그 길에서 헤
어날 수 없는 백성의 삶이라는 것을
그들에게 깨우쳐 주도록 그리하라.

11,539 번째 하나님 말씀

2004년 6월 13일 06시 10분

1 사랑하는 나의 아들아!
2 "네, 아버님! 말씀하옵소서."
3 너를 따르는 너의 제자들이요, 지금
너희들의 그 고통이 예수를 따랐던 제
자들의 그 고통보다 더 심하고 어려우
며,
4 나의 아들 예수가 그 길을 갔듯이, 그
길보다도 너희들이 어렵고 힘들며 고
통스러운 길이라 하거든, 더 심하고
어렵거든, 너희들이 떠나고 물러가도
내가 말하지 아니하였을 것이라 그리
전하라.
5 그렇지 아니하다면 너희들은 기쁨으
로써 모두를 견디고 역사해야 된다는
것을 알라 그리 전하라.
6 모든 믿음의 길을 가는 백성 너희들이
그리 말하느니라.
7 종교 지도자의 행함을 보고 가는 것이
아니요, 성서요, 하늘의 뜻을 공부하
러 간다 그리 말하느니라.
8 그와 같이 수십 년 동안 그리 듣고 지
켜 온 자들이 나의 성경이요, 나의 아
들 앞에 와서는 나의 아들의 하나의
그 티도 절대로 받아들이지 아니하며
용서하지 아니하려 하며 이해하지 아
니하려는 그 마음이니,
9 그것이 너희들이 어떠한 마음이요, 어
떠한 상태에서 그와 같은 생각을 갖게
되는가?
10 그리하여 너희들이 나의 아들의 그 티
를 봄으로 인하여 나의 성전을 떠나며
이곳을 버리고 가는 자가 수없이 있을

것이니라.
11 너희들이 종교 지도자의 그 티는 수천
수만 가지요, 들보 같은 것도 다 덮어
주고 갈 수 있으면서 나의 아들에게는
작은 티도 너희들이 용서하지 못하며
그를 용납하지 못함이니, 그게 바로
무엇이더냐?
12 놀던 물이 좋아 놀던 물이 그리워서
가는 자들임을 알아야 될 것이니라.
13 썩은 물에서 씩은 물을 먹고 사는 그
물고기는 그 물이 아니면 견디기 어려
우니라.
14 새로운 생수요, 그 맑은 물이 몸에 얼
마나 좋고 위대한 것인가를 모르기 때
문이니, 놀던 물이 그리워 찾아가는
것이요, 제 무리를 찾아가고자 가는
것이니,
15 너희들은 가는 자 안타까워하지 말며
가는 자를 네가 마음 아파하지 말라
함이 여기 있느니라.
16 사랑하는 나의 아들을 따르는 제자 너
희들은 들어야 될 것이니라.
17 그와 같은 너희들의 그 삶이요, 놀던
물을 찾아가는 마음 자세로 너희들은
결코 나에게 오를 수 없으며 결코 나
로부터 구원의 길을 볼 수 없다는 것
을 알라.
18 너희들은 어떠한 고통과 시련 그 모두
가 나의 아들 예수가 겪었던 것, 따랐
던 그 제자들이 살아갔던 그 고통보다
도, 이삭을 주워 먹고 산 그들보다도
너희들이 더 고통스럽고 어렵다 생각
하거든 떠나라.
19 그렇지 아니하면 너희들의 희생이 없
이는 아무것도 이루어질 수 없으며,
내가 너희들에게 고통과 시련을 왜 훈
련으로써 너희들에게 강요하는지 아
는가?
20 그리고 너희들에게 왜 어렵고 힘든 훈
련을 시키는지 알겠느냐?
21 희생이요, 훈련이 없이는 아무것도 깨
달을 수 없는 것이니라.
22 그러니 깨달음이 없는 너희들이 무엇
을 얻을 수 있으며, 너희들이 무엇을
얻지 못하는 자 어찌 구원을 받으며
내 뒤에 따라 역사하며, 만백성을 구
하는 선생이요, 지도자로서 너희들이
그 책무를 다할 수 있단 말이더냐?
23 무엇인가를 너희들이 깨달아야 되며,
무엇인가를 얻어야 되며, 그리하여 하
늘의 지혜를 너희들이 가슴에 받는 그
와 같은 영광을 얻지 않으면 진정한
지도자라 할 수 없기 때문이니라.
24 그러니 너희들이 희생과 봉사 속에서
무엇인가를 깨달을 수 있으며, 깨닫는
자 너희들이 참진리를 얻을 수 있는
것이요, 진리를 얻고 가는 자 하늘의
이치를 알게 될 것이니,
25 이게 곧 하늘의 지혜를 얻음이라는 것
을 알라, 사랑하는 나의 아들딸들아!

11,540 번째 하나님 말씀

2004년 6월 13일 06시 14분

1 사랑하는 나의 아들아!
2 "네, 아버님! 말씀하옵소서."
3 너희들이 하나의 목표를 설정하여 그
를 위하여 피나는 노력을 함이니라.
4 너희들이 그를 위하여 출발이 있으며
중간이 있으며 마지막 결과가 있지 않

더냐?
5 누구나 다 출발이라는 것은 용기 있고
자신 있게 출발을 하느니라.
6 그러니 출발하면 중간이라는 그 고비
가 있으니, 중간이요, 산으로 말하면
오르는 산이 있고 또 내리는 산이 있
음이니, 그 정상이 중간이라 말할 수
있는 것이니라.
7 너희들이 그 중간인 정상까지만 간다
면 내려오는 길은 오르는 길보다 평탄
할 것이니라.
8 그러니 바로 나의 아들을 따르는 제자
너희들은 들어야 될 것이니라.
9 너희들이 오늘의 깨달음이요, 나의 아
들을 통하여 내가 내리는 나의 새로운
성경이요, 새로운 성령을 듣고 깨우치
는 것, 그리고 그 길을 행해서 가는
것, 정상에 오르는 것처럼 너희들이
그 중간 지점까지 가기가 어렵고 힘드
니라.
10 그 중간 지점에 가서 내려오는 길의
반대로 내려갈 때, 그래도 모두가 순
조로우며 너희들이 깨우친 만큼 다음
의 공부를 하기는 그리 쉬운 것이니라.
11 이는 이치를 깨달았기 때문이니라.
12 그러나 나의 피조물 만백성, 나의 아
들을 따르는 제자 너희들이 그 중간인
정상의 그 고비까지 가지 못함이니라.
13 중간인 정상의 그 고비를 넘지 못하고
모두가 미끄러짐이니, 여기에서 이제
나의 아들을 따르는 제자 너희들은 명
심해야 될 것이니라.
14 그 중간의 고비를 넘는 순간 너희들은
그 반대로 내려가기는 쉬우니라.
15 그는 모든 이치를 알며 하늘의 뜻을
알기 때문에 너희들이 쉽게 갈 수 있
는 것이니라.
16 너희들이 어려운 문제를 푸는 것, 너
희들이 처음에는 어렵고 힘든 것 같으
나, 배우고 배워 너희들이 기초를 충
실히 다져 놓는다면,
17 너희들이 이치를 알며 그 이치를 터득
하고 난 다음에는 모두가 그 다음서부
터는 처음 시작하여 중간의 이치를 깨
달을 때까지 그 힘든 고통은 아니며,
18 너희들이 그 이치를 알면 즐거움으로
써 모두를 풀어나갈 수 있는 것처럼,
너희들이 하늘에 오르는 길이요, 구원
을 받는 길도 그리되어 있음을 알라.
19 그러니 가장 높은 중간의 그 고비를
너희들이 무사히 넘도록 최선을 다하
라 그리 전하라.

11,541 번째 하나님 말씀

2004년 6월 13일 06시 19분

1 사랑하는 나의 아들아!
2 "네, 아버님! 말씀하옵소서."
3 나의 아들 예수가 너희들에게 부르짖
은 그 내용 한 구절을 다시 한 번 내가
나의 새로운 성경에 기록하여 너희들
을 깨우치고자 하니,
4 이 구절을 너희들은 잘 이해하고 깨우
쳐, 오류를 범하는 삶을 살지 않도록
그리하라 전하라.
5 나의 아들 예수가 '진실로 진실로 너
희들에게 이르노니, 내 말을 듣고 또
나를 보내신 이를 믿는 자는 영생을
얻었고 심판에 이르지 아니하나니, 사
망에서 생명으로 옮겨질 것이라' 그와

같이 가르친 그 뜻을 가지고 너희들이
이 한 구절의 성서를 가지고 전함이
어떠하던가?
6 그저 나의 아들 예수를 믿기만 하며,
나를 믿기만 하고 찾기만 한다면, 너
희들이 구원을 받는다 말하며 그리 가
르치는 것이 아니더냐?
7 나 여호와를 인정하는 것으로써 너희
들이 구원이요, 거듭나는 그와 같은
영광을 얻는다 그리 말함이니라.
8 그러나 너희들은 나 여호와의 뜻을 모
르기 때문이니라.
9 내가 너희들에게 바라는 것이며, 너희
들이 구원을 받으며 심판을 받지 아니
하는 것은, 너희들이 어떠한 삶을 살
아야 하는 것인지 내가 나의 새로운
성경에 기록하여 전하지 않더냐?
10 천사와 같이 사는 자는 나에게 심판을
받을 일이 없다 하였음이니, 그리고
내가 뭐라 말했느냐?
11 '하늘을 향하여 한 점의 부끄럼이 없
는 삶을 살라, 나의 아들딸들아!' 내가
가훈을 내리지 않았느냐?
12 너희들이 그 삶을 사는 것이 심판의
기준이 되기 때문에 그것이 귀중한 것
이요, 소중한 것이니라.
13 믿고 믿지 않는 것으로써 너희들이 구
원을 받지 못함이며, 그것으로써 구원
을 받고 안 받는 것이 아니라 함을 너
희들은 알라.
14 그러니 너희들이 믿고 따르는 것이 아
니라, 나의 아들이 너희들을 통하여
전하고자 하는 것, 내가 너희들에게
전하고자 하는 것, 그것을 너희들이
듣고 안 듣는 것은 무엇이더냐?
15 듣고 안 듣는 것은 들어서 지워 버리
고 잊어버리는 것이니라.
16 그러나 너희들이 듣고 안 듣는 것이
귀중한 것은 무엇이더냐?
17 들어서 그리 행하느냐, 행하지 아니하
느냐 하는 것이 가장 소중한 이면의
내 뜻이 있음을 너희들은 어찌하여 모
른단 말이더냐?
18 보낸 이를 믿고 그 말을 너희들이 믿
고 구원을 받는다 하는 것, 그는 바로
너희들이 그를 행하고 그리 지키고 그
대로 살아가는 것이 구원의 길이라는
그 의미를 어찌하여 모른단 말이더냐?
19 행함이 없는 것으로써는 심판할 수 없
는 것을 알지 않느냐?
20 행함이 있음으로써 너희들이 모든 심
판을 받는다는 것을 안다면, 너희들이
그와 같은 의미의 뜻을 이제는 알았을
것이니,
21 그를 알았다면 지금이라도 너희들이
행함이 소중하며, 행함이 어떠한 것인
가?
22 '하늘을 향하여 한 점의 부끄럼이 없
이 살라.'는 내가 내린 가훈의 그 의미
를 다시 한 번 너희들이 음미한다면,
23 오늘의 내가 가르친 그 성경에 기록되
어 있는 내용을 너희들이 지금 오류를
범하고 있으며, 잘못 이해하고 있으
며, 잘못 깨닫고 있으며, 가장 중요한
핵심은 버리며, 그저 수박 겉핥듯이
겉만 보고 가는 믿음이기에,
24 나의 피조물 만백성들을 너희들이 구
원이 아니요, 지옥의 낭떠러지로 밀어
넣는 그와 같은 짓을 하고 있다 함을
명심하도록 그리하라.

11,542 번째 하나님 말씀

2004년 6월 13일 06시 25분

1 사랑하는 나의 아들아!
2 "네, 아버님! 말씀하옵소서."
3 너희들이 오늘의 삶을 반대로 살며 반
대로 보지 아니하면 너희들이 이치를
깨닫지 못한다 하였음이니라.
4 그러니 내가 오른쪽으로 도는 팽이를
왼쪽으로 돌릴 수 있는 현명함을 얻으
며, 세상을 거꾸로 서서 보는 것이 바
른 세상을 볼 수 있는 지혜가 있다 내
가 너희들에게 비유의 뜻을 따라 그리
전했음이니, 그것이 바로 무엇이더냐?
5 지금 너희들이 살아가면서 어리석은
자, 미련한 자요, 모르기에 당하고 사
는 것 같은 백성을 보며, 똑똑한 자요,
현명한 자이기에 남에게 손해 보지 아
니하고 살아간다 자부하는 백성, 너희
들이 그것이 바른 삶이요, 옳은 삶이
라 그리 생각하나,
6 미련한 것처럼 바보스러워서 남에게
신세 지지 아니하며 남의 것을 넘보지
아니하며, 그저 바보처럼 순진하게 살
아가는 그 백성들이 손해 가는 것이
요, 바로 살지 못하는 것이요, 현명하
지 못하다 너희들이 그리 생각할 것이
니라.
7 그러니 내가 모든 세상은 반대로 보고
반대로 보지 아니하면 알 수 없다 했
듯이,
8 너희들이 오늘의 피해를 보는 것, 손
해를 보는 것, 어리석고 미련한 백성
처럼 보이는 그 백성들이야말로 바른
삶이요, 곧은 삶이요, 하늘의 삶을 산
다는 것을 너희들은 알아야 될 것이니
라.
9 그들은 결국 어리석은 자가 아니요,
바보가 아님을 알라.
10 너희들이 나에게 와 심판을 받을 때,
아무것도 통할 수 없으며 두 번 다시
기회가 없는 그 세상에서,
11 너희들이 보는 그 바보 같은 자, 미련
한 자, 반대로 산 자, 그 백성들이 바
로 현명한 삶이요, 그들이 똑똑한 자
요, 그들이 위대한 자라는 것을 그때
너희들이 알게 될 것이니라.
12 그러니 너희들이 그와 같은 삶에서 벗
어나도록 그리하라.
13 너희들이 똑똑하며 손해 보지 않는 그
와 같은 삶에서 벗어나며, 미련하고
손해 보는 것같이 어리석은 백성이요,
그들의 삶을 그대로 본받아 너희들이
그리 살면,
14 이 세상을 반대로 보고 반대로 깨우쳐
야 된다는 그와 같은 의미요, 반대의
세상에 사는 사람이 나 여호와의 뜻이
요, 나의 백성들의 삶이라는 것을, 너
희들은 그 이치를 어찌 모르느냐?
15 이제 나의 아들을 따르는 제자들이요,
새로운 성경을 읽고 깨우친 백성 너희
들은 그와 같은 의미를 알라.
16 오늘의 너희들이 핍박을 받으며 어리
석은 자요, 바보 같은 삶을 산다 너희
들에게 누가 그리 말해도,
17 결코 너희들은 바보와 같은 삶을 사는
백성이 아니요, 어리석은 삶을 사는
백성이 결코 아님을 알게 될 것이니
라, 사랑하는 나의 아들딸들아!
18 정녕 너희들이 미련한 자요, 바보스러

운 자요, 어리석은 자요, 제 몫을 다하
지 못하는 자요, 제 밥도 찾아 먹지 못
하고 산다 말하는 백성,
19 그들이야말로 나의 뜻에 의하여 사는
백성들이요, 그들이 하늘의 뜻에 의해
사는 백성들이요, 자연의 순리에 의해
사는 백성들이니,
20 그들이 미련하고 손해 보는 삶이 아니
요, 그들은 영광과 축복된 그 길을 위
해 살아가는 백성들이니, 그들을 너희
들이 무시하지 아니하며 그들의 삶을
보고 따르는 자, 그게 바로 나에게 오
를 수 있는 길이요, 영광된 삶이라는
것을 너희들은 어찌하여 깨닫지 못한
단 말이더냐?

11,543 번째 하나님 말씀

2004년 6월 13일 06시 35분

1 사랑하는 나의 아들아!
2 **"네, 아버님! 말씀하옵소서."**
3 사랑하는 나의 아들딸들을 위하여 다
시 한 번 내가 너희들에게 전함이니라.
4 성서에 기록되어 전하기를, '진실로
진실로 너희에게 이르노니, 죽은 자들
이 하나님의 음성을 들을 때가 오나
니, 곧 이때라, 듣는 자는 살아날 것이
라' 이와 같이 기록된 성서의 대목을
어찌 아는가?
5 너희들이 이 대목의 가르침의 그 의미
를 알아야 될 것이니라.
6 너희들은 육이 죽은 자라 그리 생각할
것이며, 죽은 자 속에서 너희들이 나
의 음성을 들을 것이며, 내가 보내는
자의 음성을 들어 거듭난다 그리 생각
하나, 그 생각의 믿음을 너희들이 지
워 버리지 아니하면 아니 될 것이니라.
7 너희가 지금 살아가는 그 삶이 과연
산 삶이라 그리 생각하는가?
8 육이 존재해 너희들이 세상 것을 들으
며 보고 먹고 입고 잔다 하여 너희들
이 지금 살았다 생각하느냐?
9 내가 너희들에게 말하여 너희들을 불
렀느니, 나에게 올 수 있는 그와 같은
삶을 사는 백성이야말로 너희들이 산
삶을 사는 백성이요,
10 나에게 와 심판을 받을 때 나로부터
'내가 너를 모른다.'는 그와 같은 삶을
산다면, 곧 이는 너희들의 육이 존재
해 산다 해도 산 삶이 아니라는 것을
너희들은 알아야 될 것이니라.
11 내가 너희들에게 한번 명하여 묻노라.
12 너희들이 지금 내가 불러와 심판대에
서 정신적으로 마음으로 그리고 육체
적인 행동으로써 너희들이 살아온 그
모두를 놓고 내가 심판을 한다 할 때,
13 너희들은 과연 나에게 불려 와 천국의
문을 들어올 수 있는 그와 같은 삶을
살고 있는가?
14 너희들이 심판을 받을 때 얼굴 붉히고
등 돌리고 돌아서 나에게 올 수 없는,
부끄러워 고개를 들지 못하는 그와 같
은 삶을 사는가?
15 내가 지금 너희들을 불러 당장 심판을
했을 때, 너희들이 구원의 길을 오를
수 있는 백성이라면, 이는 산 삶에 의
하여 사는 삶을 사는 백성이니라.
16 그러나 너희들을 내가 불러 심판을 했
을 때 너희들은 나에게 오르지 못하며
사탄들이 끌고 가는 그와 같은 삶을

살았다면, 곧 이는 바로 무엇이냐?
17 너희들이 육은 살았으나 죽은 삶이라
는 것을 알라.
18 천국에 올 수 있는 자격이 없으며 그
렇게 올 수 없다면, 너희들의 그 삶이
잘못된 것이니, 오늘의 삶이 산 삶이
아니요, 다 죽은 자들의 삶이라는 걸
내가 성서에 일찍이 기록하여 전했거
늘, 내가 새로운 성경에 너희들에게
기록하여 깨우치는 이유가 무엇이더
냐?
19 이 하나를 너희들이 깨우쳐도 지옥에
가 몸부림치는 그와 같은 삶을 살지는
아니하기 때문이니라.
20 사랑하는 나의 아들딸 너희들은 들으
라.
21 너희들이 다 죽은 자이니라.
22 그러한 너희들 죽은 자 중에서 구원하
는 것, 너희들을 구원하기 위하여 누
가 오는 것, 그 오는 자의 음성을 듣는
것, 그와 같이 생각하지 말라.
23 지금의 삶이 너희들이 육은 살았으나
그 육이요, 그 모두가 죽은 자와 같으
니, 죄 속에서 살아가기 때문이니라.
24 그리하여 너희를 구원할 수 있는 음성
을 들을 때가 있다 하였으니, 그것이
바로 무엇이더냐?
25 나의 아들을 통하여 내리는 160권의
새로운 성경이 내려감이니라.
26 이를 보고 깨우치며, 나의 아들을 통
하여 내리는 강론을 듣고 너희들이 거
듭나지 아니하면 나에게 올 수 없음이
니,
27 너무나 소중하고 귀한 대목이기에 내
가 너희들에게 다시 한 번 강조하고
깨우쳐 전하니,
28 이를 읽고 또 읽어 너희들이 그 의미
를 깊이 알며, 내가 너희들에게 전하
고자 하는 그 뜻을 깨달아야 될 것이
며,
29 깨달았다면 너희들이 그리 행하는 삶
을 살도록 그리하라 전하라.

11,544 번째 하나님 말씀

2004년 6월 13일 06시 39분

1 사랑하는 나의 아들아!
2 "네, 아버님! 말씀하옵소서."
3 나의 아들 예수가 성경에 기록하여 너
희들에게 뭐라 전하였느냐?
4 '아버지께서 자기 속에 생명이 있음과
같이 아들에게 생명을 주어 그 속에
있게 하셨다.' 하였음이니라.
5 또 '인자됨을 인하여 심판하는 권세를
주었다.' 그리 말하지 아니하였더냐?
6 너희들은 이와 같은 뜻을 과연 어찌
믿는가?
7 '이를 기이히 여기지 말라, 무덤 속에
있는 자가 다 그의 음성을 들을 때가
오나니' 그리 성서에 기록하여 전했지
아니하였더냐?
8 내가 나의 아들을 통하여 일찍이 뭐라
말하였느냐?
9 나의 아들이 믿음의 생활을 한 것도
아니요, 성서를 읽고 깨달은 것도 아
니요, 아무것도 모르는 나의 아들은
너희들에게 그리 기록하여 전했느니
라.
10 나의 아들을 따르는 제자 너희들이,
그리고 나의 새로운 성경을 읽고 깨우

친 백성 너희들이 천사가 되면 심판자
의 자격이 있다 하지 아니하였더냐?
11 너희들이 어찌하여 그와 같은 의미를
모르는가?
12 나의 아들을 통하여 전하기를, 너희들
이 천사와 같은 삶을 사는 자요, 그리
고 나의 새로운 성경대로 사는 자, 너
희들은 심판의 자격이 있다 하였으니,
13 너희들은 어찌하여 이를 기이히 여기
며 이는 사탄이요, 마귀가 하는 소리
라 그리 말하느냐?
14 나의 아들 예수를 통하여 성경에 기
록하지 않더냐?
15 '내가 인자됨을 인하여 심판하는 권세
를 주었으니, 이를 기이히 여기지 말
라.'
16 너희들은 내가 미리 전하여 깨우친 그
것은 하늘의 뜻이요, 진리라 그리 말
하며, 지금 내가 나의 아들을 통하여
새로운 성경에 기록하여 전하기를 아
무것도 모르는 나의 아들에게 전하기
를 내가 뭐라 했느냐?
17 그를 따르는 제자들 너희들이 천사와
같은 삶을 살 때 심판의 자격을 가지
며 심판을 할 수 있는 권한을 갖는다
내가 그리 말하지 않았더냐?
18 그러니 그 뜻과 내가 나의 아들을 통
하여 너희들에게 인자된 자가 심판할
수 있는 권세가 있다는 뜻을 어찌하
여 너희들이 다르게 해석하며 그 뜻을
틀리게 해석하는가?
19 그와 같은 것을 기이히 여기지 말며
그대로 듣고 행하도록 하라 한 것은
너희들이 그리 알면서,
20 나의 아들이 그와 같은 자격을 가질
수 있는 것이요, 오늘 나의 아들을 따
르는 제자들이요, 새로운 나의 성경을
읽고 공부하는 백성들이 가질 수 있는
권세요, 영광이라 하는 것을 너희들은
어찌하여 그를 사탄이요, 이단이라 하
며 그를 받아들이지 않으려 하는가?
21 너희들은 오늘의 성경의 그 내용을
다시 한 번 읽고 정독하고 내가 나의
아들을 통하여 내린 새로운 성경을 읽
는다면, 그 의미함을 알며 그 뜻을 알
며, 내가 무엇을 요구하고 원하는 것
인가를 너희들이 깨달을 것이니라.
22 그것이 바로 너희들이 인간으로서 얻
을 수 없는 하늘의 지혜요, 그와 같은
것을 깨달았을 때 인간의 상식이요,
인간의 지식으로 하는 그 한계를 뛰어
넘는 것이며, 너희들이 하늘의 지혜를
얻는 그와 같은 영광을 얻게 됨이니,
이를 읽고 깨우쳐 바로 가도록 그리하
라.
23 다시 한 번 정독하며 다시 한 번 읽고
음미하면 성서에, 기록된 뜻과 내가
새로운 성경에 기록하여 나의 아들을
통하여, 아무것도 모르는 그를 통하여
내가 세상에 내리고 전한 뜻을 너희들
이 깨닫고 알게 될 것이니라.

11,545 번째 하나님 말씀

2004년 6월 13일 06시 49분

1 사랑하는 나의 백성 너희들은 내가 내
리는 이 대목을 정독하라.
2 그리고 전하고자 하는 내 뜻을 알아야
될 것이니라.
3 '선한 일을 행하는 자는 생명의 부활

로써, 악한 일을 행한 자는 심판의 부
활로써 나올 것이라' 한 이 대목을 너
희들이 어떻게 얼마나 거역하고 살고
있는지 정녕 알고 있는가?
4 너희들이 스스로 할 수 있는 것이 무
엇인가?
5 너희들이 아무것도 스스로 역사할 수
없는 오늘의 삶을 살고 있다는 것을
알아야 될 것이니라.
6 너희들이 오늘 하고 있는 그 삶은 너
희 자신도 모르면서 내 뜻을 거역하
며, 내가 이루고자 하는 그와 같은 것
을 등 돌리고 가는 그와 같은 삶을 살
기 때문에, 너희들은 어떠한 것도 지
금 이룰 수 없다는 것을 알아야 될 것
이니라.
7 너희가 어떻게 얼마나 거역하고 사는
지 한번 알아보라.
8 '내가 아무것도 스스로 할 수 없노라,
듣는 대로 심판하노니, 나는 나의 원
대로 하려 하지 않고 나를 보내신 이
의 원대로 하려는고로 내 심판은 의로
우니라.'
9 이 의미를 너희들은 과연 어찌 생각하
는가?
10 그리고 너희들이 이와 같은 의미를
깊이 깨우쳐 보도록 그리하라.
11 잘 생각하라, 잘 깨우쳐 보라.
12 그러면 너희들은 오늘의 믿음이 무엇
이 잘못되었으며 잘못 가고 있는가를
거기서 알게 될 것이니라.
13 오로지 너희들이 믿기만 하면 된다는
것, 그리고 나의 아들 예수를 찾기만
하면 된다는 것, 그와 같은 의미의 믿
음이 얼마나 잘못되었는가 너희들이
스스로 깨우쳐야 될 것이며,
14 나의 아들 예수를 삼위일체요, 그리고
나라 하여 내가 대신 그를 통하여 내
려갔다는 그와 같은 얼마나 사악한 말
을 하는가?
15 사탄도 감히 할 수 없는 그와 같은 말
을 종교 집단의 지도자들이 나의 피조
물 만백성을 현혹하는 데 악용하고 써
먹고 있음이니,
16 너희들의 오늘의 믿음이요, 너희들이
하는 말을 다시 한 번 생각해 보도록
그리하는 기회를 가지라.

11,546 번째 하나님 말씀

2004년 6월 13일 06시 58분

1 사랑하는 나의 아들아!
2 "네, 아버님! 말씀하옵소서."
3 나의 아들 예수는, '내가 만일 나를 위
하여 증거하면 내 증거는 참되지 아니
하되, 나를 위하여 증거하시는 이가
따로 있으니, 나를 위하여 증거하시는
그 증거가 참인 줄 알라.'
4 성서에 나의 아들 예수가 기록하였으
니, 이와 같은 대목 하나를 너희들이
읽고 깨우친다 하여도 삼위일체 등등
을 함부로 말할 수 없을 것이니라.
5 나의 아들이 뭐라 말하였느냐?
6 나의 아들이 그 제자들에게 말하였느
니라.
7 그가 모든 것을 심판하고 그가 모든
것을 이야기하는 것은 완전치 아니하
며 완벽하지 않다 그리하지 아니하였
느냐?
8 오로지 나 여호와가 내리는 것, 그것

으로써 너희들이 완벽하며 그것이 완
전한 것이라 했으니, 나의 아들이 뭐
라 했느냐?
9 나의 아들에게 내리는 그것만으로써
믿지 말라 하지 아니하였더냐?
10 반드시 그 제자 개인의 필요한 자에게
내가 내리며 또한 나의 아들에게 내렸
을 때, 그게 하나로 일치되었을 때 그
를 믿으라 하였음이니,
11 이는 나의 아들이 지금 무엇을 증거한
줄 알겠느냐?
12 2천 년 전 나의 아들 예수가 말하기
를, '나를 위하여 증거하시는 이가 따
로 있으니, 나를 위하여 증거하시는
그 증거가 참인 줄 알라.' 하였음이니,
13 지금의 나의 아들이 표현하는 것만 다
른 것이지, 나의 아들은 '아버지가 너
에게 전해 주고 나에게 전했을 때 그
것이 하나가 되었을 때, 참진리요, 아
버님의 뜻이라' 너희에게 그리 가르치
고 전함이니,
14 이것이 바로 너희가 받을 자격이 있고
없고 하는 그 무서움이 거기 있음을
알라.
15 나의 아들은 나에게서 받는 모든 것을
너희에게 그저 강요하지 아니하며, 그
것으로써 옳다 그리 끌고 가지 아니하
려는 것이니라.
16 내가 내리는 것은 받을 자와 나의 아
들을 통하여 입증하는 그와 같은 것으
로써 증거하고자 함이니,
17 이게 나의 아들 예수가 2천 년 전에
했던 이야기와 지금의 나의 아들이 가
고자 하는 생각이 무엇이 다르다 생각
하느냐?
18 바로 나의 아들은 내가 증거하는 것,
내가 역사하는 것을 같이 받았을 때,
그 모두가 진정한 믿음이요,
19 이는 바로 나의 아들 예수가 말했듯
이, '내가 만일 나를 위하여 증거하면
내 증거는 참진리가 되지 못한다.'는
그 뜻을 바로 여기에서 표현이 다를
뿐이니, 나의 아들이 너희들에게 깨우
치고 전하는 그 위대한 의미를 알도록
그리하라.

11,547 번째 하나님 말씀

2004년 6월 13일 08시 18분

1 사랑하는 나의 아들아!
2 **"네, 아버님! 말씀하옵소서."**
3 너를 따르는 제자들이요, 그들은 알아
야 될 것이니라.
4 너희들이 인간 세상에 살아가면서 누
가 너희를 사랑하며 너희를 소중히 생
각하며 사랑한다는 말을 전할 때,
5 너희들은 인간관계의 육에 서로 사랑
하는 마음이요, 사랑하는 그와 같은
생각으로 살아간다 그리 생각하나,
6 나의 아들이 누구를 사랑하며 누구를
귀하게 생각한다 하는 것은 너희들이
인간 세상에 생각하는 연인을 사랑하
는 마음이요, 그와 같은 마음의 사랑
이 아니라는 것을 어찌 모르는가?
7 나의 아들이 너희들을 사랑한다 하며
그 제자를 사랑한다 함은, 그가 어렵
고 힘든 것을 잘 인내하고 살아가는
그 마음을 나의 아들은 사랑한다는 것
이요,
8 나의 새로운 성경을 읽고 깨우치는 데

최선을 다하여 배우는 모습을 볼 때
그를 사랑한다 하는 것이니라.
9 그리고 어렵고 힘들 때, 그 자세가 흐
트러지지 아니하며, 곱게 살아가고자
하는 것, 그리고 그가 깨달음을 얻기
위하여 노력하는 그 모습을 보기에,
10 나의 아들은 그를 사랑하며, 그를 참
으로 소중한 사람이라 그리 말하는 것
임을 너희들은 알지 못하느니라.
11 나의 아들이 너희 제자들을 사랑하고
아끼는 것은 너희들의 깨달음이요, 너
희들의 마음의 변함이요, 그리고 너희
들이 어렵고 힘든 그것을 인내로써 살
아가는 것이 갸륵하고 기특하기에,
12 나의 아들이 너희들을 사랑한다 하며,
사랑한다 그리 말하고 표현하는 것을,
그 의미를 모르며 사랑한다는 말의 의
미를 모르니,
13 이를 가지고 천 가지 만 가지 생각하
는 것이 너희들이니, 어찌 너희들이
나의 아들을 따르며 그 생각을 알 수
있겠는가?
14 이제 나의 아들을 따르는 제자들이요,
너희들은 그와 같은 의미를 깨달을 때
가 되었으며 그를 받아들일 때가 되었
으며 그를 표현할 때가 되었으며 그를
이해할 때가 되었거늘,
15 어찌하여 너희들이 육의 생각에서 벗
어나지 못하며, 인간의 생각에서 벗어
나지 못하는 아둔한 믿음으로 가느냐?
16 너희들이 그와 같은 깨달음의 변화가
있지 아니하면, 나의 아들이 가는 길
을 막는 자요, 그 길을 터 주는 자가
아니라는 것을 너희들은 알아야 될 것
이니라.
17 나의 아들이 너희를 사랑한다 하여 인
간적인 여인의 사랑이요, 인간적인 사
랑으로써 사랑한다는 말을 나의 아들
은 절대 표현하지 아니하며 그 말을
쓰지 아니함이니라.
18 너희들의 마음이 곱게 변하는 것, 아
름답게 변하는 것, 그리고 한 송이의
아름다운 꽃을 피우기 위하여 노력하
는 것을 보는 나의 아들이 사랑한다는
것은 그것을 사랑함이니라.
19 어렵고 힘든 삶이요, 지치고 어려운데
도 너희들이 그를 이기고 인내하고 살
아가는 그 고통스러움을 다 들여다보
고 알고 있기에, 너희들의 그와 같은
마음을 아는 나의 아들이 사랑한다 그
리 표현하는 것뿐인 것을,
20 너희들이 그 이치 하나도 깨닫지 못하
면서 어찌 나의 아들을 따른다 하느냐?
21 예수를 따랐던 그 제자들이 왜 그와
같이 등을 돌렸으며 그를 팔았는지 알
겠느냐?
22 바로 나의 아들 예수의 그 깊은 마음
을 알지 못했으며 그 뜻을 몰랐으며,
인간의 생각이요, 인간의 욕심의 그
한계에서 벗어나지 못하고 인간의 믿
음으로써 왔기 때문에 그들이 모두 등
을 돌리고 버렸음이니라.
23 지금의 나의 아들을 따르는 제자 너희
들도 인간의 생각이요, 인간의 생각으
로써 벗어나지 못한다면, 나의 아들이
가는 길을 모르며 그가 하는 일을 알
지 못함이니,
24 이게 바로 너희들이 등을 돌릴 수 있
으며 너희들이 떠나갈 수 있다는 것을
알아야 될 것이니라.

25 너희들이 이제는 알아들을 수 있으며,
깨달을 수 있으며 행할 수 있기에 내
가 너희들에게 내리는 상임을 너희들
은 알라.

11,548 번째 하나님 말씀

2004년 6월 13일 11시 41분

1 사랑하는 나의 아들아!
2 "네, 아버님! 말씀하옵소서."
3 너희들이 모두 정상이 아니며 비정상
적으로 지금 돌아가고 있음이니라.
4 그러니 그 속에서 정상적인 길을 가는
자가 기형아요, 부족한 자요, 잘못된
것처럼 비치는 것은 당연한 것이니라.
5 그러니 내가 나의 아들을 통하여 너희
들에게 전함이니, 너희들이 이 길을
가고 안 가는 것은 너희 스스로 깨우
쳐 선택해야 됨을 알아야 될 것이니라.
6 지금 너희들을 가르치고 지도하는 이
세상의 모든 백성들이 다 비정상적이
요, 그들이 잘못되었음이니,
7 바르게 가고자 하는 너희들을 알지 못
하며 내 뜻을 받아들일 수 없음이니,
너희들이 그것을 누구에게 물어보며
누구에게 질문을 한단 말이더냐?
8 어리석은 행위를 하지 말도록 그리 전
하라.
9 너희들이 나의 아들을 통하여 내리는
강론을 들으며 나의 새로운 성경을 읽
고 깨우침이니, 이것은 나 여호와의
뜻이요, 하늘의 뜻임을 너희들이 어찌
하여 믿지 못하는가?
10 하늘의 뜻이요, 나 여호와가 내리는
것을 공부하고 깨우치는 것을, 비진리
요, 나의 뜻이 아닌 것을 공부하고 가
르치는 자들이 이를 어찌 알겠는가?
11 그들이 너희들에게 물어서 답을 얻어
야 될 것이거늘, 너희들이 그들에게
답을 물으니, 그들이 너희들에게 전해
줄 수 있는 답은 무엇이더냐?
12 오답밖에는 전해질 수가 없음이니라.
13 그러니 너희들이 그 오답을 듣고 무너
지는 삶을 사는 백성이 되어서는 아니
됨이니, 그것이 얼마나 어리석고 불쌍
한 백성들이더냐?
14 그러니 너희들이 그 오답에 넘어지지
아니하는 것은 너희 스스로 깨우치는
것이며 깨달음을 얻어야 됨을 알아야
될 것이니라.
15 너희들은 누구에게 들을 자도 없으며
누구에게 배울 자도 없으며 누구에게
물어볼 자도 없는 것이 오늘의 세상이
거늘,
16 물어볼 자요, 배울 자도 없는 이와 같
은 세상 속에서 너희들이 누구에게 무
엇을 물어보고 무엇을 공부하고 알고
자 하다 보니,
17 너희들이 나의 진리를 버리며, 비진리
의 오류요, 말로써 이루는 그들에게
현혹되어 넘어지는 그와 같은 불행한
일을 당하게 되는 것이니, 그 또한 너
희들의 복이니라.
18 내가 오늘 나의 아들을 통하여 너희들
에게 전함이니, 이 새로운 성경이요,
나의 아들을 통하여 내리는 강론보다
참진리요, 진실됨이 있거든 너희들은
그 길을 선택하라.
19 그러니 나 여호와가 내리는 것을 직접
들어 너희들에게 전하며 내가 내리는

것을 받아 기록한 책을 가지고 너희들
에게 강론하니,
20 이것보다 더 바른길이요, 곧은 가르침
이 없으며, 나 여호와와 같이 교통하
는 가르침이 이 세상에 없거늘,
21 그것이 얼마나 소중하고 귀한 것인데
너희들이 비진리요, 잘못된 자들에게
가서 그를 물으며, 오답을 가진 선생
에게 정답을 가지고 있는 네가 무릎
꿇고 그에게 가르침을 원하는가?
22 그러니 그가 알지 못하여 오답을 가르
침이니, 거기에서 너희들이 무너짐이
니라.
23 이제 나의 아들을 따르는 제자들이요,
나의 새로운 성경을 가지고 공부한 너
희들은 누구도 너희들보다 위대한 선
생이 없음이니라.
24 하늘의 뜻이요, 나 여호와의 뜻이요,
내가 이루고자 하는 그 뜻을 누구도
너희들만큼 아는 자가 없음이니, 너희
들이 선생이요, 지도자라 내가 하지
않았더냐?
25 너희들은 인간 세상의 지도자가 아니
요, 하늘의 지도자라 한 내 뜻을 어찌
하여 모르는가?
26 이를 명심하여, 이후부터는 너희들이
하늘의 선생이요, 지도자로서, 남에게
물으며 남의 강론을 들으며 남의 이야
기를 들어 흔들리는 그와 같은 삶을
살아서는 아니 됨이니라,
27 너희들이 선생이라는 것을 잊지 말며,
너희들처럼 하늘의 뜻이요, 진리를 아
는 자가 없음을 마음속에 깊이 굳히도
록 그리하라.

11,549 번째 하나님 말씀

2004년 6월 14일 07시 21분

1 사랑하는 나의 아들아!
2 **"네, 아버님! 말씀하옵소서."**
3 누가 무어라 해도 너희들은 하늘을 향
하여 한 점의 부끄러움이 없는 삶을
스스로 사는 것으로써 나의 아들딸로
서 너희들이 직분을 다하며, 내가 새
로운 시대를 열어 가는 그 책무를 다
할 수 있음을 알아야 될 것이니라.
4 내가 너희들에게 바라는 것은 그러하
니라.
5 스스로 너희들이 하늘을 향하여 한 점
의 부끄러움이 없는 삶을 살며, 그리
고 속과 겉이 같은 사람의 마음 자세
로써 살라는 것이니라.
6 속과 겉이 다른 것은 무엇이더냐?
7 인간의 욕심을 버리지 못했으며, 구원
에 대한 욕심도 버리지 못하여, 너희
들이 양쪽에 발을 넣고 지금 그 발을
이리 빼지도 못하고 저리 빼지도 못하
고 허덕이는 자들과 똑같은 형국이 되
어 있음을 알아야 될 것이니라.
8 너희들이 육의 세상의 삶 쪽에도 발을
빼지 아니하고 거기에도 발을 들여놓
고 이쪽에도 발을 놓는다면, 결코 너
희들은 아무것도 이루어지고 얻어지
는 것이 없음이니라.
9 그러니 그와 같은 형국에서 오로지 너
희 자신의 악습을 버리며 아름다운 모
습으로 살아가는 것,
10 그 길을 가기 위해서는 너희들은 육의
세상의 인연이요, 육의 세상의 그 고
리를 끊지 아니하면 아니 됨을 알아야

될 것이니라.
11 이제는 너희들이 결단을 내려야 될 것
이며, 모든 백성들은 그와 같은 마음
자세로 살아가지 아니하면 아니 되느
니라.
12 육에 대한 욕심이요, 육에 대한 욕망,
그로 하여금 너희들이 무너지게 되며
아름다움을 보지 못하고 살아가게 됨
이니라.
13 그러니 육에서 이루어지는 욕심이요,
시기요, 질투하는 마음, 모든 근본의
뿌리를 제거하여 너희들이 한쪽의 발
을 빼 나에게 오르는 길에 우뚝 서지
아니하면,
14 결코 너희들은 나를 볼 수 없으며 영
원히 사는 세상에 거듭나는 은혜를 얻
을 수 없다는 것을 알라 그리 전하라.

11,550 번째 하나님 말씀

2004년 6월 14일 07시 25분

1 사랑하는 나의 아들아!
2 지금의 종교 집단의 지도자 그들이 어
찌 가는가?
3 제자리를 돌고 도는 것이요, 악습이
요, 구습에서 벗어나지 못하고 있는
자들이니라.
4 인간이 살아가면서 어릴 적에 자기가
입었던 그 옷이 아무리 곱고 예뻐도,
어릴 적에 신던 그 유리 구두가 아무
리 예쁘다 해도 너희들이 성장함으로
써 그것을 입고 신을 수는 결코 없지
않더냐?
5 그러니 그가 자라면서도 옛날에 어렸
을 때 입었던 그 옷이요, 그 신발을 고
집하고 있다면 과연 어찌하겠느냐?
6 지금의 종교 집단이요, 믿음의 길을
가는 그 백성들이 그와 같이 처음에
저희들이 역사했던 것, 그것을 붙잡고
거기서 변화되지 못함이니라.
7 시대가 변하고 성장하여 가는 거기에
맞춰 모든 성경은 그 뜻이요, 가르침
을 기록하였으며, 거기에 따라 교육하
고 가르칠 수 있는 모두가 거기에 기
록되어 있으나,
8 성경의 그 의미를 모르며 그 뜻을 모
르기에, 너희들은 그저 어린아이가 어
렸을 적에 입었던 옷과 그 신발을, 그
저 그것만 요구하고 그것만 달라 울고
불고하는 그와 같은 형국이 오늘의 종
교 집단이요, 믿음의 길을 가는 백성
너희들의 그 꼴임을 알아야 될 것이니
라.
9 거기에서 벗어나지 못하는 오늘의 믿
음이기에 너희들은 나 여호와의 뜻과
관계없이 가는 자들이요,
10 그리고 내 뜻을 알지 못하는 자들이기
때문에 내 뜻을 거역하는 그와 같은
종교 집단의 지도자로서 너희들이 전
락되어 있음을 알라 그리 전하라.
11 그리하여 너희들이 성장한 만큼 성장
한 몸에 맞는 옷을 입히는 그와 같은
옷을 거부하며, 그는 입을 수 없다며
그건 잘못된 것이라 오늘날 너희들이
그리하고 있음이니라.
12 그러니 내 새로운 성경이요, 나의 아
들을 통하여 내리는 이 160권의 법전
을 보고 정신 나간 자요, 미친 자요,
냉수 마시고 속을 차리라는 등 나의
아들을 핍박하기 위해 연연하며,

13 그리고 그와 같은 것을 공격하기 위해
너희들이 지금 모두를 다 바치는 그와
같은 어리석은 형국으로 되어 있음이
니라.
14 제 몸에 맞는 옷을 맞춰 입는 그를 욕
하는 자, 너희들이 과연 어찌하겠단
말이더냐?
15 너희들은 옷을 입지 못한 자요, 벗은
자의 형국이니, 바로 너희들은 구원이
요, 나에게 오르는 길이 아니라,
16 지옥으로 가는 길이요, 나를 버리고
가는 그와 같은 길만 고집하는 어리석
은 것이 너희들의 오늘의 삶이라는 것
을 알라 전하라.

11,551 번째 하나님 말씀

2004년 6월 15일 06시 16분

1 사랑하는 나의 아들아!
2 "네, 아버님! 말씀하옵소서."
3 나의 피조물 만백성 너희들은 내가 무
어라 하였느냐?
4 세상에 너희들이 태어나는 시간은 모
두 다 다르나, 살아가는 그 목적이요,
삶은 무엇이더냐?
5 너희들이 육의 삶을 살고 나에게 와
심판을 받음이니, 그 심판을 받기 위
하여 너희들은 같은 동반자요, 같은
길을 가는 백성이라 그리하였거늘,
6 너희들은 어찌하여 소중한 길동무의
귀함을 모른단 말이던가?
7 너희들이 이 세상을 살아가는 것이 마
음 하나 먹기에 달렸다 하지 않았더냐?
8 너희들이 이 세상의 모든 대자연이요,
너희들이 울고 웃는, 그리고 모든 변
화를 아름다운 것으로써 보며 나의 소
중한 변화로 생각한다면 귀하고 소중
하지 아니한 것이 없으며,
9 새들의 울음소리요, 풀벌레의 울음소
리까지도 그 모두가 다 귀하고 소중한
것으로써 생각할 수 있느니라.
10 그러나 그와 같은 마음을 갖지 못하는
자는 세상의 모두가 다 귀찮은 것이
며, 세상이 무가치한 것이며 모두가
다 괴로운 것들뿐이니라.
11 그러니 너희들이 마음 한 자리 먹기에
달렸다 하였음이니, 너희들이 심판대
를 향하여 같이 가는 길동무로서, 서
로 위로하고 서로가 사랑하며 서로가
격려하며 그와 같은 마음 자세로 세상
을 살아가면 되는 것이거늘, 어찌하여
너희들이 그와 같은 삶을 살지 못한단
말이더냐?
12 나 여호와가 존재함을 믿는 그 자체가
구원의 길에 들어서는 기본이요, 근본
이라 함은 무엇이더냐?
13 나 여호와가 존재하는 걸 믿는 마음이
있는 자는 세상사의 모두를 다 용서하
며 세상사의 모두를 다 들여다볼 수
있는 것이거늘,
14 너희들이 그와 같이 믿는 마음이 없기
에 인간의 생각이요, 너희 자신을 먼
저 귀하고 소중히 생각하기에,
15 너희들이 인간의 생각으로써 모두를
판단하여 오류를 갖게 되며, 세상에
불편한 인간관계를 갖게 되는 것이 너
희들의 마음이니라.
16 그러니 너희들이 그와 같은 마음을 지
울 수 있는 마음 하나를 갖는다면, 세
상사의 보는 것이 모두 반대로 보일

것이며, 세상사의 모두를 다 아름답게
볼 수 있는 그와 같은 마음이 있거늘,
어찌하여 그 마음의 문을 열지 못하고
살아가는가?
17 이제 나의 아들을 따르는 제자들이요,
그리고 나의 새로운 성경을 읽고 깨우
친 만백성, 너희들은 물과 같은 자가
되지 아니하면 아니 되느니라.
18 내가 무어라 말하였느냐?
19 모두를 다 받아들이고 모두를 감쌀 수
있는 자, 바람과 같은 자요, 물과 같은
백성이 되지 아니하면 아니 됨이니라.
20 그 물도 생명수로서 모두가 다 흡수함
으로 그 생명력을 유지할 수 있는 그
와 같은 너희들이 되지 아니하면 절대
아니 됨이니라.
21 어찌하여 너희들이 그와 같은 마음을
가지고 살지 못하는가?
22 시냇물이 흘러들어 강이 되고 그 강의
물을 흡수하는 바다처럼, 모든 것을
가슴에 안는 백성이 되라 내가 그리하
지 아니하였던가?
23 너희들이 지금 몇 년 동안 나의 새로
운 성경을 가지고 공부하고 깨우치면
서 그 마음으로 변한 백성은 과연 얼
마나 있으며, 너희들의 주변의 형제들
이 또한 그와 같은 마음이 어디 있는
가?
24 욕심이 그득 차 있으며, 시기와 질투
가 그득 차 있으며, 인간의 생각 하나
도 너희들이 지우지 못했으니,
25 내가 직접 내리는 나의 강론이요, 나
의 성령을 듣고 공부하는 너희들이 그
리 변하지 못하니, 그와 같은 비진리
를 가지고 공부하고 깨우치는 백성들
의 삶이요, 그들의 형태요, 그들이 살
아가는 모습이 과연 어떠하겠느냐?
26 그러니 내가 이 세상이 다 썩어졌으며
나를 등지고 살아가는 자들이요, 내
뜻에 따라가는 백성이 없어 구원을 받
을 자가 없다 함이 여기에 있음을 알
아야 될 것이니라.
27 사랑하는 나의 아들딸들아! 작은 것
에 연연하면 아니 됨이니라.
28 작은 것에서 너희들이 깨어나지 아니
하면 아무것도 볼 수 없음이니라.
29 세상의 위대함이요, 방대한 나 여호와
의 뜻을 헤아릴 수 있는 그와 같은 마
음을 가지라.
30 내가 뭐라 하였느냐?
31 알에서 새 생명이 태어나는 대역사의
변화요, 그리고 애벌레가 나비가 되어
나는 그와 같은 변화되는 삶이요, 그
와 같은 역사함이 없이는 아무것도 볼
수 없다 내가 하지 아니하였더냐?
32 그 의미를 깊이 깨우쳐 보도록 그리하
라.
33 미워할 것도, 시기할 것도, 싫은 것도,
좋은 것도 아무것도 없거늘,
34 나의 아들의 마음이 무어라 말하였느
냐?
35 모두를 저 자신이 잘못된 것에 대한
용서를 빌며, 남으로부터 받은 은혜
요, 남의 장점만 보고 남의 고운 점을
본다 함이니,
36 밉고 고운 자가 없으며, 얼굴의 형태
요, 몸의 형태요, 살아가는 것은 다 다
르나, 너희들이 보는 마음은 똑같은
마음의 경지에 도달하도록 그리하지
아니하면 아니 될 것이니라.

11,552 번째 하나님 말씀

2004년 6월 15일 06시 19분

1 사랑하는 나의 아들아!
2 "네, 아버님! 말씀하옵소서."
3 지금의 모든 백성들이 나 여호와요, 나의 은혜에 살아간다 하나, 지금 믿음의 길을 가는 그 백성들이요, 지도자가 어찌하는 줄 알겠는가?
4 믿음의 길을 가는 자, 구원을 받았다는 백성들은 종교 지도자의 기도에 의하여 은혜를 입었으며, 그 기도의 영광을 얻었으며,
5 그리고 스님의 기도의 공덕에 의하여 너희들이 무슨 은혜를 입었으며, 모든 종교 지도자들의 기도요, 그들의 공덕으로 인하여 너희들이 무엇을 은혜를 입었으며 영광을 얻었다 주저 없이 그리 말하는 자들이 오늘의 백성 너희들임을 어찌하여 모른단 말이더냐?
6 그리고 지도자 또한 그들이 어찌하는가?
7 저를 찬양하며 저를 경배하는 그와 같은 소리를 듣는 것을 주저하지 아니하며, 당연하게 그리 받아들이며,
8 그와 같은 소리를 듣기 좋아하는 것이 오늘의 나의 모든 피조물 만백성을 가르치는 종교 지도자들이 하고 있는 행위임을 너희들은 알라.
9 더욱이 그와 같은 것을 저희들이 홍보함이니라.
10 어떤 목사가, 어떤 종교 지도자가 어떠한 역사의 기적을 이루었다 하느니라.
11 그리고 너희들이 또한 스님이요, 모든 종파를 가지고 있는 자들이 그와 같은 역사를 이루었다 하며 책자의 지면을 통하여 홍보하고 광고하는 것이 오늘의 종교 지도자 너희들이 아니더냐?
12 나를 믿고 내 뜻에 의하여 나의 종이요, 만백성의 종이라 말하는 종교 지도자들이 과연 저희들이 기적을 이루고 역사를 이룬 것을 저 자신이 홍보를 할 수 있는가?
13 은혜를 입은 자 또한 무어라 하는가?
14 저희들이 그 종교 지도자를 통하여 은혜를 입고 구원을 받았다 그리 말하느니라.
15 그러니 너희들은 나의 백성이요, 내 뜻에 의하여 역사하는 백성이라 말을 하면서도, 너희들이 지면이요, 책자를 통해서 홍보하고 광고하는 것, 광고하는 자, 또 광고를 내는 자들의 속성을 한번 들여다보도록 그리하라.
16 그와 같이 이 세상에 오류를 범하는 자요, 그리고 모든 영광과 은혜를 얻고자 하는 것이 지도자요,
17 저희들의 능력이요, 저희들의 권능으로 모두를 이루는 것처럼 착각 속에 있는 자들이니, 그들의 행위는 나와 관계없다 함을 알라 그리 전하라.

11,553 번째 하나님 말씀

2004년 6월 15일 06시 23분

1 사랑하는 나의 아들아!
2 "네, 아버님! 말씀하옵소서."
3 권력이 있는 집의 잔치에 사람들이 모여들며, 재물 있는 자의 집의 잔치에 사람들이 모여듦이니라.

4 그러니 내가 너희들에게 바라는 것이 무엇인 줄 알겠느냐?

5 권력 있는 집안이요, 재물 있는 집안의 잔치요, 그 행사에 참여하는 사람이 아니라,

6 너희들이 어렵고 힘든 사람의 행사에 참여할 수 있는 그와 같은 마음을 가지고 살라, 그것이 인간의 도리라 내가 하였느니라.

7 그러나 모든 나의 피조물 만백성 너희들이 살아가는 마음이 어떠하던가?

8 너희들은 권력 있는 자의 잔치요, 행사에 참여하기를 즐겨 하며, 너희들이 재물 있는 자, 능력 있는 집안에 참여하는 것, 그와 같은 것이 나의 피조물 만백성 너희들의 오늘의 마음이요, 형태이니,

9 이것이 바로 내가 너희들에게 그와 같은 마음으로 살아가는 것이 아니라, 어렵고 가난한 집의 행사요, 잔치에 격려하고 도움을 줄 수 있는 그와 같은 사람의 마음 자세로 살라는 것,

10 그것이 하늘의 뜻이요, 나 여호와의 뜻이라 내가 너희들에게 가르치고 전하는 것이니라.

11 그러니 모든 백성들이 그와 같이 살아간다 해도, 이제 나의 아들을 따르는 제자들이요, 나의 새로운 성경을 가지고 공부하고 배우고 가르치는 너희들은 스승이든 제자든 모두가 다 그와 같은 마음으로 살아가도록 그리하라.

12 권력 있는 자, 능력 있는 자의 집에 가 그 잔치에 참여하는 사람들이 아니요,

13 어렵고 가난한 자들을 돕는 그들의 집안의 행사요, 잔치에 참여하여 빛내 줄 수 있도록 하며 그와 같은 삶을 살도록 하라.

14 그러니 내가 너희들이 가지고 있는 마음이요, 살아가는 형태를 반대의 길이요, 반대의 삶을 살아가라는 것이 여기 있음을 너희들은 어찌하여 모른단 말이더냐?

11,554 번째 하나님 말씀

2004년 6월 15일 06시 30분

1 사랑하는 나의 아들아!

2 **"네, 아버님! 말씀하옵소서."**

3 너희들이 사랑하지 못하며 시기 질투하는 마음을 버리지 못하는 그 모두가 무엇이더냐?

4 내가 너희들을 깨우치기 위하여 말하였느니라.

5 이 세상의 모두는 다 나 여호와의 것이며, 내가 관여하지 아니하는 것이 없다 하였음이니라.

6 재물을 가지고 있는 자, 능력이 있는 자는 그것이 남의 것을 관리하고 보관함이니,

7 그 임자가 왔을 때 돌려주는 것은 당연한 것이요, 그것을 돌려주지 아니하고 제가 가지고 있으려 하는 것은 도둑의 심보요, 도둑의 마음이라 그리하였느니라.

8 그렇게 내가 너희들에게 깨우쳐 주었거늘, 너희들이 지금 하나의 마음이 되지 못하며, 사랑하는 마음으로써 거듭나는 삶을 살지 못함이 무엇인 줄 알겠느냐?

9 너희들은 돌려준 것만큼 받으려는 그

와 같은 마음이니라.
10 너희가 베푼 것만큼 되돌려 받으려는
그 마음의 잠재의식이 아직도 너희들
의 머릿속을 떠나지 않고 있기 때문임
을 너희들은 알아야 될 것이니라.
11 나의 아들을 따르는 제자들이요, 나의
성령을 직접 듣는 너희들이요, 내가
너희들에게 직접 명했느니라.
12 너희들이 대가 없이, 바라는 것 없이,
어떠한 것을 베풀었다 해도 너희들이
인사 한마디를 받음으로 모두를 다 잃
는 그와 같은 형국이라 하지 아니하였
더냐, 사랑하는 나의 아들딸들아!
13 그러니 어찌하여 그것 하나를 너희들
이 지키지 못한단 말이더냐?
14 너희들이 내가 가르친 그 뜻이요, 전
한 뜻을 지키고 살아가는 백성이요,
내 두려움을 안다면, 너희들은 반드시
하나가 될 수 있음이니라.
15 그러나 그와 같은 것을 너희들이 지키
지 아니하고 행하지 아니하기 때문에
지금 하나가 될 수 없으며, 시기와 질
투하는 그와 같은 마음으로 살아가는
백성들이니라.
16 너희들은 베푼 것만큼 돌려받고자 하
는 그와 같은 생각을 하지 말라.
17 그리 생각하고 있기 때문에 너희들이
섭섭한 마음이 있으며, 너희들이 아쉬
운 마음이 있으며, 그리고 미워지는
마음이 있느니라.
18 그와 같은 가르침을 내가 전했거늘,
어찌하여 그를 지키고 행하지 못하고
너희들이 어찌 그와 같이 살아간단 말
이더냐?
19 내가 직접 내 뜻을 전한 그를 듣고 배
운 너희들이 이를 행하지 아니한다면,
이 세상 어떠한 백성들이 그를 행할
수 있겠느냐?
20 모두가 다 사랑이 부족함이요, 너희들
이 네 것으로써 생각하기 때문이요,
너를 먼저 생각하는 마음을 갖고 있기
때문에 그러하니라.
21 너희들이 천만금을 세상에 내놔도 생
색내지 말며, 남 앞에 나서지 말며, 아
무리 그와 같이 도와주었다 해도 너희
들이 인사 한 번 받는 것도 아니 된다
내가 그리하지 않더냐?
22 그와 같은 기대를 갖고 행하는 것은
모두 다 잘못된 것이라 하였음이니,
23 인사받는 것도 피하라 하였거늘, 너희
들이 아직도 베푼 것, 남에게 도와준
것, 그와 같은 것에 대해 돌아오는 메
아리가 없는 것을 가슴 아파하며 속상
해하며,
24 그와 같은 마음을 버리지 못하기에 모
두가 미워하는 마음이 네 속에 있음이
니, 그것은 너 자신의 고통이요, 너 자
신의 괴로움이 쌓일 뿐이니라.
25 그러니 이제 그와 같은 마음이요, 그
와 같은 생각을 가지고 살아가서는 아
니 됨을 너의 제자들에게 다시 한 번
깊이 그들의 가슴에 심으라.
26 그러고도 저희들이 그와 같이 거듭나
는 삶을 살지 못할 때, 나는 그들의 손
을 놓게 될 것이니 그리 알라 전하라.

11,555 번째 하나님 말씀

2004년 6월 15일 06시 35분

1 사랑하는 나의 아들아!

2 "네, 아버님! 말씀하옵소서."
3 나 여호와가 내리는 새로운 성경이 무
엇이더냐?
4 기초적인 것부터 다시 시작함이니라.
5 나의 피조물 만백성 너희들이 잘못 이
루었고 잘못 쌓아 왔기에, 잘못 배워
왔기에,
6 그 모두를 다 무너뜨리며 기초적인 것
부터 가르치기를 시작하는 것이며, 그
역사가 이루어지고 있음을 너희들은
알아야 될 것이니라.
7 너희들에게 아무리 전해도 나의 백성
너희들이 깨닫고 듣지 못하며 아둔하
기 때문이니라.
8 그리하여 나의 새로운 성경을 깨닫는
은혜 입은 백성이 없으며 그를 볼 수
있는 백성이 세상에 없음이니,
9 모두가 다 나의 뜻을 거역하는 그와
같은 세월 속에 너희들이 살아왔음이
니라.
10 그리하여 너희들의 깨달음이 우둔하
기 때문에 내가 기초부터 다시 시작하
여 내려보냄이니,
11 이것이 바로 내가 너희들에게 베푸는
은혜 중에 가장 큰 은혜요, 영광됨을
너희들은 알아야 될 것이니라.
12 사랑하는 나의 아들딸 너희들은 들어
야 될 것이니라.
13 너희들이 지금 기초부터 다시 시작하
지 아니하며, 기초부터 다시 다스려
가지 아니하면 아니 됨이니라.
14 모든 백성 너희들의 믿음을 내가 무어
라 하였느냐?
15 모래 위에 성을 짓고자 하는 자들이
오늘의 너희들의 그와 같은 믿음이라
하였음이니라.
16 그러니 그 모두는 무너진다 하였음이
니, 내가 반석 위에 단단한 성을 이루
도록 하고자 함이니,
17 그리하여 내가 기초적인 것부터 너희
들을 깨우쳐 거듭나는 백성을 이루기
위하여 내가 지금 모두를 다 풀어 나
의 아들을 통하여 세상에 내려보냄이
니,
18 이것이 나 여호와가 너희들에게 베푸
는 은혜 중에 은혜라는 것을 어찌 모
른단 말이더냐?
19 이를 갖고 너희들이 시시비비를 하느
니라.
20 그리고 이를 가지고 깨우치고 공부하
는 백성들도 다 자신을 버리지 못하고
가고 있는 것이 오늘의 현실이니, 지
금 나 여호와의 아픈 마음이 무엇인
줄 알겠느냐?
21 첫 단추를 잘못 끼워 그와 같은 것으
로써 흘러온 백성들은 그리 흘러왔기
에 오늘 이와 같이 험악한 세상이 되
었다 내가 그리 말할 수 있으나,
22 나의 아들을 통하여 내가 내리는 새로
운 성경이요, 그리고 그 강론을 직접
들으며 그 깨달음을 얻는 너희들이 아
직도 그 백성들과 똑같은 한계를 벗어
나지 못하고 있으니,
23 그것을 바라보는 나 여호와의 마음을
그들보다도 더 울리며 나에게 더 큰
고통을 주고 있다는 것을 알아야 될
것이니라.
24 과거사에 너희들이 지금까지 흘러온
그 잘못된 것은 잘못된 것으로써 내가
그 마음이 아프나, 그래도 내가 이해

할 수 있음이니라.
25 그러나 그 기초 위에 새로운 틀을 만
들어 새로운 역사를 이루며 모든 백성
을 구원하고자 내가 새로운 성경을 내
려보내며 새로운 백성의 시대를 열기
위하여 내가 선택한 너희들이 아직도
제자리를 돌고 있으며,
26 너희들이 잠에서 깨어나지 못하며, 제
욕심에서 깨어나지 못하며, '나'의 기
본이요, '나'를 기초로, 모두 너희 자
신을 중심으로 하여 계산하고 살아가
는 그 삶을 아직도 벗어나지 못함이니,
27 너희들이 그와 같은 삶을 사는 것이
몇천 년 동안 흘러온 오늘의 내 고통
보다도 더한 고통이라는 것을 너희들
은 알아야 될 것이니라.
28 너희들이 잘못 가는 것, 잘못 서는 그
와 같은 삶으로 인하여 나 여호와의
고통이 얼마나 심한 것인가를 이제 그
제자들에게 깨우쳐 주며 그를 들여다
보도록 그리 전하라.

11,556 번째 하나님 말씀

2004년 6월 15일 06시 43분

1 사랑하는 나의 아들아!
2 "네, 아버님! 말씀하옵소서."
3 너를 따르는 제자들이요, 그리고 나의
새로운 성경을 읽고 깨우친 만백성,
너희들은 들어야 될 것이니라.
4 나의 아들이 너희들에게 깨우침을 전
하며 나의 뜻을 전하는 것, 새로운 성
경의 그 의미를 모두 전하는 것, 이와
같은 것도 나의 아들이 어린아이가 성
장하면서 성인이 되어 인간 세상의 삶
을 살듯이,
5 나의 아들의 깨우침이요, 성령이 임하
는 것도 또한 그와 같은 과정으로써
모두가 임해짐을 너희들은 알아야 될
것이니라.
6 아무것도 모르는 나의 아들을 내가 세
상에 내세워 그가 성령으로 임하는 백
성이요, 세상의 뜻이요, 나 여호와의
뜻을 받아 만백성을 구하는 그 대역사
를 이루는 것,
7 어린아이가 자라 성장하여 성인이 되
듯이, 나의 아들도 어린 기초요, 어린
믿음으로써 기초적인 그 가르침으로
써 시작하여 그가 성장해 가면서 변화
되는 그와 같은 가르침이요,
8 나의 뜻을 더 이해하며 나의 뜻을 많
이 받아들일 수 있는 머리가 큰 나의
아들로서 성장하여 감을 너희들은 알
아야 될 것이니라.
9 내가 너희들에게 무어라 말하였느냐?
10 성급히 하지 말며, 급히 구하려 하지
말며, 오로지 아무것도 모르는 어린아
이인 나의 아들을 너희들이 잘 다스려
이끌어 가는 그와 같은 백성이 되라
하였음이니라.
11 그리하여 내가 너희들에게 나의 아들
에게 가죽채를 휘두를 수 있는 자가
되라 하였으나,
12 나의 아들이 성장함에 따라서 너희들
이 과연 지금도 가죽채를 흔들 수 있
는 백성이라 그리 생각하는가?
13 나의 아들이 성장해 가는 그 모습이
요, 변화되는 모습을 너희들이 아직도
모르고 있기 때문이니라.
14 나의 아들도 너희들이 성장하며 깨달

음이 변하듯이 그와 같이 서서히 변해
가며 성장함이니라.
15 그리하여 내가 너희들에게 무어라 언
약을 하였느냐?
16 나의 새로운 성경이 10년 안에 세상
을 다 덮을 것이며, 나의 아들의 머리
가 하얗게 되었을 때 그가 바로 설 수
있으며, 너희들이 바라는 나의 아들이
그와 같은 위치가 될 것이라 내가 그
만큼 너희들에게 전하고 전했거늘,
17 어찌하여 너희들이 나의 아들이 성장
함을 보지 못하며, 변하는 것을 보지
못하며, 기다리고 인내하는 마음으로
써 가지 못한단 말이더냐?
18 그러니 나의 아들이 너희들에게 깨우
치고 전하는 그 의미요, 그 뜻도 또한
지금 변화되며 경지의 높음이 이루 말
할 수 없으며,
19 그 가르침의 내용 자체도 기초적인 가
르침에서 지금 성장된 믿음으로써 가
르침으로 변화되는 것을 너희들은 정
녕 모른단 말이더냐?
20 그리고 너희들이 그를 깨닫지 못한단
말이더냐?
21 나의 아들도 변해 가고 성장하는 시간
이 필요하며 때가 필요함이니라.
22 내가 엄히 나의 새로운 성경의 그 내
용을 깊이 전하였거늘, 어찌하여 너희
들이 그리 성급하게 구하려 들며 너희
들이 무엇을 이루려 하는 것이냐?
23 이게 모두가 개인의 욕심이요, 그 욕
망을 버리지 못하고 있기 때문이니라.
24 그러니 아직도 그 주변에 있는 제자들
이 욕망을 버리지 못하며, 무엇을 성
급하게 구하려 하며, 어떠한 대가를
구하려 하는 자는 너희들이 나의 아들
이 가는 길을 훼방함이니라.
25 연필 한 자루요, 종이 한 장을 들고 가
기도 어렵고 힘든 길이 지금 나의 아
들이 가는 길이라 하였거늘,
26 너희들이 어찌하여 성령을 훼방하는
그와 같은 행위를 주저 없이 할 수 있
단 말이던가?
27 성장하면서 너희들의 믿음이 변하듯
이 나의 아들 또한 그리 변하여 서서
히 가게 되어 있음이니, 하루아침에
너희들이 모두를 이루고 역사하려는
생각을 하지 말라.
28 그 모두가 너희들이 사랑함이 없으며,
나의 새로운 성경을 소중히 여기는 마
음이 없으며,
29 나 여호와가 너희들에게 내리는 그 가
르침이요, 그 강론에 대한 것을 귀하
고 소중하게 받아들이지 못하며,
30 이는 결국 나 여호와가 존재함을 믿지
못하는 자들이요, 모든 백성들이 그저
형식적으로 울고불고 나를 찾으며 매
달리는 것으로써 구원을 받는다는 그
와 같은 그들의 기대 심리에,
31 너희들도 똑같은 마음을 아직도 비우
지 못했으며 버리지 못한 백성이라는
증거임을 알라 그들에게 전하며, 엄히
다스리라.

11,557 번째 하나님 말씀

2004년 6월 15일 06시 49분

1 사랑하는 나의 아들아!
2 "네, 아버님! 말씀하옵소서."
3 너의 제자들의 그 마음이 변하지 못하

는 것, 또한 그들이 다 육의 생각이요,
그 욕심을 버리지 못하고 있기 때문임
을 너는 알아야 될 것이며,
4 그들이 그 마음을 지울 수 있도록 내
가 내리는 나의 새로운 성경이요, 내
뜻을 네가 그들에게 깨우쳐 줘야 될
것이니라.
5 내가 그들에게 그리 전하지 아니하였
던가?
6 나의 아들 네가 사랑한다 말을 하는
것은 인간적인 사랑이 아니요, 나 여
호와가 바라는 수천 수억 가지 중에서
너희들이 그래도 내 뜻에 의해 그와
같이 살아가고자 하는 그 백성을 보았
을 때,
7 한 가지라도 지키려고 노력하는 그 백
성들이 노력하는 것, 그것이 나 여호
와의 뜻이요, 나를 기쁘게 하는 것을
그는 알고 있기 때문에,
8 나의 아들이 그와 같은 백성을 사랑한
다 하며 그들을 사랑함이라는 것을 내
가 너희들에게 전하였거늘,
9 이 사랑의 의미 자체도 너희들과 나의
아들의 한 마디가 다 다르며 그 뜻이
다르다는 것을 내가 나의 성경에 기록
하여 너희들에게 전하였거늘,
10 이것이 바로 오늘의 너희들과 그 차이
요, 너희들이 따를 수 없는 그 한계인
것을, 어찌하여 그를 모르고 너희들이
지금도 시시비비를 한단 말이던가?
11 그리고 기다리라 그리하지 아니하였
느냐?
12 서서히 나 여호와의 뜻은 모두가 역사
하며 이루어진다 하였거늘, 너희들이
기다리지 못하며 인내하지 못하는 그
모두가 다 욕심에서 이루어진다는 것
을 다시 한 번 깨우쳐 주도록 그리하
라, 사랑하는 나의 아들딸들아!
13 너희들이 마음을 비우고 세상을 보면
나의 아들이 가는 길을 볼 수 있으며,
너희들이 마음을 비우지 아니하면 나
의 아들이 가는 그 마음의 속을 모를
것이며 그가 행함을 너희들이 결코 알
수 없음이니 그리 알라.
14 하나의 예를 들어 내가 너희들에게 깨
우침을 주고자 하지 않더냐?
15 나의 아들은 항상 그 머릿속에 기억이
되어 있음이니라.
16 아무것도 생각하지 아니함이니라.
17 다만, 나 여호와의 뜻에 의하여 살아
가고자 하는 자, 나 여호와의 뜻에 의
하여 따르고자 하는 자, 그와 같은 것
만 생각하며 그와 같은 백성만 찾고
그와 같은 백성을 보고 있음을 너희들
은 알아야 될 것이니라.
18 너희들이 몇 년 동안 나의 아들과 더
불어 나의 새로운 성경을 공부하고 깨
우쳐 그 길을 갔다 하나,
19 너희들이 내 뜻에 의하여 내가 원하는
것이요, 내가 기뻐할 수 있는 일을 하
지 아니하며, 아무런 관계도 없이 살
아가는 그 백성이 나에게 기쁨을 줄
수 있는 그와 같은 행위를 할 때,
20 나의 아들은 그를 사랑한다 하며 그를
사랑함이며, 그를 더 소중히 여기는
것은 그가 그와 같이 계산된 것이 아
니라,
21 그 머릿속에는 그와 같은 생각에 젖어
있기에 그가 그리 행한다는 것을 너희
들은 알아야 될 것이니라.

22 그러니 하나의 의미도 다 다름이니라.
23 똑같은 성경이라 하여 사랑하라 가르
치는 것도 사탄이 말하는 것은 사탄의
사랑이요, 사탄의 가르침이라 하지 아
니하였더냐?
24 천사가 말하는 것은 천사의 사랑이요,
천사의 가르침이요, 그 의미가 다르다
는 것이니라.
25 내가 나의 아들을 통하여 너희들에게
그리 말하지 아니하였더냐?
26 똑같은 것을 가지고 말을 해도 사탄과
천사가 하는 것이 다르니 너희들은 천
사가 되라 하였음이니,
27 바로 천사가 하는 말은 천사의 사랑이
요, 사탄이 하는 것은 사탄의 사랑의
형국으로 바뀌기 때문에 그 차이가 있
다 함이요,
28 그리하여 그는 하나가 될 수 없으며
뜻이 같을 수 없다는 것을 너희들은
알아야 될 것이니라.
29 너희들이 모두 '나를 따르라!' 외친다
면, 그것은 바로 똑같은 외침이니라.
30 그러나 너희들이 천사가 하는 것은 천
사가 되도록 너희들이 따르는 것이요,
그리고 사탄이 하는 것은 사탄이 되어
사탄을 따르는 것이라는 이 무섭고 엄
연한 사실을 너희들은 어찌하여 깨우
치지 못한단 말이더냐?
31 그러니 너희들이 나의 아들이 가는
것, 나의 아들이 역사하는 것을 잘 들
여다보라.
32 그리고 너희들이 잘 관찰해 보면 그가
하고 있는 행위요, 그가 하고 있는 것
을 알 수 있을 것이니라.
33 마음이 열리지 아니하는 자, 욕심을
가진 자, 그를 볼 수 없음이니라.
34 나의 아들 예수를 따랐던 모든 그 제
자들도 성령의 생각이요, 성령의 가슴
으로써 그를 보지 못했으며,
35 육의 생각이요, 육의 가슴으로써 그를
보았기에 저희들의 스승을 팔아 버렸
으며, 그를 죽게 했을 때 모두가 등을
돌렸으며, 모두가 흩어져 떠난 그와
같은 결과가 되지 아니하였더냐?
36 이와 같은 전철을 다시 밟는 너희들이
되어서는 아니 될 것이니라.
37 나의 아들 예수를 팔았던 자, 나의 아
들 예수에게 등 돌렸던 그 제자들보다
도 마지막 시대에 내가 나의 성령의
모두를 다 태워 내려 내가 선택한 그
백성들이 바로 가지 못한다면, 오늘의
내 가슴이 더 아프다 함을 너희들은
알아야 될 것이니라.
38 사랑이라 하는 말도 사탄이 말하면 사
탄의 사랑이요, 천사가 말하면 천사의
사랑이라는 것을 잊지 말도록 그리하
라, 사랑하는 나의 아들딸들아!

11,558 번째 하나님 말씀

2004년 6월 15일 06시 54분

1 사랑하는 나의 아들아!
2 "네, 아버님! 말씀하옵소서."
3 너는 너의 제자들에게 바로 깨우치고
가르쳐야 될 것이니라.
4 이제 그들에게 전하라.
5 너희들은 나의 아들이 방황하며 나의
아들이 흔들림이 무엇인 줄 알겠느냐?
6 이는 모두 너희들이 사랑하는 자가 없
기 때문이니라.

7 나의 아들이 흔들리며 나의 아들이 방
황함은 무엇이더냐?
8 그 믿고 사랑하는 제자들이 사랑할 줄
을 모르며 변하지 못하는 제자들이 주
변에 있을 때,
9 나의 아들은 방황하게 되며 그 마음을
다스리지 못하는 것이 나의 아들의 고
통임이니라.
10 너희들이 사랑하는 마음으로, 천사와
같은 마음으로 거듭나는 제자가 나의
아들의 주변에 있을 때,
11 나의 아들은 기쁘며 행복하며 방황하
지 아니하며 당황하지 아니할 것이며
괴로워하지 아니할 것이니라.
12 그 모두는 너희들이 어떠한 백성으로
어찌 변하느냐에 따라서, 그 따르는
제자들이 어떠한 마음으로써 가느냐
에 따라 나의 160권의 새로운 성경은
세상에 나오는 날짜가 다를 것이며,
만백성을 구하는 그 역사의 모두가 다
를 것이니라.
13 바로 나의 아들의 고통이요, 그 괴로
움이 무엇인 줄 알겠느냐?
14 저 자신의 괴로움이요, 저 자신의 고
통이라는 것은 나의 아들은 없음이니
라.
15 그 모두도 그에게는 없음이니라.
16 다만, 그 제자들이 변해야 될 자 변하
지 못하며, 거듭나야 할 자 거듭나지
못하는 것, 그 시간은 너희들을 기다
려 주지 아니하며,
17 너희들이 거듭나지 못하는 것이 쌓이
고 또 쌓였을 때, 결국 너희들은 무너
지는 그와 같은 결과를 보고 있기에
나의 아들은 고통스러워하며 방황함
이니라.
18 모두가 그 제자들이요, 그를 따르는
백성 너희들 때문에 나의 아들은 고통
이요, 방황함이 있느니라.
19 자신을 위해서 고통이 없으며 자신을
위해서 방황함이 없음을 너희들은 알
아야 될 것이니라.
20 너희들이 바로 서는 백성이 하나가 있
으며 바로 가는 제자가 있을 때, 나의
아들은 흔들리지 아니하며 방황하지
아니할 것이니라.
21 사랑했던 제자들이 나로부터 구원을
받지 못하는 길을 가는 것, 작은 것부
터 사탄이 너희들을 유혹한다 하였음
이니라.
22 작은 것부터 서서히 유혹하여 너희들
을 무너뜨린다 하였으니, 너희들이 무
너지고 있는 것을 보고 있기 때문이니
라.
23 나의 아들은 나의 성령으로써 내 뜻으
로써 너희들을 가르치고 다스리는 것
이요, 깨우침이지,
24 나의 아들의 세 치 혀로써 나의 아들
의 생각으로써 너희들을 다스리고 깨
우칠 수가 없기 때문에,
25 오로지 나의 아들은 내 뜻을 전하는
것으로써 너희들이 깨닫고 깨닫지 못
하는 것은 거기서 이루어져야 되기 때
문에,
26 나의 아들의 고통이요, 가슴 아픔이
거기에 있음을 너희들은 알아야 될 것
이니라.
27 그러니 이제 나의 아들을 따라 너희들
이 160권의 법전이 세상에 나오고자
한다면,

28 너희들이 천사와 같이 변하는 모습이
요, 사랑하는 마음이요, 아름다운 모
습으로 변하는 그와 같은 제자가 있을
때, 너희들은 모두가 다 아름답게 역
사할 것이니라.
29 다만, 너희들이 그와 같이 변하지 못
하는 자, 그리고 사탄들의 작은 유혹
에 너희들이 눈 돌리며 넘어지는 그와
같은 제자들을 볼 때, 나의 아들이 흔
들림을 너희들은 알라 내가 전함이니
그리 알라.

11,559 번째 하나님 말씀

2004년 6월 15일 06시 58분

1 사랑하는 나의 아들아!
2 "네, 아버님! 말씀하옵소서."
3 모두를 너 자신이 고통스러워하며 그
괴로움이요, 그 모두를 안고 가려 하
는 마음을 나 여호와가 또한 알고 있
음이니라.
4 그러나 너의 제자들이 그와 같은 깊이
를 알지 못하며 그 뜻을 모름이니, 너
희들이 나의 성전을 그득히 채우지 못
할 때, 나는 결국 그 문을 닫는다 하였
음이니라.
5 그것은 너희들이 만백성을 구할 수 있
는 능력을 갖지 못하며 갖추지 못한
백성이기 때문이라 내가 그리 말하지
아니하였더냐?
6 나의 아들은 나의 성전에 너희들이 그
와 같은 것을 역사하지 아니할 때 결
국 문을 닫을 것이며, 그때가 오고 있
음을 알고 있음이니, 그 고통에 얼마
나 가슴이 저려 오는지 알겠느냐?
7 너희들의 형제부터, 네 부모부터, 네
이웃부터 나의 성전을 그득히 채우며
그와 같은 뜻을 행하라 내가 그리하였
음이니,
8 과연 너희들이 그 뜻을 얼마나 따랐으
며, 너희들이 과연 성전의 문을 닫음
을 얼마나 두렵게 생각하며, 내가 모
두를 닫아 버릴 것이라는 것을 너희들
이 과연 얼마나 두렵고 무섭게 생각하
는가?
9 너희들은 그저 흘러가는 이야기로 들
으니, 과연 얼마나 노력했는가?
10 나의 아들은 그것이 이루어질 것을 알
고 있으며 그때가 오고 있음을 알고
있음이니라.
11 그러니 나의 아들의 고통이요, 그 마
음의 아픔을 너희들은 모르는 자들이
니라.
12 과연 나의 새로운 성전의 문을 닫는다
했을 때, 너희들이 얼마나 가슴 아파
하며, 얼마나 두려워하며,
13 이 문을 닫아서는 아니 된다 하며, 나
여호와의 슬픔이라는 것을 생각하고
얼마나 노력하고 생각하는가?
14 그것이 너희들이 나의 아들의 마음을
따를 수 있는가?
15 나의 아들의 그 생각과 고통을 너희들
이 따를 수 있는가?
16 과연 누가 그를 역사하며 누가 그를
이루겠는가?
17 너희들은 하나요, 열도 생각하지 못하
나, 나의 아들은 수억 가지의 고통에
지금 발버둥치고 있으며 몸부림치고
있는 것을 너희들이 알고 있는가, 들
여다볼 수 있는가?

18 이것이 바로 너희들과 나의 아들의 차
이임을 알라 그리 전하라.

11,560 번째 하나님 말씀

2004년 6월 15일 19시 48분

1 사랑하는 나의 아들아!
2 "네, 아버님! 말씀하옵소서."
3 나 여호와가 너희들에게 명하지 아니
하였던가?
4 너희들이 남에게 섭섭한 일은 생각하
지 말며, 남에게 은혜 입은 것, 남에게
감사한 것만 생각하라 하지 아니하였
더냐?
5 내가 하나를 가르쳐 주면 너희들이 둘
을 깨달아야 지혜를 얻은 백성이거늘,
어찌하여 너희들이 살아가면서 지금
도 남과 시시비비하며 남의 마음 아픈
일이요, 남에게 상처가 되는 일을 마
음대로 그리 행하고 말할 수 있는가?
6 그것이 나의 새로운 성경을 읽고 깨우
친 백성들이요, 나로부터 선택된 너희
들이 과연 할 수 있는 일이더냐?
7 너희들이 살아가면서 남에게 잘해 준
것, 그리고 돌아오지 아니하는 것을
섭섭하게 생각하지 말며,
8 오로지 너희들이 남에게 받은 은혜만
생각하며 너희들에게 섭섭하게 했던
것은 절대 지우라 하였음이니,
9 오늘의 삶을 살아가면서 너희들이 남
을 시기하고 질투하며 음해하며 그와
같은 말을 하며 남에게 상처가 되는
말을 할 수 있다면, 과연 너희들이 내
뜻을 따라 살아가는 백성들이요, 내가
가르치는 그 의미를 아는가?
10 너희들은 정녕 하늘을 두루마리 삼고
바다를 먹물을 삼아 모두를 다 써도
써도 못 쓴다는 나 여호와의 뜻이 결
국 다 내려와야 된다 생각하느냐?
11 그러니 풀고 또 풀어서 내려와야 되는
것을 너희들이 평생 죽을 때까지 받아
도 그를 다 못 함이니, 내가 모두를
160권으로써 요약하는 것은 무엇이더
냐?
12 거기에 줄거리를 내가 내려보내니, 거
기서 너희들이 살을 붙이고 너희 것으
로 만들어 깨우침을 얻으라 그리하지
아니하였더냐?
13 마음을 비우면 너희들이 얻을 수 있으
며 볼 수 있음이니라.
14 남에게 너희들이 행하는 것, 그리고
받은 은혜만 생각하며,
15 남에게 너희들이 베풀어 준 것, 그리
고 남이 너희들을 섭섭하게 하는 것은
생각하지 말라 하였거늘,
16 너희들이 그와 같은 깨달음을 얻는 자
가 너희 제자끼리 나의 성전에 모여
남을 비방하고 시기하는 말이요,
17 세상사의 삶을 살면서 남의 아픈 마음
을 건드리는 것, 상처를 주는 그와 같
은 말과 행동을 하고 산다면,
18 너희들은 차라리 나의 강론을 나의 아
들을 통하여 듣지 아니함만 못하며,
들은 자가 행하지 못하면 그 죄가 무
거움을 알라 그들에게 전하라.

11,561 번째 하나님 말씀

2004년 6월 15일 19시 50분

1 사랑하는 나의 아들아!

2 "네, 아버님! 말씀하옵소서."
3 너를 따르는 제자들이요, 그리고 나의
새로운 성경을 읽고 깨우친 선택된 백
성, 너희들이 공부요, 깨달음을 게을
리해서는 아니 됨을 알아야 될 것이니
라.
4 너희들이 나의 새로운 성경을 계속 읽
고 또 읽으며, 나의 아들을 통하여 내
리는 강론이요, 그 뜻을 받아들이지
아니하면 너희들은 무너지며 부서지
게 된다는 것을 알아야 될 것이니라.
5 그러니 내가 160권의 새로운 성경을
내려보냄이니, 너희들이 이 새로운 성
경을 읽고 또 읽고 깨우치는 그와 같
은 삶을 살지 아니하면 너희들 스스로
무너진다는 것을 절대 잊지 말라.
6 그러니 너희들이 계속 공부하며 계속
깨우치며 계속 전진하는 그와 같은 삶
으로써 살지 않으면 아니 됨이니 그리
알라.
7 내가 160권의 대장정의 역사를 이루
는 것이 무엇이더냐?
8 너희들이 읽고 또 읽고 한 권 한 권을
읽어 가면서 변화되며, 나 여호와의
성령이요, 내 심성을 받아들일 수 있
으며, 성령이 너희들에게 임할 수 있
는 그와 같은 역사가 이루어지기 때문
이니라.
9 그리하여 읽고 또 읽으라 하여 160권
으로써 내가 역사함이니, 읽고 또 읽
지 아니하면 너희들이 무너지느니라.
10 그리고 나의 아들을 통하여 내리는 강
론이요, 그 가르침을 듣지 아니하고
너희들이 이를 등 돌리고 떠난다면,
너희들이 아무리 깨달음이 높고 높다
해도 결국 스스로 무너지는 그와 같은
결과가 되기 때문이니,
11 계속 쉬지 말고 나의 새로운 성경을
읽으며 나의 아들을 통하여 내리는 강
론을 듣고 또 듣도록 그리 노력하라.

11,562 번째 하나님 말씀

2004년 6월 15일 19시 53분

1 사랑하는 나의 아들아!
2 "네, 아버님! 말씀하옵소서."
3 내가 너를 통하여 내리는 이 160권의
새로운 성경과 너를 통하여 강론을 하
는 것, 그 모두요, 네가 가르치는 것을,
4 지금의 너희들이 나의 아들을 이단이
요, 사탄이라 말하며 핍박을 하고자
하는 것이 너희들의 오늘의 마음 자세
이니라.
5 그러니 내가 너희들에게 묻느니라.
6 너희들은 나의 새로운 성경을 정녕 정
독해서 읽어 보며, 나의 아들의 강론
을 들으며, 나의 아들이 있는 성전에
와 그와 대화하고 그 깨달음을 서로
교류하고, 그러고도 너희들이 가면서
나의 아들을 사탄이요, 이단이라 말을
하려거든 그리 말해 보라.
7 지금 정녕 사탄이요, 이단이요, 마지
막 시대에 거짓 선지자라 말하는 자,
너희들은 나의 새로운 성경을 정독하
여 읽지도 못한 자들이니라.
8 기초인 열여섯 권이라도 읽고 나서 그
래도 깨우침이 없거든 나의 아들을 이
단이요, 사탄이라 말할 수 있음이니라.
9 읽어 보지도 않은 자요, 나의 아들을
만나 보지도 아니한 자요, 나의 아들

의 강론을 들어 보지도 아니한 자요,
나의 아들과 대화도 해 보지 아니한
자들이 무조건 사탄이요, 이단이요,
그리 몰아붙임이니,
10 이것이 오늘의 너희들의 현실이며 잘
못된 것이라는 것을 알아야 될 것이니
라.
11 정녕 너희들이 같은 믿음의 길을 가는
백성이라도 나의 새로운 성경 160권
의 십 분의 일인 열여섯 권 만이라도
정독한 사람은,
12 감히 두렵고 무서워서 나의 아들을 핍
박하지 못하며 이단이요, 사탄이라 말
을 하지 못함이니라.
13 읽어 보지도 아니하는 자, 대화를 들
어 보지도 아니하는 자, 나의 아들을
만나 보지도 아니한 너희들이 이단이
요, 사탄이요, 마지막 시대에 거짓 선
지자라 하여 그를 핍박하며,
14 그가 세상에 존재하지 못하도록 하는
것이 나로부터 상을 받으며 은혜를 받
는다는 그 사악한 마음의 행동을 너희
들이 중단하지 아니하면 결코 아니 됨
을 알아야 될 것이니라.

11,563 번째 하나님 말씀

2004년 6월 15일 19시 57분

1 사랑하는 나의 아들아!
2 "네, 아버님! 말씀하옵소서."
3 지금의 종교 집단이 너나 할 것 없이
모두 부패되었으며 잘못되었다 그리
말하느니라.
4 그러니 깨어 있는 백성이요, 나 여호
와에게 애절하게 기도하며 나로부터
성령이요, 내 뜻을 깨닫고자 하는 그
백성들은 정녕 지금 이 시대의 이와
같은 것으로써는 결코 거듭날 수 없다
는 것을 잘 알고 있느니라.
5 종교 집단의 지도층에 있는 자들이 너
무나 부패해져 있으며 썩어져 있기 때
문에,
6 오늘의 이와 같은 성경으로써 오늘의
종교 지도자들의 그 가르침이요, 그들
이 역사하는 집단의 행태로써는 구원
을 받을 수 없으며 하늘에 오를 수 없
다는 것을,
7 깨어 있는 자요, 지혜가 열려 있는 그
신도요, 백성들은 알고 있느니라.
8 다만, 너희들이 대안이 없으며 거듭날
수 있는 그 길이 없기 때문에, 그래도
이방인이라는 그와 같은 삶을 사는 것
보다는, 나 여호와를 찾으며 예수의
보혈로써 은혜를 받았다는 예수의 고
통을 느끼며 마음 아파하는 생각을 하
는 것이 그래도 차라리 믿지 않는 자
보다 낫지 않는가 하여 지금 죽지 못
해서 나가는 그와 같은 형국이라 하지
않았더냐?
9 열린 자들이 보는 이 세상이 부패하고
썩었으며, 그들도 새로운 시대가 열려
야 되며 이대로는 아니 된다 깨닫고
있다면,
10 이와 같은 세상에 새로운 말씀이 내려
와 새로 역사해야 된다는 것은 누구든
지 다 아는 사실이며 너희들이 말하고
있는 것이 아니더냐?
11 그렇다면 지금 내가 나의 아들을 통하
여 새로운 시대요, 새로운 말씀이요,
새 역사를 이루고자 세상에 내려보내

거늘,
12 너희들은 어찌하여 이에 귀 기울이지
아니하며, 이를 가지고 연구하며 공부
하고 깨우치려 하지 아니하고, 도리어
사탄이요, 이단이라 그리 핍박하는 자
세를 하는가?
13 너희들이 어찌하여 나의 아들에게 그
리 핍박하며, 나의 새로운 성경을 만
백성이 정독하고 읽지 못하도록 하는
가?
14 바른 종교 집단의 지도자라면 너희들
이 나의 새로운 성경을 읽고 깨우쳐
스스로 평가하도록 이를 권장해야 될
것이니라.
15 너희들은 심지어 무어라 하느냐?
16 사탄도 나의 흉내를 내며, 마귀도 나
의 흉내를 내며, 거짓 선지자도 완벽
하게 나의 흉내를 낸다 함이니, 나와
똑같이 행하는 자는 바로 그것이 무엇
이냐?
17 내가 역사하는 것이 아니더냐?
18 사탄과 마귀는 내 뜻을 거역하며 나와
관계없는 방향으로써 그들이 이끌고
유도함이니, 그들도 나와 똑같이 역사
한다는 그와 같은 말을 하지 말라.
19 그러니 너희들이 아무것도 믿지 않으
려 하며 인정하지 아니하려 하며,
20 너희들이 나의 사랑하는 백성을 통하
여 부귀영화를 누리며 재물을 거둬들
이는 그와 같은 인간의 사업장으로써,
21 그 사업의 성패에 모든 생사를 걸고
가는 것으로 전락되어 타락한 생활을
하고 있다는 것을 너희들은 알아야 될
것이니라.

11,564 번째 하나님 말씀

2004년 6월 15일 20시 02분

1 사랑하는 나의 아들아!
2 "네, 아버님! 말씀하옵소서."
3 세상사의 인간의 삶이 그러하지 않더
냐?
4 너희들이 어떠한 역사를 하는 것이,
좋은 일이요, 좋은 기회는 항상 너희
들에게만 있으며 너희들이 취할 수 있
도록 기다려 주지 아니하지 않더냐?
5 그 모든 기회는 서로가 뺏어 가며 서
로가 탈취해 감이니, 그 좋고 좋은 기
회는 너희들만 기다려 주지 아니하며,
너희들이 찾을 때까지, 너희들이 취할
때까지 그들이 머물러 있지 않은 것을
너희들은 인간 세상에 살면서 잘 알고
있지 않더냐?
6 그러니 믿음의 길이요, 나에게 오르는
그와 같은 역사함도 너희들만 기다려
주지 아니하며, 너희들이 오기를 기다
리는 것이 아니라는 것을 알라.
7 너희들이 열심히 노력하고 또 노력하
여 그를 구하고 찾고 얻지 아니하면
아니 됨을 알라.
8 많은 사람들이 모두 다 지금 어찌하는
가?
9 그저 저희들만 존재하는 것 같으며,
저희들이 가는 길만 구원의 길이요,
하늘에 오르는 길이라, 그저 저희들을
위해서 모두가 정지해 있는 것 같은
깨달음 속에서 살아가는 믿음의 길을
가는 백성 너희들은 이제 깨우쳐야 될
것이니라.
10 너희들이 그 소중한 구원의 길이요,

거듭나기 위한 그 삶은 정녕 너희들이
오기만 기다리지 아니함이니라.
11 서로가 달라, 서로가 이루고자, 서로
가 쟁취하고자 보이지 않는 전쟁을 하
고 있음이니,
12 너희들이 소원인 구원의 길이 그와 같
이 정해져 있다면, 과연 그 길이 너희
가 찾아올 때까지 기다려 주며 너희들
이 와서 선택할 때까지 기다려 준다
그리 생각하는가?
13 결코 기다려 주지 아니하며 멈춰 주지
아니함을 너희들은 알아야 될 것이니
라.
14 구원의 길이요, 하늘에 오르는 길이
요, 그는 모든 인간 세상에서 노력하
는 것보다 천배 만배 더 너희들의 마
음을 다스리며 노력하는 그와 같은 자
세로써 취하지 아니하면 얻을 수 없으
며 구할 수 없는 것이 하늘에 오르는
삶이라는 것을 너희들은 알아야 될 것
이니라.
15 사랑하는 나의 아들딸들아!
16 너희들이 스스로 잡았던 큰 고기요,
이와 같은 것을 놓쳤다면 너희들이 놓
친 고기는 더 커 보이며 놓친 고기에
대한 아쉬움이 있다 하지 않느냐?
17 그러나 놓쳐 본 자만이 그 아쉬움을
알게 될 것이니라.
18 지금 나의 아들을 따르는 제자들이요,
구원의 길이라 하여 나의 성전에 와
나의 아들을 통하여 내리는 강론을 들
으며 나의 새로운 성경을 듣고 배운
너희들이 떠나는 것은 과연 무엇인
줄 알겠느냐?
19 큰 고기를 잡았다 놓친 사람이 항상
그 아쉬움이 있어 기회를 얻지 못하
는 그와 같은 것처럼,
20 너희들이 나에게 심판을 받을 때 얼마
나 오늘의 삶을 후회하며 오늘의 삶을
통곡하는 줄 알겠느냐?
21 너희들이 아무리 통곡하고 울고불고
해도, 지금의 삶을 잘못 산 것, 그리고
잡았던 고기를 놓친 것처럼 너희들에
게 주어진 그 기회를 잘못 쓰며 모두
를 허송세월한 그것이 얼마나 너희들
에게 고통이요, 시련이며, 견디지 못
하는 그 대가를 치르는 삶이 얼마나
힘든가를 너희들은 그때 와서야 알
것이며,
22 그리하여 오늘의 놓침을 통곡하고 아
무리 몸부림쳐도 두 번 다시 기회가
없는 것이 너희들의 운명이라는 것을
잊지 말라 그리 전하라.

11,565 번째 하나님 말씀

2004년 6월 15일 20시 06분

1 사랑하는 나의 아들아!
2 "네, 아버님! 말씀하옵소서."
3 너희들이 자유의지대로 모두를 행할
수 있으며 너희 자신을 마음대로 다스
릴 수 있는 이 육의 세상의 삶이요,
4 너희들이 나 여호와에게 아버지라 부
르며 아들딸로서 너희들이 회개를 하
고 용서를 받으며 지금까지 잘못 살아
온 삶보다 열배 백배 아름다운 삶으로
써 살아 모두를 다 면죄를 받을 수 있
는 그와 같은 기회는 바로 지금 여기
에 있음이니라.
5 그러니 너희들이 힘이 있고 능력이 있

으며 삶을 마음대로 할 수 있을 때, 너
희들이 건강한 정신이요, 참진리요,
진정한 믿음의 길을 찾지 아니하며 그
길을 가지 아니하면 아니 됨을 너희들
은 알아야 될 것이니라.
6 그러나 지금의 믿음의 길을 가는 백성
너희들이 어찌 가는 줄 알겠느냐?
7 너희들이 자유의지요, 모든 자유가 보
장되어 있으며, 너희들이 노력하는 만
큼 얻을 수 있으며, 너희들이 노력하
는 만큼 변할 수 있는 힘이 있고 능력
이 있는 오늘의 삶을,
8 너희들이 쓸데없는 곳에 남용하며 쓸
데없는 곳에 쓰고 모두 낭비하는 그와
같은 삶을 살아가고 있음이니,
9 이를 보는 나 여호와의 마음이 아프다
함이니라.
10 건강한 정신이요, 참진리를 오늘의 육
신이 있을 때 그 길을 가고 노력한다
해도 너희들이 나에게 오르는 그 관문
을 통과하기가 그리 어렵고 힘든 것을,
11 어찌하여 너희들이 시간을 낭비하며
삶을 낭비하며 쓸데없는 곳에 내가 내
려 준 그 시간을 모두 허비하는가?
12 그리해 가지고 너희들은 나에게 오를
수 없다는 것을 알라, 사랑하는 나의
아들딸들아!
13 믿음의 길이 그렇게 어렵고 힘든 것이
니라.
14 그러니 너희들이 지금 선택할 수 있으
며 자유의지가 있으며 용서를 빌 수
있으며 거듭나는 삶을 살 수 있는 이
와 같은 오늘의 육의 삶에서 참진리
요, 나 여호와가 원하는 삶이요, 그 길
을 보도록 그리하라.
15 그리하지 아니하고 너희들이 쓸데없
는 곳에 너희들의 힘과 능력을 남용하
고 쓸데없는 길에 모두를 소모시키고
살아, 너희들이 심판대에 섰을 때는
그 참담함이요, 고통스러움은 감당하
기 어려울 것임을 알라.
16 그러니 지금 기회가 있을 때 참진리
요, 선을 선택하는 그와 같은 삶을 살
도록 하라.
17 그리 아니하면 아무것도 얻을 수 없음
이니라.
18 모든 것은 너희들 자신의 자유의지에
달렸음이니라.
19 지금 너희들이 자유를 찾고 있으며,
네 육신을 찾고 있으며, 네가 마음과
생각을 어찌 가지고 사느냐에 따라서
너희들이 이루고 못 이루는 그와 같은
영광된 오늘의 귀한 삶을 사는 것을,
여기서 너희들이 스스로 찾아내야 하
며,
20 감내할 것을 감내하며 버릴 것을 버리
는 그 고통이 아무리 어렵다 해도 지
울 것은 지울 수 있는 그와 같은 삶을
살지 아니하면 절대 아니 됨이니라,
사랑하는 나의 아들딸들아!
21 너희들이 잘못된 것은 버리며 선을 선
택하여 살아가는 무한정한 변화의 삶
을 살도록 그리하라.
22 그러지 아니하면 나를 볼 수 없으며
나에게 오를 수 없다는 엄연한 사실을
알게 될 것이니라.
23 그때는 늦느니라.

11,566 번째 하나님 말씀

2004년 6월 15일 20시 13분

1 사랑하는 나의 아들아!
2 "네, 아버님! 말씀하옵소서."
3 너의 제자들에게 명하여 심어 주라.
4 너희들이 오늘 육의 세상에 살면서 나
의 새로운 성경을 접하며 나의 새로운
성경을 만들며, 더욱이 나의 아들을
통하여 내리는 주옥같은 내 뜻을 듣
고 깨달음이니,
5 그보다 더 큰 은혜요, 영광이요, 축복
된 것이 없거늘, 어찌하여 너희들이
지금 그 은혜요, 그 감사함을 모르고
산단 말이더냐?
6 이 세상에서 너희들보다 더 위대한 백
성이 어디 있는가?
7 내가 나의 법전을 접하는 것을 무어라
하였느냐?
8 하늘에서 지상을 덮는 소낙비가 쏟아
질 때 황금 물방울이 하나 섞여 있으
니, 그것이 네 손에 떨어지는 것이요,
네 품에 떨어지는 것보다도 더 큰 영
광이요, 위대함이라 내가 그리하였거
늘,
9 어찌하여 지금 나의 아들을 따르는 제
자들이요, 강론을 듣는 자들이요, 새
로운 성경을 가지고 공부하는 너희들
의 그 마음 자세가 그리 흔들리며, 그
리 확고히 서지 못한단 말이더냐?
10 그러니 그와 같은 제자들을 가지고 어
찌 내가 역사할 수 있으며 모두를 이
끌어 갈 수 있다 하느냐?
11 너는 절대 놓지 아니하려 하며 한 사
람도 버리지 않으려 발버둥치나, 그들
의 마음이요, 그들의 생각이요, 그 자
세가 다 다름이니라.
12 그러니 선택은 그들에게 있음이니 그
리 알라, 사랑하는 나의 아들아!
13 모두는 그들에게 달렸음이니라.
14 지금 모든 백성이 살아가면서 어떠하
더냐?
15 가난하게 태어난 자 그 가난을 벗어나
기 위하여 끝없이 노력하는 백성, 그
가난에서 벗어나고자 목표를 두고 달
려가는 그와 같은 백성은,
16 더러는 실패가 있으며 무너짐이 있다
해도 그들은 좌절하지 아니하며 포기
하지 아니하며 다시 일어나 도전하며
더 힘찬 발걸음으로써 미래를 향하여
달려가는 것이 인간 세상에 너희들의
삶의 그 환경이 아니더냐?
17 더욱이 부유하게 살다 부족함이 없이
살다 실패하고 무너진 자는 무너진 고
통 속에서 그 가난의 서러움에서, 그
리고 너희들이 모두를 역사할 수 없으
며 자신이 묶어지는 그와 같이 능력이
없이 무능력한 자세로 떨어질 때,
18 그를 견디지 못하며 마음의 흔들림이
더 흔들려 그를 다스리지 못하고 결국
은 하나밖에 없는 목숨을 죽음의 길로
선택할 수 있는 것이 부유한 자요, 가
진 자가 무너지고 실패하며 좌절할 때
가 아니더냐?
19 내가 너희들에게 무어라 전했더냐?
20 오늘의 그 믿음이요, 나에게 오는 그
길 또한 이와 같이 어렵고 힘든 길을
너희들이 넘고 넘지 아니하면 아니 됨
을 알아야 될 것이니라.
21 그리하여 내가 너희들에게 강도 높은

훈련을 시키는 것이며, 너희들이 인내
할 수 있을 때까지 내가 너희들을 내
려보내며 밑으로 밀어 넣어, 거기서
살아나고 헤쳐 나올 수 있도록 훈련에
훈련을 거듭하고 있음을 너희들은 알
아야 될 것이니라.
22 거기서 견디지 못하는 자, 그 혼돈스
러움에 저 자신을 이겨내지 못하는 자
는 거기서 타락의 길로 가는 것밖에
없음을 너희들은 알아야 될 것이니라.
23 다만, 너희들이 살아남을 수 있다면,
너희들이 살아날 수 있는 길은 자신이
처해 있는 것, 그리고 네가 지금 견디
고 이겨야 되는 그 싸움에서 어떠한
형국이든 이길 수 있는 승자의 마음이
요,
24 너희들이 지치지 아니하며 포기하지
않는 그 노력만이 그 위험에서 벗어날
수 있으며, 그 바닥에서 헤쳐 나올 수
있느니라.
25 너희들이 지금 모두가 잘못 가고 있으
며 잘못되어 가는 그 삶에서 너희들이
나의 새로운 성경을 접하며, 나의 아
들을 통하여 내리는 생명수와 같은 것
을 접하고 네 것으로 만들어 거듭나는
삶의 길을 선택하지 아니하면, 결코
너희들은 나에게 오를 수 없다는 것을
알라 그리 전하라.
26 그리하여 어렵고 힘든 오늘의 그 길을
감이니라.
27 어떠한 역사요, 어떠한 환경에 부닥쳐
도 너희들이 거기에 대처할 수 있으
며, 어떠한 것이 닥쳐온다 해도 대처
할 수 있는 백성으로서 거듭나는 삶을
살게 하기 위해서 오늘의 너희들에게
남다른 훈련을 하고 있다는 것을 알라.
28 사랑하는 나의 아들딸들아! 오늘의
종교 집단이요, 믿음이 다 잘못되었으
며, 그것은 하늘에 오르는 길이 아니
라 하였느니라.
29 인간이 인간의 사업을 위하여 지금 달
려가며, 하늘을 향하여 나의 이름이
요, 나의 아들 예수의 이름을 너희들
이 팔고 있음이니, 그 모두는 결국 무
너짐이니, 무너지지 아니할 수 없음이
라 내가 하였느니라.
30 하늘의 노함이요, 참진리가 너희를 더
이상 가도록 놔두지 아니할 것이니라.
31 그러니 너희들이 무너짐을 알게 될 것
이며, 그 무너짐의 소용돌이가 얼마나
처참한 것인가 너희들이 알 날이 머지
아니하였음을 알라.
32 사랑하는 나의 아들딸들아!
33 아무것도 모르며 지금 잘못된 종교 지
도자, 그리고 사업적으로 흘러가는 그
와 같은 자들을 깨우치라.
34 그들이 그 속에서 저 자신을 파악하고
저 자신의 위치를 아는 지혜를 얻어
거기에서 거듭나는 그와 같은 삶을 살
지 아니하면 결코 아니 됨이니, 너희
들이 그들에게 가르쳐 주라.
35 지금 너희들은 모두가 무너져 가고 있
으며 다 쓰러져 가고 있느니라.
36 이제 너희들이 나에게 와 심판을 받을
때는 너희들이 원망할 자도 없으며 저
주할 자도 없으며 책임을 전가할 자도
거기는 없다는 것을 알라.
37 너희들이 모두를 책임져야 되며, 그
책임의 대가에 따라서 너희들이 어떠
한 길을 가야 한다는 것은 내가 말하

지 아니해도 그때 너희들은 알게 될
것이니라.

11,567 번째 하나님 말씀

2004년 6월 15일 20시 19분

1 사랑하는 나의 아들아!
2 "네, 아버님! 말씀하옵소서."
3 나의 피조물 만백성이 살아가면서 가
장 무섭고 두려운 것이 무엇인 줄 알
겠느냐?
4 너희들이 똑같은 삶을 살면서 구원을
받을 수도 있고 거듭날 수도 있는 영
광을 얻는가 하면, 구원을 받지도 못
하며 거듭나는 그와 같은 역사도 얻지
못하는 삶을 산다는 것, 이것을 너희
들은 알아야 될 것이니라.
5 그러니 과연 어떠한 것이 하늘에 오르
는 길이요, 참진리인지 그를 깨우치지
못하면 아니 됨이니라.
6 너희들이 평생 믿음의 길을 가며 손으
로 지은 죄의 온상에 가 울고불고 헌
금을 바치며 재물을 바친다 해도, 그
와 같은 삶이 구원을 받을 수 없는 길
이요, 거듭날 수 없는 그와 같은 삶이
된다는 것,
7 그러니 너희들이 그 길을 가는 것이
얼마나 분하고 억울한 일인 줄 알겠느
냐?
8 거듭날 수 있는 길이라는 것이 거듭나
지 못하며, 구원의 길이라는 것이 구
원되지 못함이니, 그 길을 가는 것이
너희들의 삶이니라.
9 더욱 안타깝고 나 여호와의 가슴 아픔
이 무엇인 줄 알겠느냐?
10 너 자신도 육으로 살면서 절대 구원이
니 아니니 하는 것을 알지 못하며 구
원을 받았는지 안 받았는지 그 자체를
알 수 없는 것이 너희들의 운명이니라.
11 너희 자신이 죽어 나에게 와 심판을
받게 됨이니, 그 심판을 받을 때 너희
가 구원을 받느냐 받지 못하느냐 그와
같은 것을 육을 가지고 있는 그 삶에
서 그를 전혀 알 수 없는 것, 그리하여
그것이 무섭고 두려운 것이니라.
12 알 수 없는 길이요, 너희들이 알 수 없
는 심판의 결과이기에, 너희들이 얼마
나 너희 자신을 다스리며, 얼마나 하
늘을 향하여 한 점의 부끄러움이 없는
삶을 끝없이 전진하고 살아야 되는 것
인가, 그를 너희들이 알아야 될 것이
니라.
13 그러니 앞으로도 그러하니라.
14 모든 역사 속에 세월이 흘러간다 해
도, 너희들 후손들 또한 너희들처럼
구원이요, 아니요, 그 답을 모르며 그
를 알지 못하고 그들이 그냥 살아가는
것이니라.
15 사랑하는 나의 아들딸들아!
16 너희들이 내가 내리는 새로운 성경이
요, 이를 정독하고 읽고 깨우쳐 그를
네 것으로 만든다면, 너희들은 성서의
비밀을 알게 되며 하늘의 지혜를 얻게
됨이니, 바로 너희들이 어찌 되는 것
인가를 알게 됨이니라.
17 그러니 이제 너희들이 선택하라.
18 너희들의 후손이요, 자식들에게 과연
너희들처럼 아무것도 모르고 살다 가
는 그와 같은 삶을 유산으로 넘겨줄
것인가,

19 너희들이 천사와 같은 변화된 삶을 살
아, 어찌 역사하며 너희들이 거듭나는
것, 거듭나지 못하는 그 진리를 완벽
히 깨달아,
20 너희들 후손에게도 구원을 받는 그와
같은 길을 올 수 있도록 너희들이 유
산으로써 남겨줄 것인가,
21 이는 너희들의 선택에 달렸다는 것을
알라 그리 전하라.

11,568 번째 하나님 말씀

2004년 6월 15일 22시 43분

1 "너는 나 외에는 다른 신들을 네게 있
게 말지니라.
2 너를 위하여 새긴 우상을 만들지 말
고, 또 위로 하늘에 있는 것이나 아래
로 땅에 있는 것이나 땅 아래 물속에
있는 것의 아무 형상이든지 만들지 말
며, 그것들에게 절하지 말며 그것들을
섬기지 말라.
3 너는 너의 하나님 여호와의 이름을 망
령되이 일컫지 말라.
4 안식일을 기억하여 거룩히 지키라.
5 네 부모를 공경하라.
6 살인하지 말지니라.
7 간음하지 말지니라.
8 도적질하지 말지니라.
9 네 이웃에 대하여 거짓 증거하지 말지
니라.
10 네 이웃의 집을 탐내지 말지니라.
11 나 여호와가 존재함을 믿는 그 자체가
구원의 길에 들어서는 기본이요 근본
이며, 나의 법전을 가슴에 안고 정독
하는 자, 반석 위에 서서 하늘에 오르
는 찬란한 빛을 보게 되는 영광을 얻
게 됨이니라."
12 사랑하는 나의 아들아!
13 "네, 아버님! 말씀하옵소서."
14 네가 십계명을 암송하며 또 나의 새로
운 성경에 기록하는 그 의미를 알고
있지 않은가?
15 "네, 아버님! 저는 깊이 알고 있지는
못하옵나이다.
16 그러나 암송하고 또 암송할 때마다 그
의미가 있고, 저희들의 마음을 다스리
며 저희들의 마음의 각오를 다시 하게
하고자 하는 그와 같은 뜻이 있다 그
리 생각되옵나이다.
17 그리고 십계명을 암송하고 암송할 때,
하늘을 향하여 한 점의 부끄러움이 없
는 삶을 살아야 되는 그와 같은 삶을
저희 스스로 깨닫게 되며,
18 저희 스스로 또한 더욱 다져 가는 그
와 같은 삶을 살기에, 계속 아버님께
서 새로운 성경에 십계명을 기록하도
록 그리하시는 것이라 알고 있사옵나
이다."
19 사랑하는 나의 아들아!
20 십계명이 근본이요, 모든 백성들이 깨
우쳐야 할 기초인 것을 알아야 될 것
이니라.
21 그러기에 너희들이 이를 암송하고 또
암송하는 것이니라.
22 '아멘, 아멘!'을 너희들이 수천수만 번
을 찾는 것처럼, 주기도문을 너희들이
암송하고 또 암송하는 것보다도, 나의
십계명을 더 많이 암송하고 더 많이
기록해야 되는 것임을 너는 알아야 될
것이니라.

23 그러니 나의 새로운 성경에 십계명을
암송하여 기록하는 것을 주저하지 말
라.
24 너희들이 주기도문을 외우는 것, 어떠
한 것을 외워 암송하는 것보다도 더
많이 암송하고 외워야 되는 것이 나의
십계명임을 알라 그리 전하라.
25 모두는 다 너희들이 어찌 행하는 것이
요, 주기도문은 너희들이 바라는 것이
요, 원하는 기도의 근본이요,
26 또한 근거도 없는 '사도신경'이라 하
여 암송하는 그와 같은 것이 다 어디
서 역사하던 것이더냐?
27 그러나 십계명은 너희들이 지키고 행
해야 될 것이니라.
28 행함에 따라서 너희들이 나에게 오르
고 못 오르는 근본이 거기에 있듯이,
나의 십계명은 너희들이 지키고 행하
는 것이기 때문에,
29 이를 암송하고 또 암송하여 너희 것으
로써 만들어야 됨을 알아야 될 것이니
라, 사랑하는 나의 아들아!
30 그렇지 아니하면 너희들이 무너짐이
니라.
31 그리고 너희들이 그리하지 아니하면
깨우침을 얻을 수 없음이니라.
32 모든 기초요, 근본이 나의 십계명에
있음을 너희들은 알아야 될 것이니라.
33 내가 지금 새로운 성경을 열여섯 권을
근본으로 하여 그 위에 160권이라는
것을 내가 너희들에게 깨우쳐 전하듯
이,
34 모든 성서의 근본이 십계명 안에 있음
을 너희들은 알아야 될 것이니라.
35 그리하여 암송하고 또 암송하도록 내
가 기록함을 너는 알아야 될 것이니라.
36 사랑하는 나의 아들아!
37 "네, 아버님! 말씀하옵소서."
38 지금 나의 피조물 만백성 너희들이 가
장 늦었다고 하는 것, 그리고 너희들
이 지금 늦게 시작했다는 것,
39 그리고 너희들이 여태껏 잘못된 믿음
속에서 오다 진정한 참진리요, 나의
뜻을 이제야 접하여, 너희들이 먹은
나이요, 살아온 삶에 의하여 머지않아
너희들이 나로부터 심판을 받을 것이
요, 삶이 얼마 남지 않은 것 때문에 그
리 불안해하며 두려워하지 말라.
40 인간 세상에서 너희들이 말하듯이 가
장 늦게 시작하는 것, 가장 늦게 깨달
은 것, 그때 시작하는 것이 가장 빠른
시작이라 하지 않더냐?
41 그러니 나의 새로운 성경을 접하는 백
성 너희들은 늦게 시작했다 생각하지
말며, 가장 빠르게 시작하였음이니,
너희들이 이를 읽고 깨우치는 데 또한
게을리하지 말도록 그리하라.
42 모든 백성 너희들은 알아야 될 것이니
라.
43 나 여호와가 새로운 성경을 내려보냄
이니, 너희들이 이를 접하면서 네가
너무 늦었다, 늦게 시작했다, 그리고
늦게 깨달았다, 그리 후회하지 말라.
44 그때 시작하는 것이 바로 가장 빠른
것이라 그리 생각하면 될 것이니라.
45 그러니 나의 새로운 성경을 접하는 그
순간에 너희들이 이를 보고 깨우쳐 거
듭나는 영광을 얻도록 그리 시작해야
될 것이니라.
46 너희들이 접하고도 그를 버리는 자,

접하고도 그 깨달음을 얻지 못하는
자, 접하면서도 너희 것으로써 만들지
못하는 그 백성, 너희들이 나에게 와
심판을 받을 때 얼마나 그것이 어리석
은 삶인지 알게 될 것이니라.
47 사랑하는 나의 아들아!
48 너희들이 평생에 살아가는 삶이 얼마
나 길던가?
49 그 얼마 남지 않은 생명에 대해서 너
희들이 나의 새로운 성경을 접하는
것, 그 남은 시간에 너희들이 이를 읽
고 정독하고 그리 행하는 것, 너희들
은 절대 늦은 자가 없으며 늦게 시작
한 자가 없다 함을 알라 그리 전하라.

11,569 번째 하나님 말씀

2004년 6월 15일 22시 46분

1 사랑하는 나의 아들아!
2 "네, 아버님! 말씀하옵소서."
3 모든 백성들이 이익에 의하여 움직이
는 이와 같은 시대요, 이와 같은 풍토
로 변해졌음이니라.
4 그러니 이대로 지속된다면 너희들은
어떠한 삶을 살겠느냐?
5 너희들이 행하는 모든 것은 이익에 의
하여 움직임이니라.
6 상하로 움직이는 것도 이익이요, 좌우
로 움직이는 것도 이익이니, 모두가
이익에 의하여 움직이니, 얼마나 불행
한 결과가 되겠는가?
7 너희들은 상하 관계요, 주인과 종의
그 사이도 이해관계요, 이익에 따라서
움직이는 그와 같은 풍토가 되어 버렸
으며,
8 왕과 신하요, 또한 장군과 병사라는
그와 같은 상하의 조직 체계에서도 너
희들이 이해관계요, 이익을 먼저 생각
하는 그와 같은 나의 피조물 만백성
너희들의 시대가 되었으며 그 풍토가
그리 흘러왔음이니,
9 이것이 얼마나 불행하고 가련한 결과
라 말할 수 있겠느냐?
10 너희들은 지금 그와 같은 형국이 되었
음이니라.
11 그러니 왕과 신하의 사이요, 장군과
부하의 사이요, 그리고 주인과 종의
사이에도 모두가 다 이해관계요, 이익
에 따라서 움직이고 안 움직이는 그와
같은 인간의 습성이 되어 버렸으니,
얼마나 너희들이 지금 불행한 시대를
사는지 알겠느냐?
12 이대로 지속된다면 사랑이요, 베푸는
것, 그것도 아무것도 존재하지 아니하
며 남을 수가 없음이니라.
13 오로지 제가 어떠한 이익을 추구하는
것, 그와 같은 삶에 의해서 모두를 살
아가게 됨이니,
14 지금의 모든 나의 백성들이 그와 같은
불행한 삶을 살아가는 결과가 무엇인
줄 알겠느냐?
15 지금의 종교 집단의 지도자들이 그 방
대한 역사의 힘을 가진 자들이 참진리
를 행하지 아니하며, 말로만 행하며
행동함이 없는, 그리고 베풂이 없는,
그리고 이유 없이 나눔이 없는 그와
같은 삶으로써 나의 백성들을 너희들
이 이끌어 왔기 때문이니라.
16 그리 나의 피조물 만백성을 이끌어 오
면서 너희들은 나의 백성들에게 구원

의 길이요, 하늘에 오르는 길이라 하
여 그 대가를 수없이 받아들였으며 갈
취한 그 죄를 너희들이 용서받으려야
받을 수 없다는 것을 그들에게 전하라.

11,570 번째 하나님 말씀

2004년 6월 15일 22시 50분

1 사랑하는 나의 아들아!
2 **"네, 아버님! 말씀하옵소서."**
3 너희들이 바로 서고자 하며 진정한 지
도자로서 만백성을 구하는 나로부터
명받은 임무요, 대명을 완수할 수 있
는 것은,
4 너희들이 나 여호와가 존재함을 항상
믿는 그 마음을 지우는 삶을 살아 가
지고는 아무것도 이루어질 수 없음을
알라 그리 전하라.
5 거기에 모든 마음을 하나로 만들어 한
마음으로써 모든 노력을 다하여 바치
는 그와 같은 삶을 살지 못한다면, 너
희들은 결국 무너지게 됨을 알아야 될
것이니라.
6 너희들이 왜 무너지고 타락하는 줄 알
겠느냐?
7 나에게 오르는 길이 어렵고 힘든 길이
요, 그러기에 너희들이 나 여호와가
존재함을 잊어버리며, 나 여호와가 역
사함이요, 심판까지도 지워 버리고 잊
어버리는 그와 같은 삶을 살기 때문이
니라.
8 어렵고 힘든 길이 아니요, 사탄들이
유혹하는 편안한 길에 마음을 빼기며
생각을 빼기는 그와 같은 삶을 살아가
다 보니,
9 너희들이 나에게 오르는 협착하고 좁
고 힘든 길에서 너희들은 스스로 주저
앉게 되며 거기서 물러서게 됨이니라.
10 그러면서 가장 먼저 너희들의 가슴속
에서 지워지는 것은 무엇이더냐?
11 나 여호와의 존재함을 너희들이 지우
게 된다는 걸 알라.
12 그래서 너희들이 지금까지 모두가 다
무너졌음을 알라 그리 전하라.
13 너희가 스스로 자신을 다스리지 아니
하면, 인간 세상의 육의 삶에도 무너
지는 형국이 되지 않더냐?
14 육의 세상에서 너희 자신을 다스리며,
바로 서고자 피나는 노력을 하지 아니
하며 절제하는 삶을 살지 아니한다면,
너희들은 모두가 다 무너지느니라.
15 육의 세상의 삶도 그러하거늘, 너희들
이 하늘에 오르는 길이요, 성령이 임
하여 나에게 오는 만백성, 구원을 받
고자 하는 백성, 너희들이야말로 스스
로 다스려야 되며 너희들 스스로 다스
리는 데 최선을 다하지 아니하면 아니
됨을 알아야 될 것이니라.
16 성령으로 임하여 만백성을 구하는 선
택된 나의 아들을 따르는 제자들이요,
모든 백성, 너희들은 들어야 될 것이
니라.
17 너희들이 하루하루를 살아가는 그 시
간 시간마다 초를 다퉈 나에게 향하여
하나의 점으로써 연결하며,
18 오로지 그 마음자리 깊은 곳에 나를
생각하며 내가 존재한다는 마음을 가
지고 살아가는 훈련부터 시작해야 될
것이니라.
19 그러한 삶을 시작하지 아니하며 그와

같은 마음으로 하루하루 삶을 살아가
지 아니하면, 너희들 또한 무너진다는
것을 이제는 알아야 될 것이니라.
20 나의 아들을 따르는 제자들이요, 나의
새로운 성경을 읽고 깨우치는 백성 너
희들이 부분적으로 변화된 것이 많으
며 부분적으로 너희들을 많이 다스렸
으나,
21 이제는 모두가 다 정녕 지도자로서 하
늘의 선생이요, 내 명을 받아 움직이
는 너희들은 모두가 나와 하나가 되어
야 함이니,
22 너와 내가 하나가 될 수 있는 것은 무
엇이더냐?
23 너희들이 나에게 모두를 맞춰야 되며
나에 대한 생각이요, 나에 대한 뜻을
따라 살아가는 데 모두를 다 바치고,
모두를 나와 너희들이 하나가 되도록
교통하는 변화요, 그와 같은 은혜를
입지 아니하면, 너희들이 무너지기 때
문이라는 것을 알라 그리 전하라.

11,571 번째 하나님 말씀

2004년 6월 15일 22시 54분

1 사랑하는 나의 아들아!
2 **"네, 아버님! 말씀하옵소서."**
3 참진리의 길을 가며 깨달음의 길을 가
는 자, 그리고 새로운 성경을 접하여
나의 아들을 통하여 내리는 강론을 듣
는 그 제자들이요, 나의 새로운 성경
을 읽고 깨우치는 만백성, 너희들은
들어야 될 것이니라.
4 너희들이 이 세상에 살되 생명력이 있
는 삶이 있는가 하면, 죽은 삶을 사는
그와 같은 백성들이 있느니라.
5 그리하여 너희들이 바로 생명력 있는
삶을 살아가는 것이며, 생명력 있는
삶으로 변화되는 새로운 성경을 만백
성에게 전하여 그들이 살아 있는 생명
력이 있는 삶을 살도록,
6 죽은 자 가운데에서 그들을 구원하며,
죽은 자 가운데 새로 생명을 불어넣는
그와 같은 역사를 너희들이 이루어야
됨을 알아야 될 것이니라, 사랑하는
나의 아들딸들아!
7 너희들이 지금 생명력을 가지고 살아
가는 것은 무엇인 줄 알겠느냐?
8 살아 있음이니라.
9 살아 있는 꽃은 아름다운 향기를 뿜지
않더냐? 그리고 그 향기를 전함이니
라.
10 그러나 비진리의 길을 가는 자는 바로
무엇이더냐?
11 즉 죽음의 삶이니라.
12 죽음의 삶이라는 것은 무엇이더냐?
13 향기로운 꽃이 그 향기를 발하지 못하
며 그가 썩어져 갔음이니라.
14 그러니 아름다운 향기를 발할 그 꽃이
썩어졌을 때 그것은 무엇이더냐?
15 그곳에서 나는 악취야말로 너희들이
감당키 어려운 그와 같은 결과가 될
것이니라.
16 악취가 나는 그와 같은 것이 죽은 자
의 삶이요, 그 죽은 자의 오늘의 형국
임을 너희들은 알아야 될 것이니라.
17 너희들의 육이 있어서 듣고 보고 육의
삶을 살며 너희들이 향락을 얻으며 부
귀영화를 얻으며 재물을 소유하며 인
간의 즐거움을 갖고 산다 하나,

18 나 여호와의 뜻이요, 참진리의 길을
가지 않는 백성들은 죽은 꽃과 같으
니라.
19 그러니 향기가 없고 썩은 내를 풍기는
그와 같은 꽃이니라.
20 지금의 모든 종교 집단의 지도자들을
왜 썩은 꽃이라 하는 줄 알겠느냐?
21 너희들은 나의 피조물 만백성을 구원
의 길로 인도한다 하면서 지금까지 너
희들이 한 것은 재물을 모으는 것이
요, 그리고 종교 지도자에게 절대복종
하라는 것,
22 그것만 가지고 너희들이 나의 피조물
만백성들을 구하는 길이라 그리 엮어
왔으니, 얼마나 썩고 악취가 나는 줄
알겠느냐?
23 너희는 이를 알아야 될 것이니라.
24 그러니 내가 내리는 새로운 성경에 의
하여 깨우침을 얻지 아니하면, 너희들
은 절대 구원의 길을 볼 수 없다는 것
을 알아야 될 것이니라.
25 너희들 자신을 비워 버리며 너희들을
내가 던지라 하지 않더냐?
26 너희 자신을 던져 버리고 너를 비웠을
때 너희들이 새로운 지혜요, 하늘의
지혜를 얻는다 하였음이니라.
27 그러니 사랑하는 나의 아들딸들아!
28 너희들은 이제 마음의 문을 열어 하늘
의 지혜를 얻는 그와 같은 백성으로
거듭나야 될 것이니라.
29 그것이 생명력이 있는 삶이요, 생명이
살아 있는 꽃이 향기를 뿜어내는 것처
럼,
30 너희들이 만백성을 구하는 나의 새로
운 생명수의 향기가 퍼져 나가 만백성
이 그 향기를 맡도록 너희들이 나의
생명수를 그리 부어 주지 아니하면 아
니 됨이니, 그리 전하라.

11,572 번째 하나님 말씀

2004년 6월 15일 22시 58분

1 사랑하는 나의 아들아!
2 "네, 아버님! 말씀하옵소서."
3 나의 피조물 만백성들이 하늘의 지혜
를 얻고자 하는 그와 같은 삶을 살아
온 백성들이 아님이니라.
4 오로지 간단하고 편안한 방법으로써
나를 울고불고 찾으며 나의 아들 예수
를 구세주라 부르는 것으로써 구원을
얻는다 그리 생각한 오늘의 구원의 길
에서 너희들이 구원파가 되어 버렸음
이니라.
5 이제 나의 아들을 따르는 백성 너희들
은 하늘의 지혜를 얻는 그와 같은 백
성이 되어야 될 것이니라.
6 너희들은 재물과 명예를 원하는 오늘
의 종교 집단이요, 이방인이라는 나의
백성들이 살아가며 갈구하는 그 삶에
초점을 맞춰서는 아니 됨이니라.
7 너희들은 재물과 명예를 원하는 백성
들이 아니요, 하늘의 지혜를 얻는 데
모두를 다 바치는 그와 같은 마음 자
세로 살아가야 되는 것이 새로운 성경
의 역사를 위해서 내가 선택한 나의
아들을 따르는 제자들이요, 내가 선생
으로 쓰고자 선택한 백성, 너희들이
살아가는 방법이요, 살아가는 길이라
는 것을 알라, 사랑하는 나의 아들딸
들아!

8 모든 백성들이 그리도 원하고 갈구하
는 재물과 명예는 그 모두가 나의 아
들의 제자라 명하는 자, 나의 뜻을 듣
고 깨우친 백성, 너희들에게 짐이 되
는 것이며, 번거로운 것이요, 불필요
한 것이라 생각하는 그와 같은 마음
자세로써 변화되는 삶을 살지 아니하
면, 결코 너희들은 하늘의 지혜를 얻
을 수가 없음이니라.
9 그리고 너희들이 나를 볼 수 없다는
것을 알아야 될 것이니라.
10 나의 아들을 따르는 제자들이요, 나의
새로운 성경을 읽고 깨우친 선생으로
서 역사할 너희들은, 모든 백성들이
그리도 원하고 갈구하는 재물이요, 명
예요, 그 모두를 불필요한 것이요, 너
희들에게 짐이 되는 것이요, 번거로운
것이라 그리 느끼는 삶을 살도록 그리
해야 될 것이니라.
11 너희들의 삶이 비워져야 하느니라.
12 지금 나의 아들이 무어라 말하느냐?
13 금화와 은화를 가지고 있는 것이 벌레
를 몸에 지닌 것처럼 느껴진다고 말하
는 나의 아들의 그 깨달음처럼,
14 너희들이 그와 같은 마음 자세로써 변
화되지 아니하면 어떠한 것도 얻을 수
없으며 성취할 수 없다는 것을 알라,
사랑하는 나의 아들딸들아!
15 너희들은 명예요, 재물을 위해서가 아
니라, 하늘의 지혜를 얻기 위하여 모
두를 다할 것이며,
16 그 밖의 모두는 다 번거로운 것이요,
불필요한 것이요, 너희들이 나에게 오
르고자 하는 그 길을 막는 것들이요,
너희들의 어깨에 짐을 얹어 놓고 또
얹어 놓아 나에게 오는 길을 오지 못
하도록 하는 것이 권력이요, 재물이
요, 명예라는 것을 그리 전하라.

11,573 번째 하나님 말씀

2004년 6월 15일 23시 04분

1 사랑하는 나의 아들아!
2 "네, 아버님! 말씀하옵소서."
3 모든 나의 백성들이요, 믿음의 길을
간다는 그 백성, 너희들이 얼마나 형
식적이며 부질없는 믿음으로 가는가?
4 하늘에 오르는 길이 얼마나 어렵고 힘
든 길이며, 너희들이 마음을 비우는
것이 얼마나 힘들고 어려운 길을 가야
하는가?
5 그 모두를 행하지 아니하며 그와 같이
변하는 삶을 살지 아니하며 너희들이
나에게 오른다는 그것이 얼마나 어리
석고 부질없는 오늘의 삶인 줄 알겠느
냐?
6 너희들은 들으라.
7 너희들은 천국과 지옥이요, 그리고 심
판이 있다 그리 말하느니라.
8 그러나 너희들은 지옥과 천국이요, 심
판이라는 것을 과연 얼마나 두렵게 생
각하며 얼마나 무섭게 생각하면서 하
루하루의 삶을 사는가?
9 너희들이 정녕 지옥과 천국이 있으며,
나에게 와 심판이 있다는 것을 진심으
로 믿으며 그를 두렵게 생각한다면,
너희들이 오늘과 같은 험악한 세상이
되었겠는가?
10 이 세상에 살아가는 나의 피조물 만백
성 너희들이 만 가지 중에서 잘못 살

아가는 것은 그 배로 행하며,
11 너희들이 살아가는 그 모든 삶에서 선
이요, 아름다움은 찾아볼 수 없는 오
늘의 그와 같은 삶을 살아가는 형국이
되었느니라.
12 그러니 너희들이 정녕 천국이 있으며
지옥이 있으며 나의 심판이 있다는 것
을 두렵고 무섭게 생각하는 백성이라
면,
13 오늘과 같이 너희들 말대로 도둑이 들
끓는 세상은 되지 아니하였을 것이니
라.
14 모든 백성 너희들이 힘이 있으며 오늘
의 삶이 있으므로 그와 같은 것을 잊
어버리고, 오로지 육의 삶이며 현재의
삶에 모두를 바치고 매달려 가는 그와
같은 삶을 사니, 얼마나 어리석고 불
쌍한 백성들이더냐?
15 위에서 아래로 흐르는 시냇물이요, 위
에서 아래로 흐르는 강물은 한 번 흘
러가면 다시는 돌아오지 아니하며 다
시는 볼 수 없는 것이 흐르는 강물이
아니더냐?
16 그와 같이 너희들의 삶도 한 번 흘러
가면 흘러간 그 세월 속에 다시는 그
때가 돌아오지 아니하며, 그때는 너희
들이 두 번 다시 만날 수 없는 그 엄연
한 사실을 알겠느냐?
17 그러니 내가 너희들에게 무어라 말하
였느냐?
18 너희들이 나에게 와 심판을 받을 때,
너희들이 1초의 기회를 돌려줄 수 있
으며, 지난 시간으로써 보내만 준다면,
19 너희들은 천사와 같은 삶을 살겠다 아
무리 몸부림치고 애원해도, 그건 하늘
의 법도에서 이루어질 수 없으며, 그
누구도 그와 같은 기회를 얻을 수 없
다 내가 그와 같이 말하지 아니하였더
냐?
20 그러니 지금의 삶이 한 번 흘러간 그
세월은 두 번 다시 돌아오지 않는다는
그 엄연한 사실처럼,
21 너희들이 살면서 수천수만 가지의 변
화의 역사 속에서 살아온다 해도 그
삶은 결국 죽음으로써 모두가 다 끝날
것이며,
22 그 죽음으로써 너희들은 끝난다 하나,
그 죽음으로써 시작되는 그와 같은 무
서운 삶을 살게 된다는 것을 너희들은
절대 잊어서는 아니 됨이니라, 사랑하
는 나의 아들딸들아!
23 흘러간 세월은 돌이킬 수 없다는 그
엄연한 사실, 그리고 너희들이 수만
가지의 변화요, 재주를 부리며 능력을
부린다 해도, 죽음이라는 것을 면할
수 없으며 그를 벗어날 수 없는 것처
럼,
24 너희들은 그 삶을 마친 다음에 반드시
나에게 와서 심판을 받으며, 그 심판
의 결과에 따라서 너희들이 영원히 사
는 생명이요, 거듭나는 생명으로서 태
어남과,
25 그렇지 않으면 사탄의 자식이요, 사탄
의 노예로서 사탄들에게 쇠사슬에 끌
려가는 그와 같은 삶을 살게 됨이니,
26 심판이 반드시 있으며 그 심판에 따라
그 대가를 치르고 살아가야 된다는 것
은 변하지 않는 것이니라.
27 그리고 이는 절대적으로 존재함을 알
라.

28 한번 흘러간 강물처럼 인생의 삶이
흘러간 세월은 돌이킬 수 없는 그 엄
연한 사실처럼, 너희들이 수만 가지
변화 속에 삶을 산다 해도 죽음은 면
할 수가 없는 엄연한 사실을 알라.
29 너희들이 재주요, 능력을 부리고 살다
결국 죽음을 면할 수 없는 백성들처
럼, 반드시 그보다 더 명확하고 정확
한 심판이 있음이니, 심판이 있으므로
너희들이 그 모두를 치러야 된다는 걸
잊지 말라 그리 전하라.

11,574 번째 하나님 말씀

2004년 6월 16일 03시 08분

1 사랑하는 나의 아들아!
2 "네, 아버님! 말씀하옵소서."
3 이 세상에 나의 사랑하는 백성 너희들
이 한 생명이 세상에 태어남이니, 너
희들이 먹고 쓰고 할 것을 내가 같이
내렸다 하였음이니라.
4 더욱이 내가 어떠한 의미로써 그와 같
은 뜻을 너희들에게 전하느냐?
5 모든 생명을 가지고 동식물이요, 그
무엇이 세상에 태어났을 때, 그들이
다 지탱할 수 있고 그들이 살아갈 수
있는 그 모두를 다 같이 내가 내려 주
었다는 그 의미를 너희들은 알아야 될
것이니라.
6 그리하여 내가 성서에 기록하여 무어
라 하였느냐?
7 '창공을 나는 날짐승에게도 다 먹이를
주며 모두에게 다 먹이를 준다.' 그리
하지 아니하였더냐?
8 그와 같은 의미를 너희들이 깨달았다
면, 나 여호와가 한 생명을 세상에 내
보내며 살아갈 수 있는 모든 은혜를
다 내렸으며,
9 모든 동식물이요, 생명이 있는 생명체
를 세상에 내보내어 그들이 모두가 살
수 있는 것을 이미 내려 주었다는 것
을 너희들은 알아야 될 것이니라, 사
랑하는 나의 아들딸들아!
10 그러니 그와 같은 역사 속에서 살라
했음이니, 더욱이 나의 아들이요, 나
의 성령을 읽고 깨우치는 백성 너희들
에게 먹고 쓸 수 있는 것을 과연 내가
주지 아니하겠는가?
11 그러니 그와 같은 것에 너희들이 연연
해서는 아니 됨이니라, 그리고 거기에
너희들이 매달려서는 아니 됨이니라.
12 지금 새로운 성경을 만들어 만백성을
구하는 그 역사를 이루는 너희들이 작
은 것에 연연하며 작은 것에 손을 놓
지 못하고 그리 가면 아니 되느니라.
13 이와 같은 의미를 깨우쳐, 너희 자신
의 삶을 어찌 살아야 될 것이며 오늘
하루를 어찌 살아야 될 것인가를 스스
로 깨우치며,
14 무엇이 우선이며 어떠한 것을 먼저 고
쳐 가며 너희 자신을 다스려 나가야
하는 것인가를 너의 제자들과 더불어
깨우침을 얻도록 그리하라.

11,575 번째 하나님 말씀

2004년 6월 16일 03시 12분

1 사랑하는 나의 아들아!
2 "네, 아버님! 말씀하옵소서."
3 너는 정녕 나 여호와에게 언제까지 수

고로움이요, 내가 너를 위하여 모두를
준비해 주고 내리는 그와 같은 삶을
살아가고자 하느냐?
4 스스로 네가 일어서고 모두를 역사할
때가 되었거늘, 어찌하여 네 직분을
소홀히 하며 모두를 다하여 역사하지
아니한단 말이더냐?
5 너는 무엇을 보았느냐, 사랑하는 나의
아들아!
6 "네, 아버님! 보았사옵나이다.
7 그리하여 이 밤에 제가 잠자리에서
일어나 오늘의 아버님이 내리시는 역
사함을 제가 그를 기록하는 이 시간에
경배의 기도를 드리고 있사옵나이다."
8 내가 너를 일깨워야 되며 내가 너를
깨워야 되며 너에게 이와 같은 것을
깨우쳐 주기 위한 수고로움을 이제는
나 여호와가 더 이상 하지 아니하도록
할 수는 없겠는가?
9 언제까지 네가 어린아이로서 기초적
인 학문을 배우는 아이처럼 거기서 헤
어나지 못하고 그와 같은 길을 가야
하느냐?
10 너는 무엇을 보았느냐?
11 "네, 아버님! 보았사옵나이다.
12 너무나 무섭고 두려워 제가 오늘 이
시간에 일어나 아버님께 경배드리오
며, 아버님의 그 말씀을 기록하고 있
사옵나이다.
13 아버님께서 저에게 만백성을 구하라
하여 과제를 주셨사옵나이다.
14 그것은 오로지 정답이며 그 과제를 풀
어서 만백성에게 전해야만 그 백성들
이 구원을 받을 수 있는 것을, 제가 아
버님께서 풀라 하여 풀어서 그 뜻을
가지고 만백성을 구하라는 과제를 가
지고도 제가 풀지 아니하며 태만한 삶
을 사는 것을 보았사옵나이다."
15 그러니 그것이 무엇인 줄 알겠느냐?
16 "네, 아버님! 아버님께서 역사하시는
새로운 성경이요, 아버님의 성령을 받
아 엄격히 기록하며, 그를 계획에 의
하여 모두를 역사해야 되는 것을,
17 제가 아버님의 뜻을 받지 아니하고 게
을리하기에 아버님께서 내려 주신 그
과제를 그 정답을 풀어야 만백성이
사는 길을 보거늘,
18 제가 그 과제를 풀지 아니하고 태만하
며 게으른 모습을 아버님께서 보여 주
셨사옵나이다."
19 사랑하는 나의 아들아!
20 어찌하여 내가 너를 위하여 언제까지
이와 같은 수고로움의 그 길을 가야
하는가?
21 내가 너에게 만백성을 구하는 그 답을
그리고 과제를 주었음이니, 그를 풀어
답을 찾아 만백성에게 생명수를 부으
라 하였거늘,
22 어찌하여 네가 그 과제를 푸는 데 소
홀히 하며 그 과제를 푸는 데 게을리
할 수 있단 말이더냐?
23 그러니 네가 그와 같이 가서는 아니
되느니라, 사랑하는 나의 아들아!
24 어떠한 기준이든, 어떠한 삶이든, 어
떠한 형태든, 내가 너에게 명하는 그
기준의 목표를 달성하는 삶을 살지 아
니하면 아니 됨이니라, 사랑하는 나의
아들아!
25 이를 네가 두렵게 생각하며 이에 무서
움을 느꼈다면, 두 번 다시 네가 나의

새로운 성경을 받아 만백성에게 전하
는 이 역사를 게을리해서는 아니 됨이
니라.
26 너는 내가 내리는 수많은 과제를 풀어
그 답을 만백성에게 전함이니, 그가
생명수임을 알아야 될 것이니,
27 내가 내리는 성령을 네가 소홀히 다루
고 소홀히 하는 것, 그것이 바로 네가
과제를 풀지 아니하며,
28 그 정답을 다 풀 수 있으며 네가 풀기
만 하면 내가 답을 주는 것을, 풀지 아
니하고 게으름으로 인하여 많은 백성
들이 구원을 받지 못하는 그와 같은
오류를 더 이상 범하지 말도록 그리하
라, 사랑하는 나의 아들아!
29 내 너를 사랑함이니라.
30 그리고 너는 역사할 수 있음이니라.
31 그리고 너는 해낼 수 있음이니 내가
기다림이니라.

11,576 번째 하나님 말씀

2004년 6월 16일 03시 20분

1 사랑하는 나의 아들아!
2 "네, 아버님! 말씀하옵소서."
3 지금의 모든 종교 집단의 지도자들이
과연 어떠한 짓을 하고 있는 줄 알겠
느냐?
4 너희들이 가야 할 그 종착역은 아직도
멀고 멀리 남아 있거늘, 너희들이 어
렵고 힘든 그 길을 가지 아니하며, 중
간의 역에서 종착역이라 하여 목적지
에 도착한 것처럼 나의 피조물 만백성
들을 현혹하며,
5 그들이 깨우치지 못하도록 목적지를
볼 수 없는 그와 같은 형국으로 만들
었느니라.
6 그리하여 너희들이 중간의 간이역에
서 종착역이라 하여 나의 백성들을 속
여 거기에서 끌어내는 그와 같은 행위
를 하고 있음이니라.
7 사랑하는 나의 아들딸들아!
8 너희들은 종착역까지 가지 아니하면
아니 됨이니, 어찌하여 중간의 간이역
에서 종착역이라 끌어내고 이끄는 그
들의 가르침에 현혹되어 너희들이 간
이역인 것을 보지 못하고 거기서 내린
단 말이더냐?
9 너희들이 종착역까지 가야 하는 것이
며, 그 멀고도 먼 길을 가지 아니하면
결코 아니 됨이거늘, 어찌하여 중간에
서 끌어내리는 자들에게 현혹되어 너
희들이 스스로 내리는 그와 같은 백성
의 삶의 길을 간단 말이더냐?
10 지금의 종교 집단이 하고 있는 그와
같은 형국으로 인하여 나의 피조물 만
백성 너희들이 스스로 구원의 길이요,
종착역까지 갈 수 있는 그 지혜를 얻
지 아니하면 절대 아니 됨이니라.
11 중간에서 하차시킨다 하여 너희들이
그들의 뜻을 따라서 거기서 내리면 아
니 되느니라.
12 이것은 모든 것이 인간들이 만든 상식
이요, 지식으로써, 저희들 자신이 갈
수 없는 길이기에, 모두를 중간에서
종착역이라 하여 속이고 끌어내리니,
13 거기서 내리는 자, 너희들이 바로 무
엇인 줄 알겠느냐?
14 나에게 오름이 아니요, 지옥의 벼랑으
로 떨어지는 그와 같은 형국이 되고

있음을 알라.
15 지금 모든 행위를 그리하고 있느니라.
16 그들이 또한 하고 있는 짓이 무엇이더
냐?
17 참진리요, 하늘의 뜻을 알 수 있는 그
한계에 도달했기에, 인간의 상식이요,
인간의 잔 계획으로써 지금 그와 같은
행위를 하고 있는 자들이니라.
18 너희들을 이끌어 하늘에 오르는 길로
인도한다 모았으나 그들이 갈 수 없으
며 자신이 없기에, 그저 간이역에서
거기가 종착역이라 하여 너희들을 내
리도록 하는 그와 같은 오류를 범하는
것이 오늘의 종교 집단의 지도자가 행
하고 있는 행위이니,
19 거기에서 내려서는 아니 됨이니, 아직
도 멀고도 멀리 남아 있는 그 종착역
을 향하여 가는 백성들이 되지 아니하
면 아니 됨이니 그리 알라.
20 모든 백성들이 중간의 간이역에서 내
리기에, 내가 이정표를 내려보낸다 하
지 아니하였느냐?
21 바로 나의 새로운 성경이 이정표이니
라.
22 각자 너희들의 손에 쥐여 주니, 너희
들이 네 위치를 찾고 안다면, 종착역
이 아직 남아 있는 이정표의 그림을
보고 알 것이니라.
23 그 내용을 보고 너희들이 알게 될 것
이니라.
24 그리하여 사랑하는 나의 아들딸 너희
들이 잘못된 자들의 가르침에 의하여
종착역인 나에게 오르는 길을 오지 아
니하며 중간에서 나에게 오르는 길이
라 내리니,
25 거기는 황폐한 땅이요, 물이 없는 곳
이요, 인간으로서 살아갈 수 없는 바
로 그와 같은 곳에 너희들을 내리게
하며,
26 그곳이 하늘나라요, 하늘에서 내린 상
이요, 선택된 땅이라 그리 너희들을
현혹시키니, 거기에 속아 내리는 자가
되어서는 결코 아니 됨이니라.
27 다시 한 번 너희들에게 말함이니, 한
번 내려 황폐한 땅에 발을 댄 백성, 너
희들이 다시는 나에게 올 수 있는 길
을 볼 수 없기에,
28 너희들을 내리지 아니하도록, 내리지
못하도록, 내가 너희 스스로 깨우쳐
하늘에 올 수 있도록 너희들 손에 이
정표를 쥐여 줌이니, 이게 160권의 새
로운 성경이니라.
29 이를 받지 아니하는 자 중간에서 하차
함이니, 그리하여 내가 이를 보지 아
니하고 받지 않는 백성은 구원의 길을
볼 수 없다 하는 이 무서운 사실을 너
희들은 만백성에게 전하도록 그리하
라.

11,577 번째 하나님 말씀

2004년 6월 16일 03시 25분

1 사랑하는 나의 아들아!
2 "네, 아버님! 말씀하옵소서."
3 나의 피조물 만백성 너희들은 알아야
되며 깨달아야 됨이니라.
4 구약과 신약이요, 새로운 성경의 시대
가 역사하는 것이 다 무엇인 줄 알겠
느냐?
5 그 모두는 영적인 하늘의 뜻에 의하여

모두가 진행되고 있음을 너희들은 알
아야 될 것이니라.
6 그러니 하늘의 뜻에 영적인 것으로써
모두가 진행됨이니, 너희들이 영적인
그 세상을 보지 못하며 그 깨달음이
없이는 아무것도 볼 수 없다는 것을
알아야 될 것이니라.
7 구약의 모두는 무엇이더냐?
8 그 모두도 다 영적인 것으로써 하늘의
뜻에 의하여 모두가 진행되었으며 역
사하였음을 너희들은 알아야 될 것이
니라.
9 그러니 너희가 영적인 세상을 알지 못
하며 성령으로 임하지 아니한 백성이
요, 하늘의 지혜가 없는 백성, 너희들
은 아무리 읽고 읽어도 그를 알 수가
없는 것임을 알아야 될 것이니라.
10 너희들은 나의 아들 예수가 세상에 태
어나 세상에 와 행함은 과연 무엇이더
냐?
11 그가 행한 것을 기록한 것이요, 그 모
든 복음서는 바로 영적으로써 역사한
것이니, 너희들은 그 의미를 알아야
될 것이니라.
12 그러니 모든 것은 영적으로 역사해 기
록된 신약이요, 그 성경을 가지고 성
령으로 임하지 아니한 백성은 절대 알
수 없음이니라.
13 영적인 세상의 이치와 이해가 없이 너
희들이 어찌 이를 알 수 있단 말이더
냐?
14 그러니 너희들이 거기에 숨겨져 있는
비밀을 알 수 없으며 제대로 가르친
백성이 없다는 것을 내가 너희들에게
말하며,
15 제대로 알지 못한 자, 제대로 알지 못
하고 깨닫지 못한 자가 가르치기 때문
에 오늘과 같이 험악한 세상이 되었음
을 너희들은 알아야 될 것이니라.
16 지금의 새로운 성경 또한 무엇이더냐?
17 너희들이 잘못 가고 오류를 범하는 것
을 내가 바로잡고자 나의 아들을 통하
여 새로운 성경이라 하여 또 내려보내
니,
18 이 또한 영적으로 나 여호와가 역사하
는 것이기 때문에,
19 성령으로써 임하지 아니한 백성, 영적
인 세상이요, 사후의 세상에 이루어지
는 것, 하늘나라에 역사하는 것, 내 뜻
을 알지 못하는 지도자는 결코 바로
가르칠 수 없으며,
20 또한 그와 같이 열려 있지 않은 백성
은 아무리 부어도 그 부음을 받지 못
하는 것임을 너희들은 알아야 될 것이
니라.
21 그리하여 지금 마음이 열려 있지 않은
백성들이 아무리 새로운 성경을 읽고
읽는다 해도 알 수 없는 이유가 여기
에 있음을 알라 그들에게 전하라.
22 그러니 너희들이 천사와 같은 삶을 살
아 너희 자신의 마음을 비움으로 인하
여 나의 성령이 너희들에게 임하지 아
니하면,
23 영적으로 이루어진 그 모든 구약이요,
신약이요, 제3의 시대에 역사하는 것
을 아무것도 알 수 없으며 깨달을 수
없다는 것을 알라 그리 전하라.

11,578 번째 하나님 말씀

2004년 6월 16일 06시 54분

1 사랑하는 나의 아들아!
2 "네, 아버님! 말씀하옵소서."
3 나의 피조물 만백성이요, 그리고 종교
집단의 지도자들, 구원을 받았다 하는
백성들이 얼마나 잘못 가며 얼마나 거
짓된 행위를 하며,
4 또 그 거짓에 의하여 너희들이 지금
속고 속아 넘어가는 그와 같은 삶을
사는지 알겠느냐?
5 모든 종교 집단의 지도자들이 그리하
느니라.
6 죽어 가는 자 앞에서 마지막으로 너희
들이 나 여호와를 믿느냐 그리 묻느니
라.
7 그리하여 믿는다 하면 구원을 받았다
그리 말함이니, 그렇다면 너희들은 지
금 너희 신도들이요, 그 성도들에게
무어라 하느냐?
8 너희들은 십일조를 철저히 바치는 자,
그리고 헌금을 열심히 내는 자, 그리
고 주일을 철저히 지키는 자, 그리고
충성과 봉사를 다 하는 자, 그와 같은
길을 역사하는 것이 구원을 받는 길이
요, 하늘에 오르는 길이라 그리 가르
침이니라.
9 그러니 얼마나 형평성을 잃은 그와 같
은 교리를 가지고 나의 피조물 만백성
을 가르치는지 너희들은 알겠느냐?
10 너희들은 재물을 갈취하기 위하여 신
도요, 성도들에게 말하기를 주일을 철
저히 지키며, 주일을 지키지 아니하는
자들은 나로부터 체벌을 받으며 사고
를 맞이하게 되며 불행을 맞게 된다
하여 겁주고 어르느니라.
11 그리고 십일조를 바치지 않는 자는 체
벌을 받는다 말하여 엄포를 놓음이니
라.
12 그리하여 나의 피조물 만백성이 한 번
너희들의 교회를 찾으면 영원히 발목
을 잡아 끌고 가는 그와 같은 일을 하
는 것이 구원의 길이라 너희들이 그리
가르치느니라.
13 그러면서 너희들은 죽어 가는 자 앞에
서 나를 시인만 하면 구원을 받았다
그리 말하며 구원받을 수 있다 함이
니, 이것이 어찌 된 뜻이란 말이더냐?
14 그 말을 믿고도 '아멘, 할렐루야!' 하
고 있는 자들이 너희들이 아니던가?
15 그러니 너희들이 그와 같은 형평성으
로써 어찌 나에게 올 수 있는 길을 마
음대로 온다 그리 말하는가?
16 성도요, 신도가 믿기만 하면 그냥 된
다 하면, 너희들 말대로 믿기만 하면
되는 것이거늘,
17 어찌하여 너희들은 그들에게는 재물
을 거둬들이며 주일을 지키라 그리 말
하느냐?
18 나는 나의 아들을 통하여 그리 말했느
니라.
19 너희들이 나의 새로운 성경을 읽고 깨
우치며, 교회라는 곳에 죄의 온상에
가고 안 가는 것은 구원을 받고 안 받
는 것과 관계없다 그리 말하였지 않더
냐?
20 그러나 그 말이 맞을 것이니라.
21 그러니 너희들이 그와 같이 하면서 어
찌하여 죽은 자 앞에 가서는 기도하며

그저 믿기만 하면 구원을 받는다 그리
하니,
22 이는 오지 아니하고 살아도 너희들이
구원을 받는 것이며, 다른 신도들과
교회요, 그 죄의 온상에 와 재물을 바
치며 울고불고하지 아니하여도 너희
들이 마지막으로 믿기만 하면 구원을
받는다 하니,
23 그 죄의 온상에 오지 아니해도 너희들
이 구원을 받는다는 것이 아니더냐?
24 그러면서 너희들은 어찌하여 한 입 가
지고 두말을 하는가?
25 절대 십일조를 바치지 아니하며, 주일
을 지키지 아니하며, 봉사하고 충성을
다하지 아니하고 종교 지도자를 작은
신과 같이 받드는 그와 같은 삶을 살
지 아니하면 구원을 받지 못한다 하니,
26 너희들이 얼마나 무거운 짐의 쇠사슬
을 짊어지게 하여 그들을 끌고 가는가?
27 그와 같은 사악한 자들이 오늘의 종교
집단의 지도자들이 하고 있는 행위라
는 것을 이제는 모든 신도요, 성도라
는 백성, 그리고 겁 없이 구원을 받았
다 말하는 자, 너희들은 깨우쳐 그를
들여다보도록 하지 아니하면 아니 될
것이니라.
28 너희들이 이와 같은 이치를 깨닫지 못
하며 이를 보고 거듭나는 길을 가지
못하기에, 내가 나의 아들을 통하여
나의 새로운 성경에 수없이 이 뜻을
기록하여 전함이니,
29 이 대목을 읽고 너희들 자신을 들여다
봐 구원의 길을 보도록 그리하는 영광
을 얻도록 그리 전함이니라.

11,579 번째 하나님 말씀

2004년 6월 16일 06시 58분

1 사랑하는 나의 아들아!
2 **"네, 아버님! 말씀하옵소서."**
3 육의 세상에서 현명한 삶을 사는 자
요, 남에게 구걸하지 않는 삶을 살 수
있는 길이 무엇이더냐?
4 바로 인간의 삶에 있어서 너희 자신에
게 어떠한 기회가 왔을 때, 이를 잃지
아니하며 게을러 이를 얻지 못하는 어
리석은 삶을 살지 아니하며,
5 너희들에게 기회가 왔을 때 그것을 네
것으로 만들어 거둬들이며, 그 모두를
효과적으로 운영할 수 있는 지혜로운
삶을 사는 백성은 결코 남에게 구걸하
는 삶은 살지 아니할 것이니라.
6 이것이 바로 인간 세상의 삶을 사는
현명함이 아니더냐?
7 기회가 왔을 때 그를 놓치지 아니하며
효과적으로 역사하는 것, 구원의 길이
란 더 그러하느니라.
8 지금 나의 아들을 따르는 제자들이요,
나의 새로운 성경을 읽고 깨우친 백
성, 너희들이야말로 얼마나 위대한 기
회요, 소중한 기회가 왔는가?
9 그 기회 속에서 지금 효과적으로 너희
자신이 살아가는 현명함을 얻고 있거
늘, 너희들이 이를 읽다 말고 이를 공
부하다 말고 떠나는 백성들이 얼마나
불행한 백성인 줄 알겠느냐?
10 구원의 역사의 기회를 얻었으며 그와
같은 지혜를 얻었거늘, 그 소중한 것
을 효과적으로 네 것으로 만들지 못하
며 중도에서 옳고 그름이요, 이해관계

에 시시비비를 따지다 스스로 물러나
고 떠나는 그와 같은 백성이 있음이
니, 그들보다 더 어리석고 불쌍한 백
성이 없음을 너희들은 알아야 될 것이
니라.
11 이제 나의 아들을 따르는 제자들이요,
나의 새로운 성경을 읽고 깨우친 만백
성, 너희들은 너희들에게 주어진 기회
를 최대한 너희 것으로 만들어 활용하
는 현명한 삶을 살도록 그리하라.
12 활용하고 효과적으로 이용하여 거기
에서 참진리를 배우고 하늘에 오르는
그 뜻을 알아, 불행을 막는 삶을 사는
백성보다 더 위대한 백성이 없을 것이
며 영광된 백성이 없을 것이니라.
13 기회를 놓치고 그 기회를 효과적으로
활용하지 못하며 접어 두고 떠나는 백
성, 등 돌리고 가는 백성, 그들이야말
로 얼마 남지 않은 육의 세상에서 삶
을 살 때, 그리고 심판을 받을 때 그때
알 것이니, 그 통곡함은 이루 말할 수
없을 것이니라.
14 잡았다 놓치는 것, 그리고 너희 품에
와 있는 것을 놓치는 것, 스스로 너희
들이 버리는 것, 그리고 너희 스스로
던져 버리는 그와 같은 어리석고 우매
한 삶이 어떠한 결과를 초래하는 것인
가 너희들은 알게 될 것이니라.

11,580 번째 하나님 말씀

2004년 6월 16일 07시 03분

1 사랑하는 나의 아들아!
2 "네, 아버님! 말씀하옵소서."
3 인간으로서 남부럽지 않은 삶을 사는
자, 그리고 남에게 구걸하지 않고 꾸
어 사는 삶을 살지 않는 백성은 얼마
나 점차적인 계획과 노력으로써 이루
어지느냐?
4 하루아침에 그와 같은 터전이 인간 세
상에서도 이루어지지 않느니라.
5 너희들이 수많은 세월 속에 노력하며
점진적으로 변화되는 삶을 사는 그 속
에서 터전을 닦으며 남부럽지 않은 생
활을 할 수 있는 것이 육의 세상의 삶
이요, 거기에 진리가 있지 않더냐?
6 더욱이 하늘에 오르는 길이요, 천사와
같은 삶을 사는 백성, 성령으로써 그
득히 임하는 그와 같은 역사로써 너희
들이 한순간에 이루고자 한다면,
7 그와 같은 것이 하루아침에 형성되는
것이 아니라는 것을 알고 깨달아야 될
것이니라.
8 무수한 노력 속에서 점진적으로 변화
되는 것이 너희들의 삶이요, 성령이
임하는 길이라는 것을 절대 잊지 말라
그리 전하라.
9 너희들이 노력하지 아니하며 인내하
지 아니한다면, 성령으로써 임하는 그
은혜요, 축복이요, 영광은 결코 너희
들에게 돌아올 수 없다는 것, 그리하
여 그 길을 가는 것이 어렵고 힘듦이
니라.
10 협착하고 좁은 길이요, 거친 길이니라.
11 어렵고 힘든 길을 와야 되는 것이며,
그 길을 역사해야 되는 것이니라.
12 그러나 너희들은 생각하느니라.
13 힘들고 어려운 그와 같은 삶이 과연
너희들에게 구원의 길이요, 하늘에 오
르는 길인가 하는 것, 인간 세상에 남

들처럼 향락을 즐기며 그저 마음대로 즐기고 사는 것이 억울하지 아니한 삶은 아닌가,
14 너희들이 이와 같은 마음으로 너희 자신을 들여다보며 네 생활을 견주어 보다 보니, 스스로 선한 마음보다는 그저 사는 데 열중하는 마음이요, 남이야 어찌 되었든 저만 살면 된다는 이기주의적 생각으로써 너희들에게 뿌리를 내리게 됨이니,
15 모두가 중간에서 주저앉고 마는 형태가 되는 것이니라.
16 모두가 중간의 간이역에서 하차하는 백성들이니라.
17 종착역까지 가는 백성이 없는 그와 같은 형국이 오늘의 믿음이요, 너희들 백성이 오늘에 가는 길임을 알라 그리 전하라.
18 그리 쉽고 편안한 삶이라면 누군들 못 오겠느냐?
19 그러나 쉽고 편안한 길이 아니요, 고통의 길이요, 어렵다는 그 길은 너희들 스스로 마음먹기에 달렸음이니라.
20 이 길이 하늘에 오르는 길이요, 영광된 길이라 하면, 너희들은 참진리의 길이 어렵고 힘들다는 말이 아니라, 행복하고 편안한 삶의 길이요, 진정한 삶의 짜릿한 행복을 느끼는 그와 같은 길이라 생각하고 그리 간다면,
21 정녕 너희들은 어느 날인가는 편안하며 행복함을 알게 될 것이며, 인간의 사는 삶이요, 내가 너희들에게 사는 그 뜻을 내려 준 그 모두를 다 느낄 수 있음이니, 그 짜릿한 행복은 그 누구도 느낄 수 없는 것이니,
22 그와 같은 삶에 너희들이 도달할 수 있도록 오늘에 최선의 노력을 다하도록 그리 깨우치고 전하라.
23 그 행복한 삶을 느낄 수 있도록, 너희들만이 느낄 수 있는 그 행복을 찾을 수 있도록 그리 살라 전하라.

11,581 번째 하나님 말씀

2004년 6월 16일 07시 09분

1 사랑하는 나의 아들아!
2 "네, 아버님! 말씀하옵소서."
3 현명한 나의 백성이요, 어리석은 나의 백성이요, 그 모두의 구분은 너희들의 생활 속에서 모두를 보고 얻을 수 있음이니라.
4 나 여호와는 참진리요, 하늘에 오르는 길을 모두 세상에 다 내려보냈음이니, 생활 속에서 참진리의 길을 찾을 수 있는 백성이 너희들이요, 그 축복이요, 영광이 있음을 너희들은 알아야 될 것이니라.
5 나 여호와가 세상 속에 다 내려보낸 참진리의 길을 보고 찾고 그 길을 행하는 것은 현명한 백성이요,
6 그를 찾지 못하며 알지 못하고 살아가는 백성은 어리석은 백성이요, 우매한 백성이라는 것을 너희들은 알아야 될 것이니라.
7 나 여호와는 끝도 한도 없는 참진리의 뜻을 세상에 다 내려보내어 너희들에게 전하며, 너희들이 생활 속에서 깨닫고 듣고 볼 수 있도록 내가 너희들에게 모두를 내려보냈느니라.
8 그러나 너희들의 가슴이 비어 있지 아

니하며 너희 자신을 버리지 못하는 그
와 같은 삶이요, '나' 자신을 중심으로
'나'를 위한 이기주의의 마음으로 살
아가는 것이 나의 아들딸의 오늘의 삶
이요,
9 욕심과 욕망으로써 가득히 가슴이 채
워져 있기 때문에 너희들은 나의 성령
이요, 내 뜻을 받아들이지 못하는 어
리석은 삶을 사는 것이니라.
10 아무리 옆에서 들으라 보라 그리 내가
외쳐도, 가슴을 비우지 못한 백성들이
요, 천사와 같은 마음을 갖지 못한 백
성이기에 내가 외치고 전하는 것을 듣
지 못하는 자들이니라.
11 듣지도 보지도 못하며, 더욱이 사용도
하지 못하는 것이요, 네 것으로써 만
들지 못하는 그와 같은 어리석은 삶을
사는 것이 나의 백성들임을 너희들은
알아야 될 것이니라.
12 내가 나의 아들을 통하여 160권을 기
록하여 전하는 새로운 성경도 무엇이
더냐?
13 내가 직접 나의 아들에게 깨달음을 내
리는 것이 있으며 명하는 것이 있으며,
14 세상사 살아가는 그 속에 이미 세상에
내려와 있는 나의 뜻을 내가 다시 한
번 기록하여 나의 아들로 하여금 새로
운 성경에 기록하도록 하여 너희들에
게 깨우치는 그와 같은 역사를 하고
있음이니라.
15 모두는 다 사랑하는 나의 아들딸 너희
들을 위해서 내려져 있음이니라.
16 내가 하나의 생명을 세상에 내려보내
면서 너희들이 살아갈 수 있도록 모두
를 내려보내듯이,
17 너희들을 세상에 내려보내면서 깨우
쳐야 될 진리요, 하늘에 오를 수 있는
그 뜻이요, 내 품에 올 수 있는 모든
진리를 다 세상에 내려보냈음이니라.
18 그러나 너희들이 그것을 모름이니라.
19 너희들이 노력하고 역사하지 아니하
면 무엇도 얻을 수 없듯이,
20 너희들을 참진리의 길을 가게 하고자
내가 내려 준 것을 듣지 못하며 네 것
으로 만들려는 현명한 삶을 살지 못하
기 때문에,
21 모두를 얻지도 못하며, 듣지도 못하
며, 보지도 못하며, 사용하지도 못하
며 활용하지도 못하는 어리석은 삶을
사는 것이니라.
22 그러기에 내가 너희들의 손으로 만든
교회요, 죄의 온상에 가지 아니하고
스스로 깨달음을 얻어도 된다 함이요,
23 너희들이 그 깨달음 속에서 그를 행하
고 사는 백성이 되므로, 용기 있는 그
백성이야말로 나에게 구원을 받을 수
있으며 나를 볼 수 있는 백성이라는
것을 잊지 말라 그리 전하라.

11,582 번째 하나님 말씀

2004년 6월 16일 07시 14분

1 사랑하는 나의 아들아!
2 "네, 아버님! 말씀하옵소서."
3 너희들이 인간 세상에 살아가면서 너
희들에게 이익이 된다 하여 무조건 덥
벼들며 그를 덥석 취했을 때 너희들은
상상할 수 없는 손해를 보며 모두를
잃게 되는 불행한 삶을 사는 것이니라.
4 그것이 바로 덫에 걸린 너희들의 삶이

아니더냐?
5 그러니 너희들은 이익이 된다 하여 무
조건 덤벼드는 어리석은 삶이요, 그리
가서는 아니 될 것이니라.
6 동물들이요, 그 모두가 덫에 걸리며
올무에 걸리는 것이 무엇이더냐?
7 앞에 보이는 먹이에 대한 그것을 보고
그 이상은 생각하지 못하기 때문에 그
와 같은 불행을 당하는 것이며 함정에
걸려들어 빠지는 것이 아니더냐?
8 더욱이 물속에 사는 그 물고기들은 어
떠하더냐?
9 그들은 낚싯밥이라는 것이요, 그 먹이
가 되는 것, 이익이 된다 하여 덥석 묾
이니라.
10 그러니 고통 속에 결국 목숨을 잃고
죽어가는 것이 그들이 아니더냐?
11 사랑하는 나의 아들딸들아!
12 너희들이 인간 세상에 살아가는 것으
로 그저 분별없이 이익이 된다는 판단
아래 모든 것을 덤벼들었을 때, 모두
를 다 잃게 되는 불행한 일을 당한다
하였음이니라.
13 더욱이 구원의 길이요, 하늘에 오르는
길이요, 거듭나는 영광을 얻는 그와
같은 믿음의 길을 가는 백성 너희들은
돌이켜 봐야 될 것이니라.
14 그저 믿기만 하면 구원을 받는다 하
며, 나의 아들 예수를 찾으며 나를 찾
기만 하면 구원을 받는다는 것이 너희
들에게 얼마나 이익이 되며 얼마나 편
안한 믿음이요, 너희들의 마음을 편안
하게 할 수 있느냐?
15 죄가 더덕더덕 엉켜 있는 너희들이 그
저 믿기만 하며 몇 푼의 금화와 은화
를 내기만 하면 구원을 받는다는 그와
같은 계산은,
16 바로 너희들이 이익이 있다는 것, 이
익을 위하여 무조건 덤벼들며 덥석 무
는 그와 같은 것이 되지 않느냐?
17 그리하여 너희들은 평생 재물을 바치
게 되느니라, 그리고 그들이 끄는 대
로 끌려가는 삶을 사는 것이니라.
18 그러나 너희들에게 이익을 주는 것 같
은 그 가르침이 모두 너희들을 지옥으
로 이끌어 가는 것이며 사탄의 벼랑으
로 던지는 그와 같은 자들에게 현혹되
어 넘어갔다는 것을 너희들은 알겠느
냐?
19 붕어라는 물속에 사는 고기들이 낚싯
밥을 덥석 물어 고통 속에 결국 죽어
가는 그와 같은 것이 오늘의 신도요,
성도라는 백성 너희들이니라.
20 그러니 이익이 된다 생각하는 것, 너
희들이 편안하게 하늘에 오를 수 있다
는 것, 이와 같은 인간 세상의 계산법
으로써 너희들이 덥석 덤벼들지 말라.
21 그를 무는 순간에 너희들은 낚싯밥에
걸린 물고기처럼 그 고통의 세월 속에
살다 결국은 물 위에 건져져 죽는 그
형국이 됨이니,
22 너희들의 그 어리석음을 내가 깨우쳐
주기 위하여 나의 아들을 통하여 내가
기록하고 또 기록하여 전하거늘,
23 이 대목을 읽고도 너희들이 깨우치지
못하며 바로 서지 못한다면, 그것은
너희들의 운명이라 말할 수밖에 없느
니라.

11,583 번째 하나님 말씀

2004년 6월 16일 07시 19분

1 사랑하는 나의 아들아!
2 "네, 아버님! 말씀하옵소서."
3 나의 피조물 만백성 중에 불행한 자가
무엇이더냐?
4 하늘을 향하여 너희들이 열 발짝을 올
라옴이니, 열한 발짝을 밑으로 내려가
는 그와 같은 삶을 사는 백성이 가장
어리석고 불행한 백성임을 너희들은
알아야 될 것이니라.
5 지금 나의 아들을 따르는 제자들이요,
나의 새로운 성경을 읽고 깨우친 백
성, 너희들은 과연 지금 어떠한 삶을
살고 있는가?
6 그보다 더 큰 영광이요, 은혜를 입은
백성들이 없느니라.
7 이것이 하늘에 오르는 길이요, 너희들
의 삶에서 욕심을 지우라, 욕망을 버
리라, 너희 자신을 버리라, 그리고 나
여호와의 사랑을 실천하며 살라 내가
너희들에게 가르치고 전함이니,
8 그와 같은 강론을 듣고 그와 같은 가
르침을 듣는 너희들보다 더 귀하고 소
중한 백성이 없음이니라.
9 그리고 그보다 귀한 가르침이 세상에
없음이니라.
10 세상을 다 얻는 것보다도 나의 아들을
통하여 내리는 강론이요, 나의 새로운
성경을 읽고 깨우치는 그것이 더 소중
하고 귀한 것이라 내가 수없이 너희들
에게 전했느니라.
11 그와 같은 것을 얻은 백성 너희들이
이를 지키고 그 길을 행하지 아니하는
것은 얼마나 불행한 백성인 줄 알겠느
냐?
12 그와 같이 소중한 것이요, 나 여호와
의 뜻이라 깨달았다면, 너희들은 거기
서 흔들리는 마음 자세가 아니라, 오
로지 그 길을 위하여 최선의 삶을 다
하도록 그리 노력하고 가면 되는 것이
니라.
13 묵묵히 누가 뭐라 하든, 좌우에서 누
가 뭐라 너희들을 유혹하든 그와 같은
것에 현혹되지 아니하며,
14 오로지 나의 성령이요, 내가 내리는
새로운 성경을 가지고 공부하고 깨우
쳐 묵묵히 그 길을 그대로 가기만 하
면 되느니라.
15 좌우에 천둥 번개가 친다 해도 너희들
이 관여할 것이 없이 오로지 그 길만
가면 되는 것이거늘,
16 인간의 지혜요, 생각이 얼마나 높고
넓다 하여 너희들이 인간의 생각으로
써 그와 같은 길을 가지 아니하고 이
익 분배요, 시시비비를 하는 그와 같
은 속에 말려들어 스스로 시시비비를
만드는 그와 같은 어리석은 삶을 사느
냐?
17 세상에 너희 자신보다 더 귀하고 소중
한 진주요, 보배를 간직했다면 그대로
조용히 간직하고 가면 되는 것처럼,
18 너희들이 나의 새로운 성경을 접했으
며 나의 아들을 통하여 내리는 강론을
들었다면, 조용히 고개 숙여 그 모두
를 너희 것으로 만드는 데 모든 삶을
다 바치라.
19 거기에 시시비비가 있을 수 없으며,
옳고 그름이 없으며, 흔들리는 마음

자세가 있어서도 아니 되는 것이거늘,

20 그와 같이 묵묵히 네 길만 가며 강론을 듣고 새로운 성경을 읽고 깨우치는 그와 같은 삶을 사는 것이 아니라,

21 인간의 욕망이요, 인간의 생각을 버리지 못하여 그를 가지고 시시비비하는 어리석은 너희들이 되어서는 아니 됨이니라.

22 그와 같은 마음을 가지고 있는 자들은 내 뜻을 정녕 받아들일 수 없으며 내가 역사하는 길을 모르는 자이니,

23 너 자신이 불행한 함정을 파지 말며 불행한 우물을 파지 말라 그리 전하라, 사랑하는 나의 아들아!

11,584 번째 하나님 말씀

2004년 6월 16일 07시 24분

1 사랑하는 나의 아들아!

2 **"네, 아버님! 말씀하옵소서."**

3 지금의 모든 백성 너희들이 가는 그 길이요, 하늘에 오르는 길이라는 그 믿음을 바로잡고 바로 세우지 아니하면 아니 됨이니라.

4 이제는 모든 것을 내가 바로잡고자 함이니라.

5 너희들의 그 믿음이 왜 잘못되었다 내가 하는 줄 아느냐?

6 너희들은 참진리의 믿음의 그 뜻에 의해 그 길을 향하여 오는 것이 아니니라.

7 너희들의 신앙이요, 믿음이요, 구원의 그 길은 참진리를 듣는 것이 아니라, 참진리의 길이 근본이며 너희들이 나에게 오를 수 있는 것이라는 것을 지워 버리고 사는 자들이니라.

8 오로지 너희들은 그 기적과 이적에 대하여만 모두가 연연하는 삶이요, 그것이 진리인 것처럼 착각 속에 사느니라.

9 구약의 시대에 모세가 이루었던 수많은 기적의 역사요, 그와 같은 것을 참진리인 것처럼 그리 알고, 그것을 상상하며 그 속에서 너희들이 믿음의 싹을 틔워 가는 것이 아니더냐?

10 그것이 나의 사랑의 근본인 것처럼 그리 생각하나, 그 모두는 다 나의 사랑의 근본이요, 참진리의 가르침이 아님을 알라.

11 너희들이 지금 그것을 착각하고 있음이니라.

12 기적이요, 그 모두가 다 진리요, 믿음의 길이요, 근본이라 생각하나, 그는 진리요, 사랑의 근본과는 아무런 관계도 없으니, 그 착각에서 벗어나도록 해야 할 것이니라.

13 신약의 시대에 나의 아들 예수가 병을 고치며 눈먼 자 눈을 뜨게 하며 죽은 자 살리는 그와 같은 기적의 역사함이 신앙의 근본이요, 참진리라 생각하고 있으니, 너희들의 마음이 모두 다 거기에 맞춰져 있음이니라.

14 더욱이 너희는 예수의 죽음에 대한 것을 또한 어찌 생각하는가?

15 너희는 예수가 죽어 3일 만에 부활한 그 자체 또한 그것을 믿음이요, 참진리의 길이라 믿고 가르치며 거기에 모두를 걸고 가는 그와 같은 믿음이니라.

16 이것이 다 틀렸음이니라.

17 너희가 이것을 벗어나지 아니하면 아니 됨이니라.

18 그는 참진리의 의미가 아님을 알아야
될 것이니라.
19 참진리는 진리대로 물이 위에서 아래
로 흐르듯이 나의 진리는 따로 있으며,
20 기적의 역사요, 이적의 역사가 진리가
아니며, 그것으로써 너희들이 진리를
깨우치고 진리를 역사하도록 하는 것
이 아님을 알라.
21 다만, 너희들이 그를 참고로 하며 그
를 기본으로 하여 깨우치는 것이요,
어떠한 믿음으로 가야 하는지 깨닫는
것이지, 그것이 참진리의 역사가 이루
어지는 것은 아님이라는 것을 알라.
22 그러하기에 지금 내가 기적의 역사 없
이 새로운 성경을 세상에 내려보내 너
희에게 깨우치고 전함이니라.
23 나의 아들을 통하여 내가 기적의 역사
를 이룬다면, 너희들은 또한 구약과
신약의 지금의 믿음의 길을 온 것처
럼, 참진리의 길이요, 하늘에 오르는
것은 뒷전으로 집어던지며,
24 오로지 기적의 역사에 대한 그 은혜를
받고자, 그와 같은 것이 너희들에게
이루어지게 하고자 거기에 매달려 살
아가는 신앙이요, 믿음의 길을 감이
니, 그것이 내 뜻과 관계없는 것이니
라.
25 참진리의 길이 아닌 것을 참진리처럼,
그것이 믿음의 근본인 것처럼 그리 좇
아가기 때문이니라.
26 그리하여 160권의 나의 뜻을 뒷전으
로 던져 버리는 그와 같은 슬픈 역사
가 또 이루어지기에, 내가 나의 아들
을 통하여 기적을 역사하지 아니함을
너희는 알아야 할 것이니라.
27 그러니 너희들이 그와 같은 오늘의 믿
음이요, 어디가 참진리의 길이요, 어
떤 것이 하늘에 오르는 길이요, 내가
원하는 것인가를 그 깊이를 깨닫고 그
뜻을 음미하는 백성만이,
28 나의 새로운 성경을 읽으며 거기서 원
하는 것이 무엇이며, 너희들에게 전하
고자 하는 것이 무엇이며, 깨우치고자
하는 것이 무엇인가를 알게 될 것이니
라, 사랑하는 나의 아들딸들아!

11,585 번째 하나님 말씀

2004년 6월 16일 07시 30분

1 사랑하는 나의 아들아!
2 **"네, 아버님! 말씀하옵소서."**
3 너를 따르는 선택된 제자들이요, 나의
새로운 성경을 접한 영광을 얻어 읽고
깨우친 백성 너희들에게 내가 묻노라.
4 너희들은 너희 자신을 지우며 네 마음
을 비우며 성령으로써 그득히 채울 수
있는 삶을 사는 것이 도리라는 것을
너희들은 누구나 다 알고 있으며 그리
대답할 것이니라.
5 그러니 나의 아들을 따르는 제자 너희
들에게 먼저 묻노라.
6 너희들은 부귀와 영화요, 권력이요,
그를 과연 바라지 아니하며, 남들보다
재물을 많이 가지고 있는 것을 원하지
않는가?
7 과연 너희들은 그와 같은 마음은 없는
가?
8 한번 너희들이 스스로 돌이켜 보도록
그리하라.
9 그리고 너희들은 남들에게 너희 자신

을 자랑하고 싶은 마음은 없는가, 자랑하는 행위는 과연 하지 않는가,

10 그리고 남의 허물을 흉보며 남의 잘못된 것을 탓하는 그와 같은 마음은 과연 없는가, 시기 질투하는 마음은 과연 지금 갖지 아니하고 있는가?

11 그리고 정녕 너희들은 나 여호와의 사랑이 무엇인지 알고 있는가, 알고 있는 너희들이 나 여호와의 사랑을 베푸는 것을 과연 행하고 실천하는가, 너희들이 어렵고 불쌍한 자에게 도움을 주저하지 않는가?

12 너희들 스스로 천 가지 만 가지 나 여호와의 뜻을 기록하여 놓고 너희들이 얼마만큼 행하고 실천하는 것인지 한번 기록하여 점수를 매겨 보도록 그리하라.

13 너희들은 나 여호와의 뜻이 무엇인지 아느니라.

14 내가 원하는 것을 너희들은 그 정답을 다 알고 있음이니, 그를 나열해 놓고 한번 보라.

15 시기하는 마음은 없는가, 욕심을 가지고 있지는 않은가, 네 마음은 과연 비웠는가, 신심으로 네가 사랑하는가, 네 것을 베풀면서 남을 사랑하는 삶을 사는가?

16 너희들은 수만 가지가 있을 것이니라.

17 나의 강론을 듣고 나의 새로운 성경을 접하며 너희들이 깨달은 수만 가지 그것을 기록해 놓고, 과연 너희들이 나의 뜻대로 행하는 것이 몇 가지나 되나, 얼마나 되나 한번 보도록 하라.

18 그렇다면 너희들 스스로 부끄러워 고개를 들지 못하는 삶을 살 것이니라.

19 너희들이 제대로 지키는 것은 하나도 없으며 너희들의 악습이요, 잘못된 것을 뿌리를 뽑아 버리고 지워 버린 것이 하나도 없는 그와 같은 삶이니라.

20 너희들이 정녕 부귀와 영화를 바라지 않는가, 그를 버리고 고통의 길을 가는 삶을 과연 갈 수 있다 생각하는가?

21 너희들 자신을 놓고 하나하나 점수를 매겨 보도록 그리하라.

22 나의 법전을 접한 것, 나의 새로운 성경을 접한 것이 얼마나 축복이요, 영광이라는 것, 너희들이 하늘과 땅끝이 다하도록 감사하며 은혜로운 마음으로 사는가?

23 너희들의 모두를 하나하나 기록하여 그 점수를 한번 매겨 보라.

24 나의 아들을 따르는 제자 너희들까지도 거기에 하나도 제대로 이루어진 것이 지금 없다는 것을 알게 될 것이니라.

25 너희들의 오늘의 현실이 그러하니, 다른 백성들은 어떠하겠는가?

26 이것이 나의 백성 너희들이 가지고 있는 마음이요, 살아가는 모습이니라.

27 너희들 스스로 백 가지 천 가지를 기록해 놓고 한번 점수를 매겨 보라.

28 완전히 뿌리를 뽑아 버린 게 있는가, 완전히 지워 버린 것이 있는가, 유사시에 그저 앞뒤를 보지 아니하고 이익에 의하여 덥석 물어 버리는 그와 같은 마음은 아닌가?

29 낚싯밥에 걸려드는 붕어와 같은 너희들이라는 것을 나는 자신 있게 말함이니, 아니거든 아니라 너희들이 고개를 좌우로 흔들라.

30 그렇지 아니하거든 너희들이 스스로
점수를 매겨 보도록 그리하면, 좌우로
고개를 흔드는 네가 얼마나 오만한 자
요, 잘못된 것인가를 바로 알 수 있을
것이니라.

11,586 번째 하나님 말씀

2004년 6월 16일 07시 33분

1 사랑하는 나의 아들아!
2 "네, 아버님! 말씀하옵소서."
3 너희들이 이러한 백성이 될까 봐 나
여호와가 두려움이니라.
4 지금 나의 아들을 따르기 위하여 어렵
고 힘들게 가는 백성들의 그 공이 큼
이니라.
5 나의 새로운 성경을 읽고 변화되는 너
희들의 상이 또한 큼이니라.
6 그러나 너희들이 결국 이러한 백성이
되지 아니할까 하여 나 여호와가 걱정
함이니라.
7 너희들이 모든 기계를 만드니, 백 개
로써 그 기계는 기능을 발휘하며 제
성능을 발휘할 수 있는 것이니라.
8 그중에 하나만 빠져도 제 성능을 발휘
하지 못함이니, 아흔아홉 개의 부속을
완벽하게 깎는 데 최선을 다하여 다
깎아 맞췄음이니, 너희들이 아흔아홉
개를 만들고 하나를 더 만드는 것이
힘들고 어려워 그 모두를 포기한다면,
9 곧 기능을 발휘하며 제 소임을 다할
수 있는 그와 같은 기계를 너희들이
하나의 부속을 깎지 아니하여 마지막
힘든 고비를 인내하지 못하여 제 기능
을 하지 못하게 되느니라.
10 백 개의 부속으로써 한 기계를 맞추지
못하여 하나의 공간으로 모두가 역사
하지 못하는 것같이 너희들이 그런 삶
을 살지 아니할까 하여 내가 염려함이
니라.
11 너희들이 지금 나의 새로운 성경을 접
하며 이를 만들어 만백성에게 전하는
그와 같은 역사, 그러나 너희들이 아
흔아홉 가지를 잘하였으나, 마지막 한
가지를 잘못하여 너희들이 나로부터
구원을 받지 못하며 나를 보지 못하는
그와 같은 삶을 살지 아니하기를 바라
는 것이니라.
12 너희들은 여기서 들으라.
13 너희가 아흔아홉 가지를 잘했으며 한
가지를 잘못했으니, 아흔아홉 가지의
상은 있을 것이라 그리 생각하지 말라.
14 나는 완전함을 원함이니라.
15 내가 너희에게 예를 들어 말하였으니,
백 개의 부속으로써 그 기계가 성능을
발휘할 수 있으며 그 능력을 발휘할
수 있다 하면,
16 아흔아홉 개를 만들고 하나를 만들지
아니하고 포기하면 그 기계는 무용지
물이니, 바로 너희가 나에게 오르는
길이 그러하니라.
17 그러니 마지막까지 최선을 다하며 마
지막까지 노력하며, 쉬지 않는 백성이
요, 긴장을 풀지 않는 백성으로서 그
리하라.
18 너희들이 마지막에 무너지는 그런 백
성이 되지는 아니할까 하여 나 여호와
가 너희들에게 강한 강도의 훈련을 시
키며 너희에게 채찍질함을 잊지 말라
그리 전하라, 사랑하는 나의 아들아!

11,587 번째 하나님 말씀

2004년 6월 16일 07시 42분

1 사랑하는 나의 아들아!
2 "네, 아버님! 말씀하옵소서."
3 나의 법전을 접하는 백성은 은혜 입은 백성이요, 영광된 백성이니라.
4 그러니 나의 새로운 성경을 읽고 깨우치는 그와 같은 백성은 바로 무엇이더냐?
5 하늘에 오르는 길을 볼 수 있는 백성들이니라.
6 너희들은 하늘에 오르는 길을 볼 수 있는 은혜를 입음이니라.
7 나의 새로운 성경을 읽고 또한 행하며 그대로 지키는 백성은 무엇이더냐?
8 너희들이 거듭나는 영광을 얻는다는 것을 알아야 될 것이니라, 사랑하는 나의 아들딸들아!
9 나의 160권의 새로운 성경이 이와 같은 위대한 역사를 이루는 것이니, 그리하여 이는 내가 직접 관여하며 내가 너희들과 같이한다 하였음이니라.
10 사랑하는 나의 아들딸 너희들은 들어야 될 것이니라.
11 어리석은 백성은 나의 법전을 보고도 스쳐 갈 것이며, 나의 법전을 읽으라 손에 쥐여 주어도 그를 읽지 아니하며 그를 보고 깨달음을 얻지 못하느니라.
12 그 백성들이 가는 길은 무엇이더냐?
13 거듭나는 길이 아니라 지옥의 불길에 저 자신의 몸을 던져 버리는 어리석은 백성임을 너희들은 알아야 될 것이니라.
14 사랑하는 나의 아들딸 너희들은 들으라.
15 정녕 너희들은 지혜로운 백성이요, 그리고 구원의 길을 오는 백성이요, 거듭나는 영광을 얻는 백성으로서 삶에 절대 주저하지 말며 망설이지 말도록 그리하라.
16 '하나님! 말씀하옵소서.', '하늘에 오르는 길'이라는 나의 이 새로운 성경을 접함에 너희들이 주저하지 말며 망설이는 어리석은 백성이 되지 말라.
17 너희는 자신 있는 백성이 되라, 그리고 당당한 사람이 되도록 하라, 그리고 용기 있는 백성이 되도록 그리하라.
18 용기 없는 백성은 결국 나의 새로운 성경을 접하여 읽고 깨우쳐 변화되는 삶을 살지 못하는 어리석은 백성이니라.
19 용맹과 용기가 있는 자만이 거기서 벗어날 수 있느니라.
20 그리고 저 자신의 소중함을 아는 백성만이 새로운 길을 갈 수 있는 것이니라.
21 사랑하는 나의 아들딸들아! 흘러가는 물처럼 그저 흘러감으로 너희들이 목적지에 도달한다는 그와 같은 안일한 생각을 하지 말라.
22 결코 그와 같은 것으로써 이루어질 수는 없음을 알아야 될 것이니라.
23 모든 백성이 지금 내가 새로운 성경, 이를 보고 깨우치지 아니하면 하늘에 오를 수 없다, 너희에게 전하고 또 전하는 것을 소홀히 들으며 너희들이 이단이요, 사탄이요, 마귀가 하는 짓이라 함이니,
24 이는 곧 나를 사탄이요, 마귀라 능멸

함이니, 이는 바로 너희들이 성령을
훼방하는 것이니, 어떠한 것으로써도
용서받지 못하는 일을 서슴없이 하고
있다는 것을 알라, 사랑하는 나의 아
들딸들아!
25 지혜롭고 생각이 있는 나의 백성들이
어찌하여 하늘에 오르는 길이요, 나에
게 오르는 길을 마다하고 그 죽음의
지옥 불로 달려가는 그와 같은 삶을
살아가는 데 그리도 용감하며 자신만
만하며 당당하더냐?
26 잘못된 믿음이요, 지옥으로 가는 그
길에 용기 있는 백성이요, 당당한 그
모습의 삶을,
27 이제는 나의 새로운 성경을 접하며 이
를 읽고 깨우쳐 하늘에 오르는 길을
볼 수 있는 그와 같은 것에 너희들이
당당하며 용기를 모두 다 투자하며 던
지도록 그리하라, 사랑하는 나의 아들
딸들아!
28 나 여호와가 너희들을 얼마나 사랑하
기에 다시 나의 아들을 통하여 이와
같이 제3의 시대에 새로운 성경이요,
하늘에 오르는 길이요, '하나님! 말씀
하옵소서.'라는 이 책으로써 근거하여
너희들을 깨우치고자 하겠느냐?
29 두 번 다시 기회가 없으며 두 번 다시
이와 같은 역사는 있을 수 없으니, 마
지막의 이 기회를 저버리지 말도록 그
리하라.

11,588 번째 하나님 말씀

2004년 6월 16일 07시 45분

1 사랑하는 나의 아들아!
2 "네, 아버님! 말씀하옵소서."
3 인간 세상의 공부함이요, 그 학문이
끝이 없다 너희들이 그리 말하지 않느
냐?
4 인간 세상의 학문도 끝이 없으며 그
배움이 끝이 없으며 그 공부가 끝이
없다 하였거늘, 하늘의 이치요, 하늘
에 오르는 길이 과연 끝이 있겠느냐?
5 그러니 그 길은 더욱이 끝이 없음이니
라.
6 그 끝이 없는 길을 향하여 옴에 있어
서 너희들이 나태하고 게으른 자세로
올 수 있겠느냐?
7 모든 삶에 최선을 다하며 노력하는 삶
이 아니면 아니 되느니라.
8 1초, 1분을 소중히 생각하는 삶 속에
서 그 귀함 속에서 참진리를 깨우치며
하늘에 오르는 길을 연구하고 내 뜻을
알고자 노력하는 백성,
9 인간 세상에서 학문이요, 공부요, 그
모두가 끝이 없다 말하듯이, 하늘에
오르는 길은 더 끝이 없고 더 멀고 먼
길이니라.
10 그 길을 오는 백성들이 마음 자세요,
공부하는 자세요, 노력하는 자세가 어
떠한 형태로 와야 되는 것인가를 스스
로 깨우쳐, 너희들의 자유의지에 의하
여 그 길을 선택해 오도록 그리하라.
11 나 여호와는 이것을 너희들에게 깨우
쳐 줌이니, 행하고 행하지 아니하는
것은 너희 스스로에게 달렸음을 알라
그리 전하노라.

11,589 번째 하나님 말씀

2004년 6월 16일 20시 37분

1 사랑하는 나의 아들아!
2 "네, 아버님! 말씀하옵소서."
3 2천 년 전에 나의 소중한 아들 예수가
세상에 나갔음이니, 그가 역사한 그
모두가 오늘에 길이 빛나는 것이 무엇
인 줄 알겠느냐?
4 모두가 진실된 사랑으로써 행해졌으
며, 그 하나하나의 행동이 진정 진실
되고 참사랑으로써 모두 역사했기 때
문에 그게 진리요, 불변임을 너희들은
알아야 될 것이니라.
5 그것이 너희들과 다르며 모든 백성과
다름이니라.
6 지금의 믿음의 길을 가는 종교 집단의
지도자, 그리고 구원을 받았다는 그
백성이 모두 진실된 사랑이요, 진정
아름다운 사랑으로써 모두를 역사한
다면, 내가 너희들에게 무엇을 탓하며
오늘과 같은 이 어려운 길을 가도록
하겠느냐?
7 내가 사랑하는 너의 제자들이요, 그들
을 위하여 하나의 깨우침을 전하니 들
으라.
8 너희들이 사랑을 베푸는 것이 두 종류
가 있음을 알라.
9 육으로써 베푸는 사랑과 영적인 높은
사랑의 베풂이 있음이니라.
10 너희들이 지금까지 사랑을 베풀며 이
웃을 사랑하는 것은 육의 사랑이요,
육의 한계에서 그를 벗어나지 못하고
사랑하고 아꼈기 때문에,
11 너희들이 섭섭한 마음이요, 서운한 마
음이요, 그리고 너희들의 마음이 변질
될 수 있으며 변화될 수 있다는 것을
알아야 될 것이니라.
12 진정한 향기를 뿜는 살아 있는 꽃은
그 향기가 얼마나 아름답고 소중하더
냐?
13 그 향기를 발하는 꽃이 꺾여 썩어진다
면 그것은 썩은 냄새가 나는 것이 아
니더냐?
14 이와 같은 이치를 너희들이 터득해야
될 것이니라.
15 너희들이 성령으로써 나의 뜻으로써
내가 역사하는 그와 같은 사랑으로써
네 이웃을 사랑하며 너의 형제를 사랑
한다면,
16 그는 결코 썩지 아니하며 생명력 있는
아름다운 꽃이니, 그 향기는 변하지
아니하며 영원히 존속될 것이니라.
17 그러나 너희들이 인간의 생각이요, 인
간의 마음을 가지고 사랑함이니, 이는
바로 꺾여진 꽃과 같은 사랑이니라.
18 그러니 이와 같은 이치를 깨닫도록 하
며, 너희들이 지금까지 이웃을 사랑하
고 형제를 사랑하며 베풀고 또 아꼈던
그 모두는 인간의 사랑에서 베푼 것이
니라.
19 그것도 누구도 따라갈 수 없는 위대한
사랑인 것이니라.
20 그러나 너희들은 아무런 거침이 없이
아무런 기대가 없이 바라는 것이 없
이, 나의 영적인 사랑으로써 승화하도
록 이제 그리 가라.
21 그리하면 너희들의 마음이 변할 것이
며 세상을 보는 눈이 열릴 것이니라,
사랑하는 나의 아들을 따르는 제자들

아!

부 록

【하나님께서 가르쳐 주신 운동】

천재지변이 일어날 때, 동물이나 미물들은 미리 알고 대피하지만, 인간은 알지 못하고 큰 화를 당합니다. 하나님께서 인간에게 가장 높은 지혜를 주시고 완벽하게 창조해 주셨기에 동물들보다 더 잘 알 수 있지만, 욕심으로 마음이 혼탁해져서 한 치 앞을 보지 못하는 것입니다.

마찬가지로, 인간은 누구나 스스로 필요한 운동을 해서 건강을 지킬 수 있도록 하나님께서 만들어 주셨습니다. 우리의 머리에서 우리 몸에 필요한 동작을 해 달라고 끊임없이 신호를 보내지만, 인간이 혼탁하게 살아서 그 신호를 알아채지 못합니다. 그러니 자연스럽게 자기 몸이 원하는 그 신호를 따라서 운동하는 것이 하나님께서 가르쳐 주신 운동 방법입니다. 바로, 우리의 영이 육을 이끄는 운동입니다.

▶ 하나님 운동법

1. 눈을 감고, 발을 어깨너비로 벌리고 바르게 선다.
2. 몸에 힘을 풀고, 허리를 숙이면서 손과 머리를 아래로 내린다.
3. 허리를 펴고 싶을 때, 천천히 펴면서 하고 싶은 동작을 하면 운동이 시작된다. (사람마다 다르다.)
4. 멈추지 말고, 어떤 동작이든지 자기 몸의 느낌대로 계속 이어서 한다.

▶ 참고 사항

① 눈을 감은 상태로 아무 생각 하지 않고, 자기 몸의 느낌대로 움직입니다.

② 마음을 비우고, 욕심을 버리고, 지난날의 잘못을 반성하면서 몇 차례 시도하다 보면, 자기도 모르게 하고 싶은 동작이 끊임없이 생깁니다.

③ 운동 장소는 방 안이든 운동장이든 관계없으며, 걷거나 달리고 싶을 때는 눈을 떠도 됩니다.

④ 매일 40분 이상, 주 4회 이상, 3개월 이상 하면 음식 조절에 들어갑니다.
- 음식으로 생긴 병은 음식으로 치료하게 되며, 어떤 음식을 먹어야 하는지 스스로 알게 됩니다.
(자기 몸에 필요한 음식만 먹고 싶어집니다.)

⑤ 사랑하는 사람과 함께 운동하면 서로 치료해 주기도 합니다.

⑥ 운동을 하다가 몸의 어느 한 부분을 계속 손으로 자극한다면 그쪽에 이상이 있는 것이니, 의사에게 상담을 받고 적절한 치료를 받으면 됩니다.

⑦ 다이어트 및 기타 건강관리에 효과적입니다.

⑧ 꾸준히 운동하여 영이 맑아지면, 자신의 과거와 미래를 스스로 보게 됩니다.

누구나 스스로 하실 수 있습니다.

간 행 사

《새로운 성경》은:

· 새로운 성경은, 하나님께서 선량하고 선한 자를 선택하여 십계명을 암송하도록 하시고, 십계명을 암송한 다음에 음성으로써 들려주시는 말씀을 듣고 그대로 카세트테이프에 녹음해서 받아쓴 책입니다.

· 90분짜리 녹음테이프 700여 개에 달하는 말씀으로, 1999년 8월부터 2004년 7월까지 총 160권(권당 288쪽)을 완성하였으며, 그 이후에도 현재까지 계속 말씀을 내려 주고 계십니다.

· 새로운 성경은 "하늘을 두루마리 삼고 바닷물을 먹물 삼아 쓰고 써도 다 못 쓴다"는, 끝없이 방대한 하나님의 말씀이 두루마리로 직접 내려오는 것입니다. 이러한 새로운 성경은 구약과 신약을 폐하려는 것이 아니라 "인봉된 성서의 비유의 뜻"을 상세히 설명하여 완성하고자 하나님께서 직접 내려 주신 말씀입니다.

《새로운 성경》의 구성:

· 제 목: 2013년, 160권 모음집을 발간하면서, 본 도서의 제목을 "하나님! 말씀하옵소서"에서 《새로운 성경》 으로 명해 주셨습니다.

· 단행본: 각 권당 288쪽(신국판) 책이 160권까지 시리즈로 출판됩니다.
(모음집은 단행본을 16권씩 묶어서, 총 10부로 구성됩니다.)

《새로운 성경》의 성경적 근거:

· 신약 성경 [요한복음] 16장 13절에 "진리의 성령이 오시면 그가 너희를 모든 진리 가운데로 인도하시리니 그가 자의로 말하지 않고, 오직 듣는 것만을 말하며" 하신 말씀처럼 하나님의 음성을 들은 것만 기록하였으며,

· "장래 일을 너희에게 알리시리라" 하신 말씀과 같이 개인, 나라, 인류의 "장래"일을 하나님께서 알려 주시는 것만 기록하여 책으로 만들었습니다.

《새로운 성경》의 기록 방법:

· 1999년 8월부터 하나님께서 저에게 들려주시는 음성을 기록하였습니다. 처음에는 제가 들은 말씀을 불러 주면 저의 아내가 기록하여, 2000년 1월 29일에 1권 초판이 세상에 나왔습니다. 2000년 4월부터는 주시는 말씀을 받아 녹음기에 기록하기 시작하였습니다.

· 녹음을 시작하면서 하나님의 말씀을 받는 데 가속도가 붙었고, 2001년 5월 3일에 1부(1~16권까지)를 인쇄하여 출판하였으며, 2004년 7월까지 총 160권 분량의 말씀을 받아 기록하였습니다.

하나님께서 저에게 주신 것은:

· 첫째, 만백성을 상대로 내려 주시는 "기도", 둘째, 수시로 내려 주시는 "묵상", 셋째, 개인의 과거, 현재, 미래를 알려 주시는 "개인 기도", 넷째, 개인의 건강을 위해서 내려 주시는 "음식 처방", 다섯째, 하나님께서 가르쳐 주신 "운동"등이 있습니다. 이 중에 첫 번째, "기도"를 책으로 편찬하였습니다. 사람의 생사, 개인의 미래에 관한 천기는 수록하지 말라 하셨습니다.

강론 안내:

· 하나님께서는 지금도 매일 저에게 새로운 하늘의 비밀의 말씀을 내려 주고 계십니다. 수시로 내려 주시는 말씀을 정리해서 제자를 육성하라는 말씀에 따라 매주 강론을 하고 있습니다. 누구나 무료로 들으실 수 있습니다. (book160.com)

《새로운 성경》을 읽는 분들에게 드리는 선물:

· 개인 기도: 개인의 과거, 현재, 미래에 관하여 말씀을 내려 주십니다.

· 음식 처방: 사람은 음식을 먹고살다가 건강을 잃으니, 음식과 운동으로 건강을 되찾는 방법을 알려 드립니다. 단, 하나님이 계심을 믿고, 십계명을 지키겠다고 진실로 서약하는 분들께 알려드립니다.

《새로운 성경》의 은혜와 기적:

· 새로운 성경 전160권은 16권씩 묶어서 총 10부의 모음집으로 구성됩니다. 모음집 한 부를 읽고 깨우치는 자에게 하나님께서 다음과 같은 기적이 있다고 하셨습니다.

· "첫째, 그가 죽어 하늘에 갔을 때 그의 죄를 묻지 아니하며, 구원을 받는 위대한 은혜가 있으며, 둘째, 그의 소원과 소망이 이루어지고, 셋째, 죽은 자(부모, 형제, 자식, 사랑하고 은혜 입은 분)의 이름으로 구입한 책을 읽고 누군가 한 사람이 깨우칠 때, 그 죽은 자가 지옥에서 천국으로 구원을 받게 되며, 넷째, 유산, 중절 수술 등으로 태어나지 못한 아이를 위하여 구입한 책을 보고 한 명이 깨우쳤을 때, 그 아이가 사람으로 다시 한 번 태어나는 은혜를 받는다."

· "새로운 성경"을 3회 이상 정성을 다해 정독하는 자, 성서의 비밀을 알게 되고, 세상의 이치를 알게 되며, 세상을 지배하고 통제할 수 있는 지혜를 다 얻게 된다고 하셨습니다. 이 책은 만백성이 정독하고 이웃에게 전하여, 평생 가슴에 묻은 슬픔과 고통의 짐을 벗고 미래를 위한 힘찬 삶을 살아가도록 하는 책입니다.

끝으로

· 하나님께서는 흰 눈이 세상을 덮듯이 새로운 성경을 온 세상에 전하라고 하셨습니다. 《새로운 성경》 을 각국어로 번역해서 온 인류에게 구원의 길을 깨우쳐 주고, 그 수익으로 가난하고 어려운 백성을 구제하여, 만백성의 영과 육을 함께 구원하는 선지자의 임무를 수행하라고 저에게 명하셨습니다.

· 하늘에서 내려 주신 말씀의 보화를 만백성에게 나누어 주는 것이 선지자의 임무라고 하셨습니다. 새로운 성경을 통해서 얻는 재물을 사용할 곳도 하나님께서 일일이 명해 주십니다. 모든 재물은 저의 자의로 쓸 수 없고, 하나님께서 명하시는 대로만 쓰여집니다.

· 어떤 명분으로든 십일조나 각종 헌금을 거두어들이지 말라 하셨으며, 국내뿐 아니라 각국에 성전과 단독 서점을 운영하며, 한국의 많은 젊은이들을 전 세계에 지도자로 내보내라고 하셨습니다.

· 우리는 세계적으로 새로운 성경을 보급하며 어려운 이들을 돕는 역사를 해 나갈 것입니다. 지금까지 비록 몇 명 안 되는 제자들과 함께 이러한 일을 역사했지만, 앞으로도 계속 하나님께서 기뻐하시는 일들을 해 나갈 것입니다. 부족한 저희에게 여러분들의 지혜와 성원을 보내 주시기를 바랍니다. 많은 분들의 참여와 도움을 간절히 기다립니다. 감사합니다.

한국어로 내려온 《새로운 성경》 단행본을 출간하며
2016년 4월 10일

발행인 **김 용 철**

한국어로 내려온

새로운 **성 경** · 10부 · 제152권

지은이 하나님 말씀
대역자 김용철

초판인쇄 1쇄 2017년 2월 1일
2쇄 2017년 6월 21일

펴낸 곳 도서출판 하얀마음
등록번호 제 10-2107호 (2001년 2월 14일)
주소 서울시 노원구 덕릉로86길 5, 2층
전화번호 02) 313-1114
팩스 02) 393-5554
전자우편 book160@hanmail.net
편집위원 조나영 김미향 이석교
제작지원 김서영 이상빈

도서상담 1600-7527
ISBN 978-89-5875-252-3 (04230)
978-89-5875-100-7 (세 트)

값 10,000원
잘못된 책은 구입하신 곳에서 바꾸어 드립니다.

※이 책은 10부로 제작되며, 각 부 16권씩 총160권으로 구성됩니다.※

1부	2부	3부	4부	5부	6부	7부	8부	9부	10부
1권	17권	33권	49권	65권	81권	97권	113권	129권	145권
2권	18권	34권	50권	66권	82권	98권	114권	130권	146권
3권	19권	35권	51권	67권	83권	99권	115권	131권	147권
4권	20권	36권	52권	68권	84권	100권	116권	132권	148권
5권	21권	37권	53권	69권	85권	101권	117권	133권	149권
6권	22권	38권	54권	70권	86권	102권	118권	134권	150권
7권	23권	39권	55권	71권	87권	103권	119권	135권	151권
8권	24권	40권	56권	72권	88권	104권	120권	136권	152권
9권	25권	41권	57권	73권	89권	105권	121권	137권	153권
10권	26권	42권	58권	74권	90권	106권	122권	138권	154권
11권	27권	43권	59권	75권	91권	107권	123권	139권	155권
12권	28권	44권	60권	76권	92권	108권	124권	140권	156권
13권	29권	45권	61권	77권	93권	109권	125권	141권	157권
14권	30권	46권	62권	78권	94권	110권	126권	142권	158권
15권	31권	47권	63권	79권	95권	111권	127권	143권	159권
16권	32권	48권	64권	80권	96권	112권	128권	144권	160권